北京市社会科学院文库

国家低碳创新体系

——基于生态文明建设的战略思考

陆小成 著

National Low-carbon
Innovation System

Based on the Strategic Thinking of
Ecological Civilization Construction

社会科学文献出版社
SOCIAL SCIENCES ACADEMIC PRESS (CHINA)

北京市社会科学院社科文库
出版资助项目书稿

前　言

　　构建国家低碳创新体系是深入推进生态文明建设、促进绿色低碳发展、加快构建人与自然和谐共生的中国式现代化的关键支撑。习近平总书记在党的二十大报告中指出，坚持"绿水青山就是金山银山"的理念，使生态文明制度体系更加健全，绿色、循环、低碳发展迈出坚实步伐，生态环境保护发生历史性、转折性、全局性变化，我们的祖国天更蓝、山更绿、水更清。习近平总书记还将"促进人与自然和谐共生"作为中国式现代化的本质要求之一。当前，我国正处于大力推进生态文明建设，推进绿色低碳发展与科技自立自强，加快建设创新型国家、实现共同富裕、建设社会主义现代化强国的重要阶段。面对资源约束趋紧、环境污染严重、生态系统退化的严峻形势，依靠高投入、高污染、高排放的粗放型经济增长模式难以为继，局部地区的能源耗竭、环境污染、生态恶化等问题难以遏制。如何破解经济增长与环境污染的两难困境？深入推进新时代美丽中国建设，推进中国生态文明建设，推动绿色发展，促进人与自然和谐共生，加快实现"3060"碳达峰碳中和目标，必须加快构建以创新为引擎、以低碳为方向的国家低碳创新体系。

　　在"双碳"目标背景下，生态文明建设进入以降碳为重点战略方向、推动减污降碳协同增效、促进经济社会发展全面绿色转型的关键时期，构建国家低碳创新体系对推进生态文明建设、推进绿色低碳发展的关键支撑作用愈加凸显。国家低碳创新体系坚持"绿水青山就是金山银山"的发展理念，强调依托绿色低碳的技术创新和制度创新，实现经济增长与生态环境保护共赢，创造性地构建人与自然和谐共生的中国式现代化新模式，展现中国式现代化的生态图景，拓展发展中国家走向现代化的低碳创新路径选择，为构建人类命运共同体提供中国式低碳创新方案。本书在理论和实践相结合的基础上，探讨创新驱动、生态文明、低碳发展的内在逻辑关联，创造性地提出"国家低碳创新体系"概念，系统性建构国家低碳创新体系的理论分析框架，比较分析国外实践经验，从企业、政府、大学和科研院所、中介组织、公众等多主体的视角，深入剖析国家低碳创新体系建设存在的主要问题，最后提出构建国家低碳创新体系的对策建议。主要研究内容和创新点表现在以下几个方面。

第一，基于国家创新体系的历史考察，探索性提出了国家创新体系的五个阶段及新时代国家创新体系的六大转向。

国家低碳创新体系是在生态文明、生态经济、低碳经济、国家创新系统等理论发展的基础上提出来的。创新系统理论与生态文明、低碳经济、生态经济等理论交叉关联，构成了国家低碳创新体系的理论基石。综合现有学者研究成果，我国国家创新体系建设战略的历史性演化大体上可以分为五个阶段，即初步形成阶段（1949～1977年）、计划主导阶段（1978～1994年）、技术创新阶段（1995～1996年）、知识创新阶段（1997～2011年）、高质量发展阶段（2012年至今）。党的十八大报告明确指出，要坚持走中国特色自主创新道路，加快建设国家创新体系。建设生态文明是中华民族永续发展的千年大计，要推进绿色发展，构建市场导向的绿色技术创新体系。党的二十大报告指出，健全新型举国体制，强化国家战略科技力量，优化配置创新资源，提升国家创新体系整体效能。协同推进降碳、减污、扩绿、增长，推进生态优先、节约集约、绿色低碳发展。这标志着中国国家创新体系进入推进绿色低碳发展的新时代。立足新发展阶段，贯彻新发展理念，构建新发展格局，推动高质量发展，国家创新体系需要承担新时代的重要责任和使命担当。新时代的国家创新体系发生了重要转向，即更加强调原始创新、更加强调体制改革、更加强调"国家队"、更加强调协同创新、更加强调全面创新、更加强调生态文明。

第二，基于习近平生态文明思想的深入阐释，创造性地提出"国家低碳创新体系"的概念及其理论分析框架。

低碳创新是生态文明建设的题中之义。推进生态文明建设，必须树立低碳发展理念，实施创新驱动战略，加强低碳技术攻关，选择低碳创新道路。本书以习近平新时代中国特色社会主义思想为指导，结合我国生态文明建设的最新理论进展和实践成果，深刻领会党中央关于生态文明建设和创新驱动战略的决策部署，创造性地提出"国家低碳创新体系"的概念及其理论分析框架，进一步拓展和推动国家创新体系与低碳经济的理论创新。

面向低碳发展和生态文明建设要求，国家创新体系必须加强低碳科技创新及其相关制度措施、支撑体系的建设，需要构建国家低碳创新体系。低碳创新，即通过面向低碳发展的技术创新和制度创新，推进国家经济、社会、文化、生态等各个领域的节能减排、低碳环保，构建低碳化的创新型国家。国家低碳创新体系是面向低碳经济发展要求的国家创新体系的拓展与延伸。国家低碳创新体系是指国家层面的企业、政府、大学、科研机构和中介服务机构等主体相互作用而形成的低碳创新网络。以低碳技术创新为重要引擎，以低碳制度创新为根本保障，进一步加快推进生态文明建设，推进绿色低碳发展，推进创新型国家和美丽中国建设，为加快推进生态文明建设进行理论拓展、方法创新、实践探索和政策建议，以面向绿色低碳的国家创新体系建构推动生态文明建设重大部署和重要任务落到实处。构建国家低碳创新体系具有重要的战略意义，是承担国际减排责任、转变发展方式的需要，是掌握大国重器、提升绿色竞争力的需要，是推进生态文明建设、建设低碳创新型国家的需要，是发展低碳生产力、构建人类命运共同体的需要。构建国家低碳创新体系，不走西方发达国家先污染后治理的老路，树立"绿水青山就是金山银山"的发展理念，依托绿色低碳的技术创新和制度创新，实现经济增长与生态环境保护共赢，创造性地构建人与自然和谐共生的中国式现代化新道路，从真正意义上打破了

"现代化＝西方化"的迷思，展现了中国式现代化的生态图景，拓展了发展中国家走向现代化的低碳创新路径选择，为人类对更好社会制度的探索提供了中国式低碳创新方案。构建国家低碳创新体系的理论分析框架，进一步丰富和拓展习近平生态文明思想的研究与理论阐释，是本书的重要创新与学术贡献。

第三，基于结构与功能的互动视角，深入研究国家低碳创新体系的结构要素与动力机制。

国家低碳创新体系是以低碳技术创新为主导的多要素创新网络。国家低碳创新体系结构与功能的关系存在互动关联，结构要素是功能运行与实现的载体，功能是结构要素存在的依据和发展方向。国家低碳创新体系的结构要素主要包括创新主体、创新资源、创新政策、市场环境、国际联系等。国家低碳创新体系的基本框架主要包括低碳知识创新、低碳技术创新、低碳制度与文化创新、低碳治理与服务创新等子系统。国家低碳创新体系的构建是国家创新驱动战略与低碳发展战略的高度耦合，进而形成低碳技术创新的内在逻辑与动力机制。我国在新旧动能转换中，要破解内外压力和自主创新困境，就需要加快实施国家创新驱动战略，以低碳创新推动国家低碳发展，依托低碳创新发展破解内外压力，提升国家自主创新能力，这是国家低碳创新体系构建的内在逻辑与核心要义。国家低碳创新体系的构建体现了资源环境约束与经济技术发展、发展生产力与保护生态环境、构建人类命运共同体与利益共同体等三维耦合逻辑。国家低碳创新体系的动力机制主要包括三点：一是由低碳意识提升与低碳消费偏好引发的市场动力机制；二是国际减排责任和国内环保压力驱使的政策动力机制；三是低碳创新的核心竞争力提升形成的技术动力机制。

第四，基于国际比较的视角，全面比较了美国、英国、德国、意大利、日本等发达国家在国家创新体系与低碳发展中的重要经验。

通过比较研究法研究和探讨美国、英国、德国、意大利、日本等国家面向低碳发展是如何加快构建国家创新体系的，是如何提升低碳绿色科技创新能力的，有哪些政策和经验值得我国借鉴，总结和比较国外典型的国家低碳创新体系建设模式及其对中国的主要启示。如美国经验表现为尊重企业主体地位、发挥政府关键作用、鼓励社会资本参与、推进产学研互动、推进低碳经济发展等。英国经验主要表现为制定低碳转型计划、完善低碳发展政策、重视低碳技术创新、鼓励公众参与低碳创新等。德国经验主要表现为制定低碳能源转型计划、加大低碳技术创新力度、利用经济手段促进低碳发展、鼓励公众参与低碳行动等。意大利经验主要表现为制定国家研究计划、完善企业创新政策、优化中介服务体系、构建协同创新体系、设立绿色证书制度、鼓励绿色低碳发展等。日本经验主要表现为发挥企业主体作用和强化技术驱动、提出低碳社会行动计划、制定低碳技术创新路线图、构建低碳创新成本分担机制、开展低碳环保教育等。发达国家低碳创新经验对中国的启示主要有：制定国家低碳创新战略，推进绿色低碳发展；完善国家低碳创新政策，降低低碳创新成本；加大低碳技术创新投入，发挥低碳创新的引擎作用；整合低碳创新资源，加快构建低碳创新共同体。

第五，基于问题导向的思考，从企业、政府、大学和科研院所、中介服务机构、社会公众等多主体维度对国家低碳创新体系建设中存在的问题及其成因进行分析。

在企业层面，低碳创新的主体地位缺失，低碳创新的意识不强，主动性差，低碳创新能力弱，核心技术缺乏，低碳创新投入少，高科技人才缺乏。在政府层面，低碳创新的体制障碍突出，政府投入少，政策供给不足。在大学与科研院所层面，低碳知识创新人才少、能力弱，低碳知识生产、低碳科技创新相关的项目少成果少，大学与企业联系不够紧密，产学研严重脱节。在中介服务机构层面，服务链还不够完善，缺环现象还较为突出，表现为中介服务机构发展滞后，缺乏服务人才，缺乏足够的资金保障，缺乏创新意识等。在社会公众层面，缺乏创新意识，在参与低碳创新和低碳消费中没有发挥重要作用。

第六，基于高质量发展的需要，提出实施国家低碳科技创新工程，加快国家低碳创新体系建设的对策建议。

结合问题分析，基于生态文明建设、推进碳达峰碳中和、加快高质量发展等的战略需要，主要从政府、企业、大学和科研院所、中介服务机构、社会公众等主体维度，创造性提出构建国家低碳创新体系的具体路径选择。

一是在政府层面，完善低碳创新政策，加快实施国家低碳科技创新工程。将以企业为主体、市场为导向、产学研结合的低碳创新体系作为突破口，深化低碳科技体制改革，在全国范围内将现有的国家级工业园区或高新区改造和提升为国家低碳创新示范区，全面推进国家低碳创新体系建设，使中国大部分省区市的工业园区、城市空间不再是环境污染和雾霾天气的发生源，而是雾霾防控、环境修复、生态治理的主战场，建设美丽中国的伟大梦想将不再遥远。

建议加快设立低碳科技基础研究项目，增加低碳科技创新投入，布局低碳科技园区和产业集群，加快低碳科技成果转化，优化低碳科技创新的激励政策。建议国家发改委联合科技部等部门成立国家低碳创新办公室，协调低碳技术创新等政策法规制定，鼓励低碳技术研发与转化应用。特别是针对中小企业融资难等问题，应制定扶持中小企业低碳技术创新的税收优惠和投融资政策，建立多元化的低碳科技投入制度保障体系，采用多种制度措施保障高校与企业在低碳创新方面加快形成战略联盟，包括低碳创新与合作税收优惠、与企业分担投入高校的科研经费、支持大学低碳科技园和低碳科技孵化器建设等，强化低碳科技创新及其成果转化、产业应用的配套设施建设。

二是在企业层面，要夯实低碳创新主体地位，提升低碳创新能力。要改变传统的代加工模式，增加低碳技术领域的研发投入，提升低碳产品的市场竞争力，加快低碳技术人才的培养，加强低碳技术引进、消化、吸收再创新，加快构建市场导向的低碳技术创新体系，调整国家科技计划实施机制，鼓励更多企业参与国家科技计划，设立企业"低碳技术创新引导工程"，广泛开展低碳技术创新型企业试点，积极参与低碳新能源技术开发与应用，发展低碳新能源产业，加快形成一批有特色的低碳创新型企业集群。

三是在大学和科研院所层面，要深化科研体制改革，激发创新活力。优化和提升科研院所的功能，创新科研管理体制机制，激活低碳创新动力，构建产学研协同的低碳创新体系，促进低碳知识生产，设立低碳科技专项经费，布局重大低碳项目研究，鼓励低碳创新的产学研协同，构建国家低碳科学共同体。

四是在中介服务机构层面，培育和发展各类低碳创新服务机构，优化低碳创新中介服务。从服务内容考察，完善低碳创新服务，要注重优化低碳创新的信息咨询服务、创新创业孵化服务、科技投融资服务等三大环节。从服务转型考察，完善低碳创新服务要注重从低增值服务向高增值服务转变、从综合性服务向品牌化服务转变、从单项服务向服务链转变等三个转变。从服务体制考察，完善低碳创新服务要注重自身经营管理更加体现独立性、中介服务功能更加体现多样性、服务能力更加体现专业性、行业准则更加体现规范性等四大特性。

五是在社会公众层面，要鼓励公众参与和监督，提升低碳创新参与能力。社会公众既是低碳创新产品的消费者、使用者、评价者、监督者，也是低碳创新过程的参与者、需求者，还是生活消费中污染排放的重要参与者。要提升社会公众的低碳科技素养和低碳创新意识，加强低碳创新人才教育与低碳科学技术培训，鼓励社会公众积极参与低碳创新过程，提升广大社会公众的低碳消费意识。倡导绿色低碳消费方式，培育低碳社会组织，鼓励企业、社会组织、社会公众积极参与绿色低碳创新，积极投资绿色低碳项目，加快形成绿色低碳新风尚。探索建立适应"双碳"目标、体现碳汇价值的生态补偿机制，吸引社会资本、社会组织参与生态补偿与绿色发展，推进生态补偿制度建设与碳达峰碳中和目标实现的有机衔接，完善绿色低碳发展制度体系，有序推进碳达峰碳中和、推动绿色高质量发展齐头并进，为构建具有中国特色的国家低碳创新体系、建设人与自然和谐共生的中国式现代化谱写低碳发展新篇章。

目　录

第一章　绪论

构建国家低碳创新体系是深入推进生态文明建设、推动绿色低碳发展、加快构建人与自然和谐共生的中国式现代化的关键支撑。党的十八大报告明确指出，建设生态文明，是关系人民福祉、关乎民族未来的长远大计。党的十九大报告指出，建设生态文明是中华民族永续发展的千年大计，强调要推进绿色发展，构建市场导向的绿色技术创新体系。习近平总书记在党的十九大报告中指出，要加强国家创新体系建设，强化战略科技力量。党的十九届五中全会提出了 2035 年基本实现社会主义现代化的远景目标，明确指出关键核心技术实现重大突破，进入创新型国家前列。党的二十大报告指出，坚持"绿水青山就是金山银山"的理念，生态文明制度体系更加健全，绿色、循环、低碳发展迈出坚实步伐，生态环境保护发生历史性、转折性、全局性变化，我们的祖国天更蓝、山更绿、水更清，实现高水平科技自立自强，进入创新型国家前列。党和国家提出的生态文明建设意义重大，推进碳达峰碳中和目标明确，体现党和国家领导人对尊重自然、维护自然生态平衡、实现生态发展和低碳发展的前瞻性、全局性、长远性的战略思维。当前，我国正处于建设创新型国家的决定性、关键性阶段。面对资源约束趋紧、环境污染严重、生态系统退化的严峻形势，高投入、高污染、高排放的粗放型经济增长模式难以为继。加快生态环境治理，必须重视发展低碳经济，推动低碳技术创新。推进国家生态文明建设和创新驱动战略实施，加快构建国家低碳创新体系建设具有重要的理论意义和战略价值。

第一节　研究背景与问题的提出

一　应对全球气候变化和推进生态文明建设的战略思考

从国际上看，人类面临的气候变化、环境污染、重大传染性疾病等问题越来越具有全球性、综合性和长远性。有研究指出，2021 年，全球平均温度较工业化前高出约 1.11℃，是人类有完整气象记录以来最热的 7 个年份之一，2002~2021 年全球平均气温较工业化前上升了 1.01℃[1]。全球性的气候变化问题需要世界各国的共同行动，需要顺应全球化趋势加强合作。但是，过去的全球化尽管取得了一定的进步与成就，但"逆全球化"思潮愈演愈烈、"贸易保护主义"抬头、历史虚无主义盛行等因素存在，导致全球化进程受阻。从整体上来说，当前的"全球化"是不平等、不和谐、不生态、不安全的全球化。美国流感、澳大利亚大火、东非蝗灾以及突如其来的新冠疫情再次提醒世界，人与自然的不和谐、经济与生态的不协调将带来重大风险与挑战。一切灾害均可能与人类行为以及全球碳排放水平上升引发的气候变暖有关。现代主流科学模拟显示，大气中二氧化碳浓度加倍会引起全球升温 3±1.5℃。全球变暖加剧，将人类逼成真正的"命运共同体"。当今世界正经历百年未有之大变局，全球气候变暖成为世界各国共同关注的重要焦点，成为人类社会可持续发展面临的巨大挑战，直接关乎人类社会持续发展的前途命运。国际社会更加深刻地认识到气候变化影响到每一个国家和地区，共同减缓和有效适应气候变暖应成为人类共同体的重要共识。气候变化会对自然生态系统以及人类社会造成冲击，而应对气候变化仅仅通过科学技术手段是不够的，它还需要人类的经济系统、政治结构以及价值观念做出调整[2]。

---

① 陈国宁：《中国是全球气候变化敏感区》，《生态经济》2022 年第 10 期，第 9~12 页。
② 史军：《应对全球气候变化的多维视角》，《国家治理》2022 年第 17 期，第 34~40 页。

许多发达国家重视生态建设与绿色低碳发展，实现政治、经济、社会、技术、贸易、金融等多领域的全球新竞争格局重塑。

从中国来看，主动应对全球气候变化，大力推进生态文明建设与绿色低碳发展，彰显大国履行国际碳减排任务的责任与担当。中国自身也是全球气候变化的敏感区。有研究指出，2021年我国地表平均气温、沿海海平面高度等多项气候变化指标打破观测纪录①。气候变化导致我国降雨呈现"南方不减、北方增加""雨带北扩"等趋势，不少案例和科学结论充分证实了我国是"气候变化敏感区"这一论断。面对全球性危机，中国宣布将进一步加大国家自主贡献力度，中国作为全球生态文明建设重要参与者、贡献者、引领者的地位和作用进一步彰显与发挥。习近平总书记先后倡议，坚持绿色低碳，建设一个清洁美丽的世界；中国积极参与全球创新合作，携手构建人类命运共同体。第56届慕尼黑安全会议也明确提出，面对全球性挑战，各国迫切需要摆脱区分东西方的划界束缚，构建人类命运共同体。中国作为发展中国家和人口众多的世界大国，以高度负责的大国担当高度重视全球气候变化难题，成立了国家气候变化对策协调机构，创造性地提出了生态文明建设的国家战略，主动承诺实现"3060"双碳目标，制定并不断完善一系列应对气候变化的战略规划、政策措施和实施方案，为减缓和适应气候变化做出了积极的贡献。中国承担作为发展中大国的国际责任，作为履行《气候公约》的一项重要义务，制定了《中国应对气候变化国家方案》，主动应对全球气候变暖，加快发展方式转变，推动绿色低碳发展。当前，面临经济下行、污染控制和融入全球化、应对气候变化等多方面压力，全球化和气候变化给中国经济转型与社会发展带来更多新挑战、新压力、新难题。共同应对全球气候变化，推进生态文明建设，必须重视绿色低碳领域的技术创新及其创新体系建设。

二 实施创新驱动战略和提升技术竞争力的迫切需要

世界科技强国竞争，比拼的是国家战略科技力量。放眼世界，创新驱

---

① 陈国宁：《中国是全球气候变化敏感区》，《生态经济》2022年第10期，第9~12页。

动发展战略是应对国际竞争、实现中国式现代化和中华民族伟大复兴的时代选择①。党的十八大报告和十八届三中全会提出实施创新驱动发展战略，切实把科技创新摆在国家发展全局的核心位置。中美贸易摩擦的核心还是技术，是西方国家因拥有核心技术而对发展中国家的"卡脖子"。融入全球化必须重视提升自身的技术竞争力，提升自主创新优势和国际话语权。历史经验表明，市场换不来真正的核心技术，没有过硬的核心技术在手也难以公平地参与国际贸易和分工。党的二十大报告中再次强调，健全新型举国体制，强化国家战略科技力量，提升国家创新体系整体效能。当前，新一轮科技革命和产业变革深入发展，以人工智能、量子信息、合成生物学等为代表的新兴技术领域已经成为战略科技力量的重要战场②。时至今日，中国改革开放已经40多年，依托改革开放的国家战略，中国经济社会发生巨大变化，在国际上的地位不断提升，但技术竞争力与国际先进水平还有一定的差距。与此同时，全球化与逆全球化潮流并存，多边主义的世界秩序遭受威胁，科技引领经济、提升竞争力的趋势越发鲜明，缺乏创新能力的国家在全球竞争中特别是在产业价值链分工中只能处于低端，甚至入不了全球化体系之围。掌握大国重器、提升核心技术水平必须加强技术创新，加快国家创新体系的构建。2018年4月，习近平总书记在湖北考察时强调，真正的大国重器，一定要掌握在自己手里。核心技术、关键技术，化缘是化不来的，要靠自己拼搏，要靠自己攻克，要靠自己创新。核心技术是国之重器，是经济发展的关键支撑，是确保国家经济安全、国防安全、社会进步、生态安全的重要支柱。要掌握核心技术，必须进一步加强实施创新驱动发展战略，加强自主创新，实现跨越式发展，这也是确保国家经济安全、国防安全的根本底线。提高中国企业的创新能

---

① 潘教峰、王光辉：《创新驱动发展战略的实施及成效》，《科技导报》2022年第20期，第20~26页。

② 申金升、梁帅、张丽、董阳：《科技创新体系视角下国家战略科技力量协同发展模式研究》，《今日科苑》2022年第11期，第13~19页。

力，必须加快国家创新体系建设①。因而，认清世界发展趋势、审视自我技术差距、把握未来技术制高点，提升技术竞争力必须重视创新，依托技术创新和重大科技突破，不断提升自身竞争力和国际地位。

三　强化生态环境治理和推进碳达峰碳中和的必然选择

从国内来看，"十四五"时期是生态文明引领的新型城镇化和"一带一路"引领的新型全球化协同推进的新时代，是"人类命运共同体"由理念落到实践的关键期。2020年1月6日，习近平总书记给世界大学气候变化联盟的学生代表回信时指出，中国既加强自身生态文明建设，主动承担应对气候变化的国际责任，又同世界各国一道，努力呵护好全人类共同的地球家园。中国作为全球碳排放大国，生态治理与低碳发展任务艰巨。习近平总书记多次强调加强生态文明建设，推进绿色低碳发展。目前，技术创新特别是面向绿色低碳领域的技术创新能力不强、创新观念滞后、制度创新缺失等问题严重制约了国家创新体系建设。走出经济增长与环境污染的两难困境，关键在于构建面向生态文明的国家低碳创新体系，即通过低碳技术创新和制度创新，优化国家经济社会节能减排、低碳绿色的系统性战略布局和路径选择，使科技创新与经济发展改变传统的低质高碳、低效高耗的粗放演化路径，促进经济增长与环境污染脱钩，建立新型低碳自主创新模式，真正实现美丽中国建设的伟大梦想。

党的十八大以来，以习近平同志为核心的党中央提出实施创新驱动发展战略和生态文明建设，切实把科技创新摆在国家发展全局的核心位置，推进绿色发展、低碳发展、循环发展。党的十九大报告提出，加强国家创新体系建设，建立健全绿色低碳循环发展的经济体系，构建市场导向的绿色技术创新体系。习近平总书记在第七十五届联合国大会一般性辩论上宣布，中国将采取更加有力的政策和措施，二氧化碳排放力争

---

① 石定寰、柳卸林：《建设面向21世纪的国家技术创新体系》，《石油化工动态》1999年第6期，第59~60页。

于 2030 年前达到峰值，努力争取 2060 年前实现碳中和。习近平总书记关于实现碳达峰碳中和的系列重要讲话，彰显了中国积极应对气候变化的雄心和决心，体现了中国积极推进生态文明建设、以低碳技术创新驱动高质量发展、不走西方国家老路的大国责任与担当，为共同保护好人类赖以生存的地球家园、构建人与自然命运共同体贡献了中国智慧和中国方案。

在新时代，我们应区别过去的国家创新体系建设，服务国家碳达峰碳中和目标实现的战略要求，更加强调生态文明建设的战略要求，更加强调绿色低碳循环发展的创新要求，加快构建中国特色国家低碳创新体系。实现碳达峰碳中和目标，将会为我国经济社会发展带来广泛、深刻和长远的影响，低碳科技创新以及配套制度的变革，引发生产生活方式的重大转型，推动国家经济社会全面绿色转型与低碳高质量发展。实现国家碳达峰碳中和目标，不能搞"运动式"碳减排、"碳冲锋"，也不能简单地拉闸限电、停工停产，而是要依靠低碳科技创新能力的提升，依靠低碳科技的力量实现节能减排、推动高质量发展、推动"双碳"目标实现。推进新时代美丽中国建设，推进生态文明建设，必须树立和践行"绿水青山就是金山银山"的发展理念，全面推进低碳创新发展，助推国家经济高质量发展。从应对全球气候变化和生态文明建设的战略高度来看，提出构建国家低碳创新体系是实施创新驱动战略、推进生态文明建设、积极稳妥推进碳达峰碳中和、加快实现人与自然和谐共生的中国式现代化的重要战略选择。选择该课题研究具有重要的现实紧迫性和战略意义。

第二节　国内外研究现状与发展动态分析

本文在生态文明、低碳经济、国家创新体系等理论发展的基础上，提出国家低碳创新体系的分析框架，目前与该课题相关的研究很薄弱。相关理论的研究现状及其发展动态，主要表现在以下几个方面。

一　关于生态文明的相关研究

不少学者对生态文明等相关理论与实践问题进行了一定探索和研究。以"生态文明"为关键词通过中国知网进行搜索（搜索时间为 2023 年 3 月 20 日），总体趋势如图 1-1 所示。2002 年以前国内学者对生态文明研究有长期的关注和研究，从 2002 年至 2023 年 3 月底逐渐呈现上升态势，特别是 2006 年至 2013 年发文增长较快，从 200 篇猛增至 2013 年的年度最高峰，约 4400 篇。随后，学者对生态文明的研究依然保持较高的关注度，基本保持在每年 3000 多篇的发文水平。

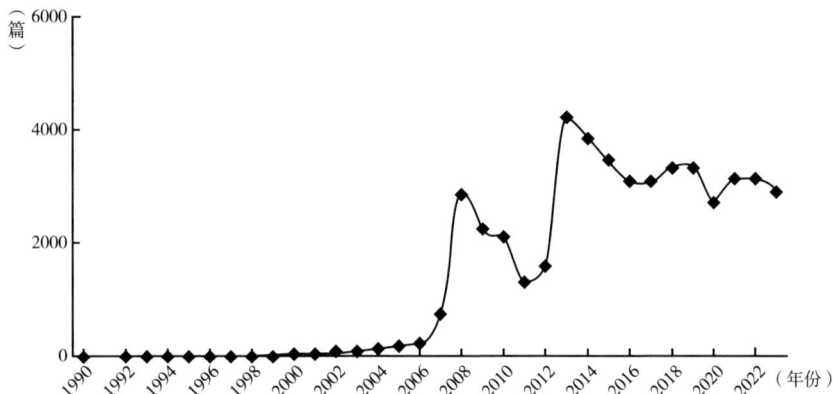

图 1-1　中国知网生态文明研究总体趋势的计量可视化分析

从研究学科分布来看，如图 1-2 所示，生态文明研究主要涉及环境科学与资源利用、宏观经济管理与可持续发展、农业经济等学科领域。

从国内学者的研究成果来看，如下学者从不同视角对生态文明理论与实践问题进行了深入研究。李绍东较早地从生态意识的视角研究了生态文明问题①。谢光前基于社会主义生态文明问题的研究视角，深刻指出财富的增长导致自然资源的极度匮乏以及诸种污染的严重威胁，必须高度重视

① 李绍东：《论生态意识和生态文明》，《西南民族学院学报（哲学社会科学版）》1990 年第 2 期，第 104~110 页。

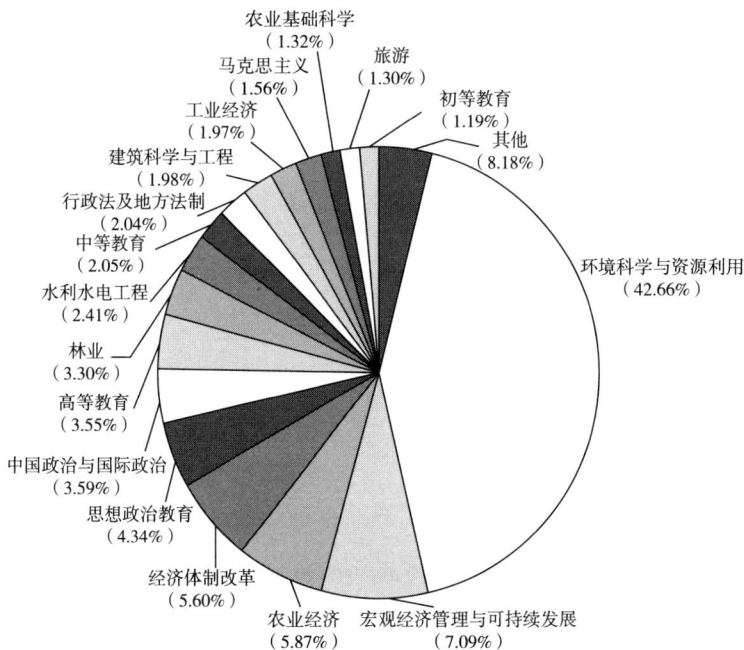

图1-2 中国知网生态文明研究学科分布

和加强社会主义生态文明建设[①]。申曙光认为，生态文明作为实现人与自然和谐的新的文明形态，必将取代高能耗、高污染、高排放的工业文明，必将引导人类社会继续向前、生态发展[②]。

丁宁研究了生态文明建设的科学内涵与基本路径[③]。陈伟俊研究了以习近平新时代中国特色社会主义思想引领生态文明建设[④]。陈杰、胡澜研

---

① 谢光前：《社会主义生态文明初探》，《社会主义研究》1992年第3期，第32~35页。

② 申曙光：《生态文明及其理论与现实基础》，《北京大学学报（哲学社会科学版）》1994年第3期，第31~37、127页。

③ 丁宁：《探究生态文明建设的科学内涵与基本路径》，《经贸实践》2018年第1期，第9~10页。

④ 陈伟俊：《以习近平新时代中国特色社会主义思想引领生态文明建设》，《中国党政干部论坛》2018年第1期，第82~84页。

究了中国特色社会主义生态文明建设的重要意义及其具体的践行路径①。阚昌苓基于"以人为本"的视角，系统考察了生态文明建设的战略地位及其实现对策②。孙兰欣、梁惠研究了三位一体的生态文明建设路径③。

韩宁研究了大力推进我国生态文明建设的投融资措施④。王晨研究了生态文明建设视角下生态软实力构建⑤。郇庆治研究了生态文明建设领导体制⑥。王爱华、吴国庆研究了企业生态文明成本体系问题⑦。魏胜强研究了绿色发展理念对生态文明建设的价值引导作用⑧。刘贝贝研究了我国生态文明建设量化评价与发展战略⑨。王雄杰、朱静坚研究了塞罕坝精神与中国特色生态文明建设⑩。邢维国研究了生态文明建设评价问题⑪。刘德军探讨了生态文明时代的自然资源管理新格局构建问题⑫。彭玉婷、王可侠研究

---

① 陈杰、胡澜：《中国特色社会主义生态文明建设的实现路径》，《学理论》2018 年第 1 期，第 19-21 页。

② 阚昌苓：《论"以人为本"思想下的生态文明建设》，《学理论》2018 年第 1 期，第 22～24 页。

③ 孙兰欣、梁惠：《三位一体的生态文明建设路径探讨——马克思主义生态观指导下》，《学理论》2018 年第 1 期，第 59～60 页。

④ 韩宁：《大力推进我国生态文明建设投融资措施探析》，《江苏大学学报（社会科学版）》2019 年第 1 期，第 78～83、92 页。

⑤ 王晨：《生态文明建设视角下生态软实力构建研究——以河南省为例》，《现代商贸工业》2019 年第 4 期，第 19～21 页。

⑥ 郇庆治：《生态文明建设领导体制》，《绿色中国》2019 年第 1 期，第 40～43 页。

⑦ 王爱华、吴国庆：《企业生态文明成本体系研究——基于生态文明建设视角》，《生态经济》2019 年第 1 期，第 214～219 页。

⑧ 魏胜强：《论绿色发展理念对生态文明建设的价值引导——以公众参与制度为例的剖析》，《法律科学（西北政法大学学报）》2019 年第 2 期，第 25～38 页。

⑨ 刘贝贝：《我国生态文明建设量化评价与发展战略研究》，《商丘师范学院学报》2019 年第 1 期，第 36～41 页。

⑩ 王雄杰、朱静坚：《塞罕坝精神与中国特色生态文明建设》，《浙江理工大学学报（社会科学版）》2019 年第 1 期，第 69～74 页。

⑪ 邢维国：《浅谈生态文明建设评价问题》，《资源节约与环保》2019 年第 3 期，第 123～124 页。

⑫ 刘德军：《创建生态文明时代的自然资源管理新格局》，《中外企业家》2020 年第 5 期，第 52 页。

提出着力推进生态文明国家治理体系和治理能力现代化①。田甲乐研究了知识生产民主化对生态文明建设的影响②。徐凤义研究了生态文明建设视角下的环境治理问题③。陆波、方世南研究了习近平生态文明思想的生态安全观④。张忠跃、胡戾坊对中国生态文明建设历程进行回顾与经验分析⑤。胡文君、部凡研究了习近平生态文明思想对"人类中心主义"生态观的超越⑥。张乾元、冯红伟基于历史、现实与目标的三维视角，研究中国生态文明制度体系建设的历史赓续与现实发展⑦。张颖、王智晨基于习近平生态文明思想的系统论解读，研究了中国特色生态文明建设的系统性问题⑧。强海洋提出对生态文明视野下的国土空间规划再认识⑨。

　　党锐锋、徐琛研究了生态文明建设与中国式现代化道路之间紧密的内在逻辑关系⑩。王雨辰研究了中国形态的生态文明理论构建的方法论问

① 彭玉婷、王可侠：《着力推进生态文明国家治理体系和治理能力现代化》，《上海经济研究》2020 年第 3 期。

② 田甲乐：《论知识生产民主化对生态文明建设的影响》，《自然辩证法通讯》2020 年第 2 期，第 10~16 页。

③ 徐凤义：《生态文明建设视角下的环境治理研究》，《资源节约与环保》2020 年第 1 期，第 147 页。

④ 陆波、方世南：《习近平生态文明思想的生态安全观研究》，《河南师范大学学报（哲学社会科学版）》2019 年第 4 期。

⑤ 张忠跃、胡戾坊：《中国生态文明建设历程回顾与经验分析》，《长春师范大学学报》2020 年第 1 期，第 39~41 页。

⑥ 胡文君、部凡：《论习近平生态文明思想对"人类中心主义"生态观的超越》，《黑龙江生态工程职业学院学报》2020 年第 1 期，第 1~4 页。

⑦ 张乾元、冯红伟：《中国生态文明制度体系建设的历史赓续与现实发展：基于历史、现实与目标的三维视角》，《重庆社会科学》2020 年第 1 期。

⑧ 张颖、王智晨：《论中国特色生态文明建设的系统性——习近平生态文明思想的系统论解读》，《陕西师范大学学报（哲学社会科学版）》2020 年第 1 期，第 5~13 页。

⑨ 强海洋：《生态文明视野下的国土空间规划再认识》，《中国土地》2020 年第 1 期，第 26~28 页。

⑩ 党锐锋、徐琛：《论生态文明建设与中国式现代化道路的内在逻辑》，《西藏发展论坛》2022 年第 5 期，第 16~22 页。

题①。杨开忠研究提出构建中国式生态文明建设道路②。马丽、张首先研究了中国共产党领导生态文明建设的宝贵探索、基本经验与责任担当③。陈雨薇研究了中国生态文明建设的重大成就与当代价值④。张沈凡在马克思主义生态思维视域下思考中国的生态文明建设⑤。刘梦华、侯巍巍研究提出弘扬生态文明大局观，建设中国式现代化伟大事业⑥。陶廷昌研究了中国式现代化生态文明建设的科学方法论问题⑦。韩步江研究了新时代中国特色社会主义生态文明建设的基本逻辑⑧。以上学者从不同视角对生态文明建设的理论与实践问题进行了一定探索，为本书研究提供了重要理论支撑。

二 关于低碳经济的相关研究

前世界银行首席经济学家尼古拉斯·斯特恩呼吁全球向低碳经济转型。Abdeen Mustafa Omer 研究应对全球气候变暖与低碳经济之间的关系，提出低碳经济与低碳技术发展对减缓全球气候变暖的积极作用。Koji Shimada、Glaeser and Kahn、Jenny Crawford and Will French 研究了碳减排、低碳技术创新与生态文明建设的关系问题。Baranzini A.、Goldemberg J.、Speck S. 关于碳税的研究，Johnston，D.、Lowe，R.、Bell，M. 构建的英

① 王雨辰：《论中国形态的生态文明理论构建的方法论问题》，《山西师大学报（社会科学版）》2022 年第 5 期，第 1~9 页。
② 杨开忠：《中国式生态文明建设道路》，《城市与环境研究》2022 年第 4 期，第 3~7 页。
③ 马丽、张首先：《中国共产党领导生态文明建设的宝贵探索、基本经验与责任担当》，《延边大学学报（社会科学版）》2022 年第 6 期，第 97~104、139 页。
④ 陈雨薇：《中国生态文明建设的重大成就与当代价值》，《环境教育》2023 年第 Z1 期，第 42~46 页。
⑤ 张沈凡：《马克思主义生态思维视域下思考中国的生态文明建设》，《经济研究导刊》2023 年第 4 期，第 6~8 页。
⑥ 刘梦华、侯巍巍：《弘扬生态文明大局观，建设中国式现代化伟大事业》，《南方论刊》2023 年第 2 期，第 18~20 页。
⑦ 陶廷昌：《中国式现代化生态文明建设的科学方法论》，《江南论坛》2023 年第 1 期，第 13~17 页。
⑧ 韩步江：《新时代中国特色社会主义生态文明建设的基本逻辑》，《理论月刊》2023 年第 1 期，第 26~33 页。

国住房能源和二氧化碳排放量模型，强调在能源供应和需求方面的战略性技术转变。Frank Rijsberman 研究认为，全球气候变化、空气污染和难民已成为严重威胁经济和生态系统可持续性的关键性挑战，现代信息技术、生物技术、可再生能源和电池技术的发展及其成本降低有利于加快传统经济模式转变，要大力发展具有气候适应性、可持续性和可提供绿色就业机会的低碳经济[①]。Michael Jakob 研究评估了厄瓜多尔采取的气候目标、电力部门脱碳政策以及减少森林砍伐的措施是否构成向低碳经济转型的可靠基础，提出要从动态政策排序的角度采取更严格的减排措施，包括改革驾驶限制、提倡公共交通、提高车辆效率标准、支持电动汽车，还要鼓励关键利益攸关方的参与，提高社会公众对能源和气候相关政策的认可度和支持度，如改革对传统化石燃料的补贴政策等[②]。Julien Lefèvre、William Wills、Jean-Charles Hourcade 研究了巴西低碳经济发展与石油勘探相结合的能源经济评估问题，认为巴西为了加快经济转型与低碳发展，采取措施限制石油消费，提高运输部门的能源效率和生物燃料使用比例，将低碳经济发展和石油勘探结合起来，强化低碳经济政策对能源系统、环境和宏观经济的有效影响[③]。Leila Niamir、Tatiana Filatova、Alexey Voinov、Hans Bressers 从评估个体行为变化的视角研究了低碳经济转型问题，认为有效改变居民能源需求对向绿色经济过渡具有重要作用。个人和家庭对能源消费需求的行为变化能影响到地区减排潜力，加快低碳经济发展要构建有助于消费者相互学习的政策组合，并鼓励引导个人和家庭对低碳能源的消费

① Frank Rijsberman，"The Key Role of the Meat Industry in Transformation to A Low-carbon，Climate Resilient，Sustainable Economy，" *Meat Science*，2017.
② Michael Jakob，"Ecuador's Climate Targets：A Credible Entry Point to A Low-carbon Economy？"，*Energy for Sustainable Development*，2017.
③ Julien Lefèvre，William Wills，Jean-Charles Hourcade，"Combining Low-carbon Economic Development and Oil Exploration in Brazil？ An Energy-economy Assessment，" *Climate Policy*，2018.

需求①。Peng-hui Lyu、Eric W. T. Ngai、Pei-yi Wu 梳理了低碳经济方面的学术前沿和研究进展②。

国内不少学者对低碳经济等相关理论与实践问题进行了一定探索和研究。以"低碳经济"为关键词通过中国知网进行搜索（搜索时间为 2023 年 3 月 20 日），总体趋势如图 1-3 所示。国内学者对低碳经济有长期的关注和研究，2007 年后低碳经济相关的发文数量猛增，至 2010 年达到最高峰，约 5000 篇。随后，学者对低碳经济的研究关注度保持缓慢下降的态势，但比 2008 年以前高。

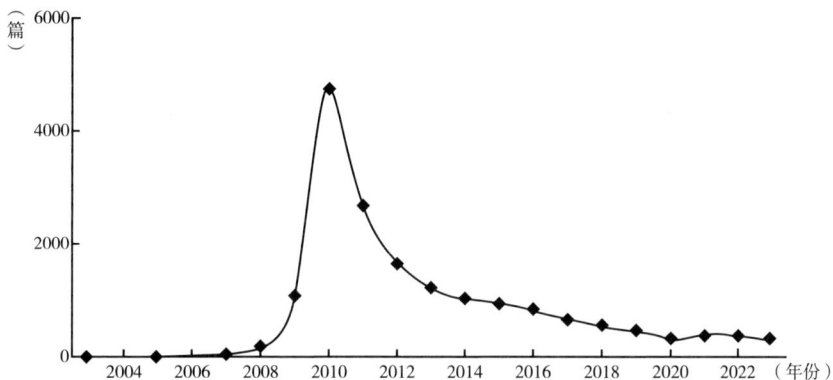

图 1-3　中国知网低碳经济研究总体趋势的计量可视化分析

从研究学科分布来看，如图 1-4 所示，低碳经济研究主要涉及宏观经济管理与可持续发展、经济体制改革、工业经济、环境科学与资源利用等学科领域。

国内学者对低碳经济的相关研究不断深化。靳志勇较早对英国实行的

---

① Leila Niamir, Tatiana Filatova, Alexey Voinov, Hans Bressers, "Transition to Low-carbon Economy: Assessing Cumulative Impacts of Individual Behavioral Changes," *Energy Policy*, 2018, 118.

② Peng-hui Lyu, Eric W. T. Ngai, Pei-yi Wu, "Scientific Data-driven Evaluation on Academic Articles of Low-carbon Economy," *Energy Policy*, 2019, 125.

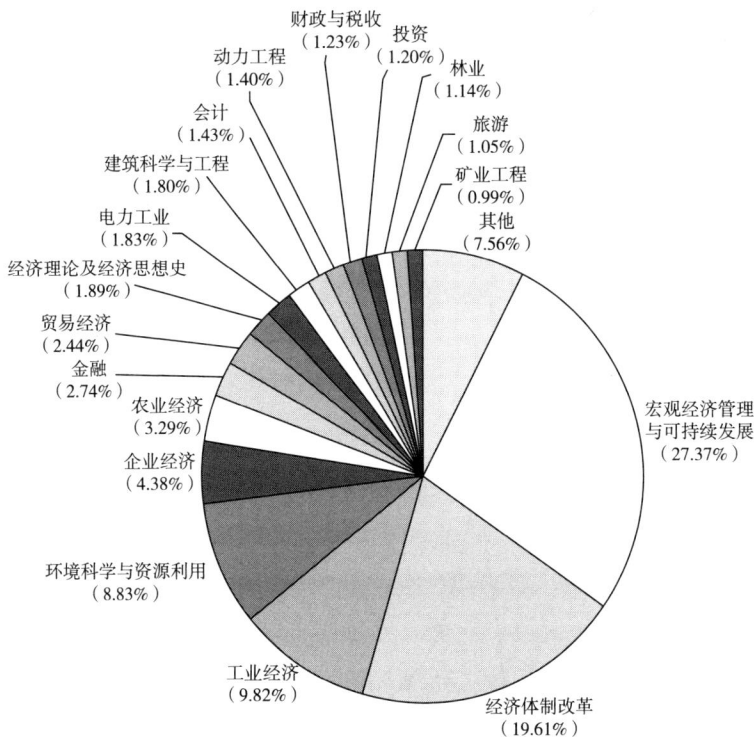

图 1-4　中国知网低碳经济研究学科分布

低碳经济能源政策进行了研究①。庄贵阳认为，低碳经济的实质是能源效率和清洁能源结构问题，核心是能源技术创新和制度创新②。付允、马永欢、刘怡君、牛文元认为，低碳经济是在不影响经济和社会发展的前提下，通过技术创新和制度创新，尽可能地减少温室气体排放，减少环境污染，有效应对全球气候变化③。王天津研究认为发展低碳经济要增强区域

---

① 靳志勇：《英国实行低碳经济能源政策》，《全球科技经济瞭望》2003 年第 10 期，第 23-27 页。
② 庄贵阳：《中国经济低碳发展的途径与潜力分析》，《太平洋学报》2005 年第 11 期，第 79-87 页。
③ 付允、马永欢、刘怡君、牛文元：《低碳经济的发展模式研究》，《中国人口·资源与环境》2008 年第 3 期，第 14-19 页。

碳汇能力，注重碳汇功能区建设与经济发展相结合[①]。井涌研究了气候变化中的区域水资源演变规律及对策[②]。王蓉、鲍彦苓从全球气候变化的视角，深入分析了区域创新体系的制度构建难题，并深刻提出共同应对全球气候变化问题，必须加快创新体系建设，从个体化、社会化两个维度确定有效的制度安排，满足低碳发展的新需求[③]。

曲昭仲研究指出，中国作为世界上具有影响力的发展中大国，发展低碳经济是我们的责任也是中国加快经济结构转型和实现可持续发展的重要机遇，政府在发展低碳经济中应采取有效的作用机制和有效的财政税收政策[④]。杨发庭研究指出，发展以低能耗、低物耗、低排放、低污染为重要特征的低碳经济是加快经济发展方式转变的必然选择，应该加强低碳技术创新，推动产业结构变化，加速经济发展[⑤]。龚俊朋认为，发展低碳经济要加快传统经济制度改革和创新，加强技术创新、构建碳交易市场，推进我国低碳经济发展和可持续增长[⑥]。韩坚、周玲霞研究指出，发展低碳经济要重视低碳能源、低碳产业、低碳城市、低碳技术等的共同发展，需要加快建设具有较强资源配置能力、更科学金融工具的低碳金融体系[⑦]。

王菲、杨雪、田阳等基于EKC假说对碳排放与经济增长关系进行了实证研究[⑧]。高赢、冯宗宪对"一带一路"沿线国家低碳发展效率进行了测

① 王天津：《设立宁夏区域碳汇功能区，应对气候变化挑战》，《宁夏大学学报（人文社会科学版）》2009年第3期。
② 井涌：《气候变化中的区域水资源演变规律及对策》，《中国水利》2010年第1期。
③ 王蓉、鲍彦苓：《全球气候变化背景下辽宁沿海区域创新体系的制度建设》，《中国发展》2010年第5期。
④ 曲昭仲：《推行低碳经济需要金融业的制度创新》，《能源与节能》2011年第3期。
⑤ 杨发庭：《低碳技术创新：政策分析与路径选择》，《大连干部学刊》2011年第12期。
⑥ 龚俊朋：《路径依赖理论下我国发展低碳经济的制度创新与政策选择》，《商业时代》2012年第15期。
⑦ 韩坚、周玲霞：《碳金融结构转换与中国低碳经济发展——基于制度创新视角》，《苏州大学学报（哲学社会科学版）》2012年第4期。
⑧ 王菲、杨雪、田阳、王思鹏：《基于EKC假说的碳排放与经济增长关系实证研究》，《生态经济》2018年第10期，第19~23页。

评，并对影响因素进行了研究[①]。宋晓玲、孔垂铭研究了中国碳交易市场对地区经济结构的影响[②]。戴旻、左伟江研究了低碳经济视域下外贸增长方式转型绩效与对策[③]。杜莉、李建瑞研究了绿色低碳城市建设、发展与金融支持问题[④]。廖良美、苏姗对我国出口贸易与碳排放变化关系进行了实证分析[⑤]。刘晓芸研究了新型城镇化低碳发展的法治化保障问题[⑥]。周灵基于新疆的实证分析研究了绿色"一带一路"建设背景下西部地区低碳经济发展路径问题[⑦]。娄厦研究了基于灰色多目标决策的低碳经济发展水平统计检验问题[⑧]。周枕戈、庄贵阳、陈迎研究了低碳城市建设评价的理论基础、分析框架与政策启示[⑨]。李明亮研究了基于碳足迹与新型低碳技术的农业现代化发展问题[⑩]。袁磊基于省际面板数据实证研究了长江经济带低碳发展问题[⑪]。齐亚伟研究了中国区域经济增长、碳排放的脱钩效应与重心转移轨迹问

---

① 高赢、冯宗宪：《"一带一路"沿线国家低碳发展效率测评及影响因素探究》，《科技进步与对策》2018 年第 21 期，第 39~47 页。

② 宋晓玲、孔垂铭：《中国碳交易市场对地区经济结构影响的实证分析》，《宏观经济研究》2018 年第 9 期，第 98~108 页。

③ 戴旻、左伟江：《低碳经济视阈下外贸增长方式转型绩效与对策思考——以江西省为例》，《企业经济》2018 年第 8 期，第 23~29 页。

④ 杜莉、李建瑞：《绿色低碳城市建设、发展与金融支持》，《社会科学战线》2018 年第 8 期，第 78~84 页。

⑤ 廖良美、苏姗：《我国出口贸易与碳排放变化关系实证分析》，《特区经济》2018 年第 7 期，第 118~121 页。

⑥ 刘晓芸：《新型城镇化低碳发展的法治化保障研究》，《环境保护》2018 年第 14 期，第 55~58 页。

⑦ 周灵：《绿色"一带一路"建设背景下西部地区低碳经济发展路径——来自新疆的经验》，《经济问题探索》2018 年第 7 期，第 184~190 页。

⑧ 娄厦：《基于灰色多目标决策的低碳经济发展水平统计检验》，《统计与决策》2018 年第 11 期，第 109~111 页。

⑨ 周枕戈、庄贵阳、陈迎：《低碳城市建设评价：理论基础、分析框架与政策启示》，《中国人口·资源与环境》2018 年第 6 期，第 160~169 页。

⑩ 李明亮：《基于碳足迹与新型低碳技术的农业现代化发展研究》，《生态经济》2018 年第 6 期，第 39~45 页。

⑪ 袁磊：《关于长江经济带低碳发展的思考——基于省际面板数据 SUR 的实证研究》，《商业经济》2018 年第 5 期，第 39~42 页。

题①。张萌提出在低碳经济背景下，发展绿色建筑具有重要的经济效益和环境效益②。徐文成、毛彦军研究了碳税改革的低碳发展效应问题③。

还有较多学者对低碳技术创新进行了一定的探索。如毕克新、黄平、刘震、宁晓东研究了基于专利的我国制造业低碳技术创新产出分布规律及合作模式④。俞超、汪传旭、高鹏研究了不同市场权力结构下的制造商低碳技术创新策略⑤。陈文婕、曾德明研究了低碳技术合作创新网络中的多维邻近性演化问题⑥。赵庆建、温作民、张敏新研究了林业产业低碳技术创新并对相关政策进行了分析⑦。王道平、杜克锐、鄢哲明基于 PSTR 模型实证分析了低碳技术创新是否可有效抑制碳排放问题⑧。

崔和瑞、王欢歌研究了产学研低碳技术协同创新演化博弈问题⑨。龙婷研究了低碳经济环境下的绿色物流管理策略⑩。柯维丽研究了低碳经济对我国房地产经济的影响⑪。谢彩霞、高一波研究了低碳经济视域下节能减排的

---

① 齐亚伟：《中国区域经济增长、碳排放的脱钩效应与重心转移轨迹分析》，《现代财经（天津财经大学学报）》2018 年第 5 期，第 17～29 页。

② 张萌：《低碳经济背景下绿色建筑的经济效益分析》，《绿色环保建材》2019 年第 3 期，第 222 页。

③ 徐文成、毛彦军：《碳税改革的低碳发展效应》，《北京理工大学学报（社会科学版）》2019 年第 2 期，第 30～37 页。

④ 毕克新、黄平、刘震、宁晓东：《基于专利的我国制造业低碳技术创新产出分布规律及合作模式研究》，《情报学报》2015 年第 7 期，第 701～710 页。

⑤ 俞超、汪传旭、高鹏：《不同市场权力结构下的制造商低碳技术创新策略》，《计算机集成制造系统》2019 年第 2 期，第 491～499 页。

⑥ 陈文婕、曾德明：《低碳技术合作创新网络中的多维邻近性演化》，《科研管理》2019 年第 3 期，第 30～40 页。

⑦ 赵庆建、温作民、张敏新：《林业产业低碳技术创新与政策分析》，《林业经济》2018 年第 12 期，第 28～34 页。

⑧ 王道平、杜克锐、鄢哲明：《低碳技术创新有效抑制了碳排放吗？——基于 PSTR 模型的实证分析》，《南京财经大学学报》2018 年第 6 期，第 1～14 页。

⑨ 崔和瑞、王欢歌：《产学研低碳技术协同创新演化博弈研究》，《科技管理研究》2019 年第 2 期，第 224～232 页。

⑩ 龙婷：《低碳经济环境下的绿色物流管理策略探讨》，《科技经济市场》2019 年第 12 期，第 115～116 页。

⑪ 柯维丽：《试析低碳经济对我国房地产经济的影响》，《时代金融》2019 年第 36 期，第 134～135 页。

创新发展路径[①]。陈敏研究了低碳经济背景下湖北省产业集群发展模式[②]。黄蕾研究了低碳经济对国际贸易的影响[③]。杜平研究了低碳经济对我国房地产经济的影响[④]。高芳艳研究了低碳经济在我国经济结构转型升级中的对策[⑤]。毕钰阳研究了基于低碳经济的产品低碳化设计[⑥]。隋建研究了促进低碳经济发展的财税政策体系[⑦]。包玉敏、李慧、塔娜、卢文利研究了碳计量在低碳经济中的作用[⑧]。张艳梅研究了低碳经济背景下环境监测对生态环境保护的影响。孙群英、朱震锋、曹玉昆对低碳经济视域下中国省级区域绿色创新能力进行评价分析[⑨]。孙颖基于低碳经济的视角研究了企业成本-收益问题[⑩]。

李春玲研究了低碳经济下交通运输的管理问题[⑪]。华雨斐研究了低碳经济背景下上市公司碳信息披露影响因素[⑫]。朱若鑫研究了化学工业对发展低碳经济的作用[⑬]。胡娜、张庆堂、闫国伦研究了循环经济与低碳经济

① 谢彩霞、高一波：《低碳经济视域下节能减排的创新发展路径研究》，《中国资源综合利用》2019 年第 12 期，第 92~94 页。

② 陈敏：《低碳经济背景下湖北省产业集群发展模式研究》，《中国资源综合利用》2019 年第 12 期，第 95~97 页。

③ 黄蕾：《低碳经济对国际贸易的影响》，《现代经济信息》2019 年第 24 期，第 149 页。

④ 杜平：《探究低碳经济对我国房地产经济的影响》，《地产》2019 年第 24 期，第 37~38 页。

⑤ 高芳艳：《试论低碳经济在我国经济结构转型升级中的对策》，《山西农经》2019 年第 23 期，第 27~29 页。

⑥ 毕钰阳：《基于低碳经济的产品低碳化设计》，《山东农业工程学院学报》，2019 年第 12 期，第 37~38 页。

⑦ 隋建：《促进低碳经济发展的财税政策体系分析》，《中国集体经济》2019 年第 36 期，第 104~105 页。

⑧ 包玉敏、李慧、塔娜、卢文利：《浅析碳计量在低碳经济中的作用》，《内蒙古科技与经济》2019 年第 22 期，第 36 页。

⑨ 孙群英、朱震锋、曹玉昆：《低碳经济视域下中国省级区域绿色创新能力评价分析——以黑龙江省为例》，《林业经济》2019 年第 11 期，第 34~42 页。

⑩ 孙颖：《基于低碳经济视角的企业成本-收益分析探究实践》，《现代经济信息》2019 年第 22 期，第 224 页。

⑪ 李春玲：《试述低碳经济下交通运输的管理》，《中外企业家》2020 年第 4 期，第 89 页。

⑫ 华雨斐：《低碳经济背景下上市公司碳信息披露影响因素分析——2015~2017 年上证社会责任指数前 100 家企业年报统计分析》，《现代营销（下旬刊）》，2020 年第 1 期，第 58~60 页。

⑬ 朱若鑫：《化学工业对发展低碳经济作用的探讨》，《化工管理》2020 年第 2 期，第 6~7 页。

背景下的绿色包装道路[①]。蔡宜香研究了低碳经济发展视角下我国财税政策存在的问题及其对策[②]。罗睿研究了低碳经济下的国际贸易新发展[③]。伏绍宏、谢楠研究了我国低碳经济政策问题[④]。边振宇研究了低碳经济环境下的公路运输发展策略[⑤]。尹杨坚研究了低碳经济下可循环商业展示设计的实现途径[⑥]。刘姝璠研究了低碳经济与环境金融的关系问题[⑦]。甘宇飞研究了碳达峰碳中和与低碳经济发展之间的关系问题，认为先后实现碳达峰、碳中和是我国向世界做出的庄严承诺，更是一场改变社会经济发展状态的经济社会变革。他以我国碳排量减少总量目标数据为例，研究了我国低碳节能减排的科学规划，并对如何减少环境污染、合理控制能源排放、严格规范碳排放总量进行相关研究，提出进一步优化产业结构、消费结构、生产结构和能源结构，鼓励扩大碳排放交易等措施[⑧]。李键江、付子甜、段玮洁研究了低碳经济背景下，碳金融支持创新型企业技术创新的相关问题。融资难、融资渠道窄、资金缺口大和相关法律制度不健全是影响我国碳金融支持创新型企业技术创新的现实阻碍，他们认为应采取放宽碳信贷融资标准、提供风险担保、拓宽企业促进技术创新的碳融资渠道、促进社会力量参与等举措[⑨]。

① 胡娜、张庆堂、闫国伦：《循环经济与低碳经济背景下绿色包装之路探索》，《现代营销（信息版）》2020年第1期，第109页。
② 蔡宜香：《低碳经济发展视角下我国财税政策存在的问题及对策分析》，《经营管理者》2020年第1期，第56~57页。
③ 罗睿：《论低碳经济下的国际贸易新发展》，《中国商论》2020年第2期，第75~76页。
④ 伏绍宏、谢楠：《我国低碳经济政策问题研究》，《天府新论》2020年第1期，第124~130页。
⑤ 边振宇：《低碳经济环境下的公路运输发展策略探析》，《居舍》，2020年第1期，第3页。
⑥ 尹杨坚：《低碳经济下可循环商业展示设计的实现途径》，《生态经济》2020年第1期，第218~223页。
⑦ 刘姝璠：《低碳经济与环境金融》，《合作经济与科技》2020年第1期，第56~59页。
⑧ 甘宇飞：《"碳达峰、碳中和"与低碳经济发展》，《老字号品牌营销》2023年第5期，第46~48页。
⑨ 李键江、付子甜、段玮洁：《低碳经济背景下碳金融支持创新型企业技术创新的现状及其对策研究》，《科学管理研究》2023年第1期，第158~164页。

三　关于国家创新体系理论研究

1987 年，英国著名学者弗里曼在考察快速崛起的日本经济后，首次提出了"国家创新体系"的概念，即由公共部门和私营部门中各种机构组成的网络，这些机构的活动和相互影响促进了新技术的开发、引进、改进和扩散①。Nelson 认为国家创新体系主体间相互作用决定着一国企业创新实绩的一整套制度②。Lundvall 以微观切入宏观的研究开创了国家创新体系研究的微观学派，考察"用户—生产者"相互作用的微观机制，研究了国家创新体系的各组成部分并探讨了国家边界在此过程中的重要意义③。Valeria Cirillo 等研究了欧洲国家创新体系的异质性与均衡性问题，认为国家创新体系具有内在的复杂性，导致其组成成分和结构之间具有高度的互补性，成功的创新政策应该是系统性的，在政策设计和范围上应该具有灵活性④。Patarapong Intarakumnerd、Akira Goto 研究了公共研究机构在工业化国家的国家创新体系中的作用，认为公共科研机构的设立有利于促进国防科研和健康相关研究，可促进国内产业发展，开展研究来解决现有产业和下一代技术的问题，促进新技术和新产业发展⑤。Chrystalla Kapetaniou、Marios Samdanis、Soo Hee Lee 研究了金融机构与国家创新体系的协调问题，认为创新政策应结合一国国家创新体系的特殊需要和该国金融环境的现状。该研究提出了国家创新体系与金融环境的分析框架，指

---

① 黄晨：《弗里曼"国家创新体系"对创新型国家建设的启示》，《学理论》，2019 年第 7 期，第 55~56 页。

② 方玉梅、魏晓文：《科技创新中国家制度安排理论研究述评》，《现代管理科学》，2012 年第 3 期，第 96~98 页。

③ 李佳：《技术能力与国家创新体系新思考：关于中国的案例研究》，《现代管理科学》，2013 年第 4 期，第 82~84 页。

④ Valeria Cirillo, Arianna Martinelli, Alessandro Nuvolari, Matteo Tranchero, "Only One Way to Skin A Cat? Heterogeneity and Equifinality in European National Innovation Systems," *Research Policy*, 2018.

⑤ Patarapong Intarakumnerd, Akira Goto, "Role of Public Research Institutes in National Innovation Systems in Industrialized Countries: The Cases of Fraunhofer, NIST, CSIRO, AIST, and ITRI," *Research Policy*, 2018.

出国家创新体系要注重通过提高金融工具的可用性和增加企业家获得金融工具的机会来提高创新绩效[①]。Suominen Arho、Deschryvere Matthias、Narayan Rumy 使用德尔菲方法，从广泛的利益相关者对话中得出知识产权制度发展存在的主要障碍，结果表明知识产权制度的发展面临着缺乏包容性、匹配能力以及利益相关者在发展道路上高度分歧的挑战，对国家创新体系建设及其知识产权保护形成重要制约[②]。

我国有较多学者对国家创新体系进行了深入研究。以"国家创新体系"为关键词通过中国知网进行搜索（搜索时间为 2023 年 3 月 20 日），总体趋势如图 1-5 所示，1992 年以来国内学者对国家创新体系有长期的关注和研究，从 1996 年至今基本呈现上升态势，2006 年达到年度最高峰，发文量接近 150 篇。随后，学者对国家创新体系保持了较高的关注度。

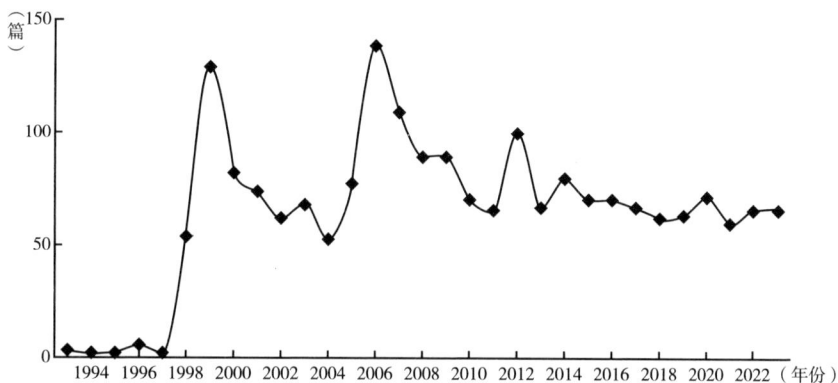

图 1-5　中国知网国家创新体系研究总体趋势的计量可视化分析

从学科分布来看，如图 1-6 所示，国家创新体系研究主要涉及经济体制改革、科学研究管理等领域。

[①]　Chrystalla Kapetaniou, Marios Samdanis, Soo Hee Lee, "Innovation Policies of Cyprus During the Global Economic Crisis: Aligning Financial Institutions With National Innovation System", *Technological Forecasting & Social Change*, 2018, 133.

[②]　Arho S., Matthias D., Rumy N., "Uncovering Value through Exploration of Barriers-A Perspective on Intellectual Property Rights in A National Innovation System", *Technovation*, 2023, 123.

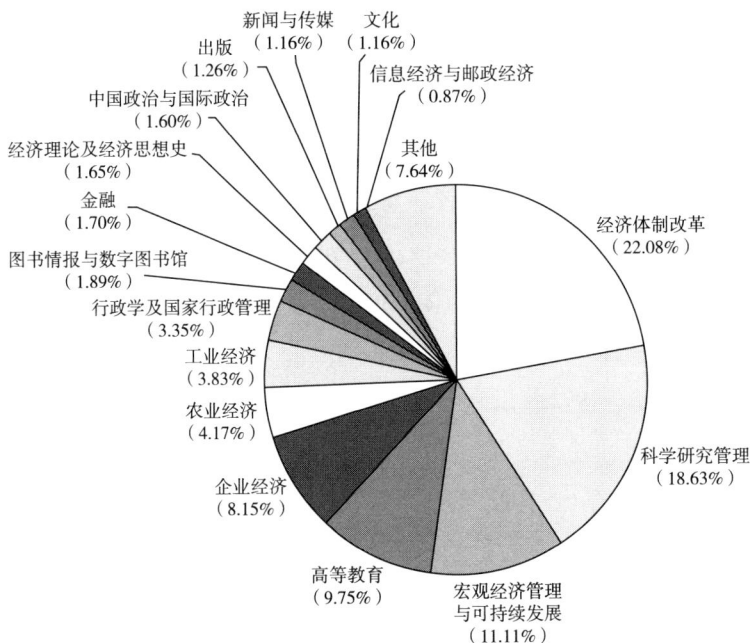

图1-6　中国知网国家创新体系研究学科分布

我国关于国家创新体系的研究已取得一定的成果。汤世国较早地研究了中国的国家创新体系变革与前景，考察了中国国家创新体系的历史演变及20世纪80年代所发生的重大变革，分析了中国创新体系的某些主要弱点，包括高度集中的计划体制、过分庞大的由政府资助和管理的研究开发机构体系、体系长期的封闭性和追求独立完整性等[1]。

汤世国研究了中国的国家创新体系的变革与前景问题[2]。盛世豪研究了国家创新体系的内涵及运行机制[3]。柳卸林研究了国家创新体系的引入

---

① 汤世国：《中国的国家创新体系：变革与前景》，《中国软科学》1993年第1期，第33~35页。
② 汤世国：《中国的国家创新体系：变革与前景》，《中国软科学》1993年第1期，第33-35页。
③ 盛世豪：《国家创新体系的内涵及运行机制》，《科学学与科学技术管理》1995年第10期，第9-12页。

及对中国的意义①。路甬祥研究了建设面向知识经济时代的国家创新体系②。包国庆研究了面向国家创新体系的教育断层问题③。曾国屏、李正风研究了国家创新体系中技术创新、知识创新和制度创新的互动④。吴季松研究了知识经济与国家创新体系⑤。薛澜认为，实现"中国梦"迫切需要加快国家创新体系建设。⑥ 张宏丽、袁永、李妃养基于国家创新体系的视角对美国科技创新战略布局进行了研究⑦。杨柳青、梁巧转、康华研究了基于企业特征调节效应的国家创新体系与企业研发投入问题⑧。翟青研究了基于生态系统模型的中国国家创新体系问题⑨。龚刚、魏熙晔、杨先明等从跨越中等收入陷阱的视角研究如何建设中国特色国家创新体系⑩。孙庆文、魏伟、申佳等基于价值哲学的视角研究国家创新体系的运行机制⑪。刘云、黄雨歆、叶选挺基于政策工具视角对中国国家创新体系国际化政策进行量化分析⑫。龚利、杜德斌、黄琳研究了高校在国

① 柳卸林：《国家创新体系的引入及对中国的意义》，《中国科技论坛》1998 年第 2 期，第 28~30 页。

② 路甬祥：《建设面向知识经济时代的国家创新体系》，《世界科技研究与发展》1998 年第 3 期，第 70~72 页。

③ 包国庆：《面向国家创新体系中的教育断层》，《高教探索》1998 年第 4 期，第 17~21 页。

④ 曾国屏、李正风：《国家创新体系：技术创新、知识创新和制度创新的互动》，《自然辩证法研究》1998 年第 11 期，第 19~23 页。

⑤ 吴季松：《知识经济与国家创新体系》，《经济月刊》1999 年第 2 期，第 30~31 页。

⑥ 薛澜：《实现"中国梦"迫切需要加快国家创新体系建设》，《重庆日报》2013 年 6 月 21 日。

⑦ 张宏丽、袁永、李妃养：《基于国家创新体系的美国科技创新战略布局研究》，《科学管理研究》2016 年第 5 期，第 98~102 页。

⑧ 杨柳青、梁巧转、康华：《基于企业特征调节效应的国家创新体系与企业研发投入研究》，《管理学报》2016 年第 5 期，第 707~714 页。

⑨ 翟青：《基于生态系统模型的中国国家创新体系分析》，《中国商论》2017 年第 27 期，第 175~176 页。

⑩ 龚刚、魏熙晔、杨先明、赵亮亮：《建设中国特色国家创新体系 跨越中等收入陷阱》，《中国社会科学》2017 年第 8 期，第 61~86，205 页。

⑪ 孙庆文、魏伟、申佳、栾晓慧：《价值哲学视角下的国家创新体系运行机制》，《天津大学学报（社会科学版）》2017 年第 4 期，第 327~332 页。

⑫ 刘云、黄雨歆、叶选挺：《基于政策工具视角的中国国家创新体系国际化政策量化分析》，《科研管理》2017 年第 S1 期，第 470~478 页。

家知识创新体系中的功能作用及其提升策略①。

　　胡志坚、李哲研究了支撑现代化经济体系的国家创新体系建设问题②。薛晓光、张亚莉、高秀春研究了中国国家创新体系的发展现状与完善措施③。田治安研究了改进性创新及其在国家创新体系中的作用④。周琴研究了双创背景下高校在国家创新体系中的功能及定位问题⑤。李万研究指出，提升国家创新体系效能的关键是加强科技成果转化⑥。

　　薛晓光、王宏伟、李忠伟研究构建了国家创新体系中政府作用动态评价模型⑦。姚成都研究了影响国家创新体系建设的主要因素⑧。于文浩研究了改革开放 40 年中国国家创新体系的路径选择与启示⑨。杨柳青、梁巧转、康华研究了国家创新体系、股权结构与我国上市公司研发投入问题⑩。李建忠研究认为，中国国家创新体系基本形成，但与美国等世界科技强国相比，整体上仍存在创新战略定位不高、创新能力不强、创新效率不高、创新制度不完善、创新环境不理想等问题，建设世界科

①　龚利、杜德斌、黄琳：《高校在国家知识创新体系中的功能作用及其提升策略》，《苏州大学学报（教育科学版）》2017 年第 1 期，第 24~32 页。

②　胡志坚、李哲：《支撑现代化经济体系的国家创新体系建设研究》，《科技中国》2018 年第 9 期，第 1~4 页。

③　薛晓光、张亚莉、高秀春：《中国国家创新体系的发展现状与完善》，《现代管理科学》2018 年第 9 期，第 58~60 页。

④　田治安：《改进性创新及其在国家创新体系中的作用》，《理论视野》2018 年第 5 期，第 40~44、51 页。

⑤　周琴：《双创背景下高校在国家创新体系中的功能及定位》，《中国高校科技》2018 年第 8 期，第 84~86 页。

⑥　李万：《科技成果转化：提升国家创新体系效能的关键》，《学习时报》2018 年 11 月 7 日，第 6 版。

⑦　薛晓光、王宏伟、李忠伟：《国家创新体系中政府作用动态评价模型研究》，《技术经济与管理研究》2019 年第 2 期，第 25~34 页。

⑧　姚成都：《影响国家创新体系建设的主要因素分析》，《时代金融》2018 年第 33 期，第 175、179 页。

⑨　于文浩：《改革开放 40 年中国国家创新体系的路径选择与启示》，《南京社会科学》2018 年第 9 期，第 18~24 页。

⑩　杨柳青、梁巧转、康华：《国家创新体系、股权结构与我国上市公司研发投入》，《企业经济》2018 年第 7 期，第 44~50 页。

技强国，实施创新驱动发展战略，迫切需要构建新型高效的国家创新体系①。

樊春良研究了面向科技自立自强的国家创新体系建设问题，认为要实现高水平的科技自立自强，需要完善国家创新体系。他提出，面向高水平科技自立自强的国家创新体系由创新的基础、基于市场的创新、国家优先领域与重大关键技术突破三个层面及其相互作用所构成②。魏阙、辛欣研究了高效能国家创新体系背景下国家实验室建设问题，剖析了我国国家创新体系与国家战略科技力量之间的联系，阐释了国家战略科技力量尤其是国家实验室在国家创新体系效能提升中的重要作用，分析了国家实验室在高效能国家创新体系建设中的作用③。

冯泽、陈凯华、冯卓从生成机制与影响因素两个维度研究了国家创新体系效能的系统性问题，从"系统结构—系统运行—系统功能"的视角揭示了国家创新体系效能的内涵，将其理解为结果绩效与过程绩效的有机结合，并分别分析了两者的生成机制及相互作用，从优化系统结构与布局、推动要素多层次流通、有机结合创新环境等维度提出了系统提升国家创新体系效能的思路④。贺德方、汤富强、陈涛等研究了国家创新体系的发展演进，认为国家创新体系是国家安全和经济社会发展的重要支撑，在长期的历史演进和选择建构中不断发展演变⑤。

---

① 李建忠：《构建新型国家创新体系研究》，《西南民族大学学报（自然科学版）》2019年第5期，第545～550页。

② 樊春良：《面向科技自立自强的国家创新体系建设》，《当代中国与世界》2022年第3期，第74～86页。

③ 魏阙、辛欣：《高效能国家创新体系背景下国家实验室建设策略研究》，《实验技术与管理》2023年第2期，第217～224页。

④ 冯泽、陈凯华、冯卓：《国家创新体系效能的系统性分析：生成机制与影响因素》，《科研管理》2023年第3期，第1～9页。

⑤ 贺德方、汤富强、陈涛等：《国家创新体系的发展演进分析与若干思考》，《中国科学院院刊》2023年第2期，第241～254页。

四 关于低碳创新的相关研究

国外有部分学者对低碳创新进行了一定的研究。如 A. M. Forster、S. Fernie、K. Carter 等研究了建筑技术领域的低碳创新问题①。Frank W. Geels、Tim Schwanen、Steve Sorrell、Kirsten Jenkins、Benjamin K. Sovacool 研究认为要通过低碳创新减少能源需求，从社会技术转型的角度看，优化并提供更加低碳的能源服务，要重视大规模、资本密集型和长寿命的基础设施供给，这些基础设施与技术、机构、技能、知识和行为共同发展，形成更加广泛的"社会技术系统"②。Ruth E. Bush、Catherine S. E. Bale、Mark Powell 等基于英国的供热系统创新考察了中介机构在低碳转型中的作用③。Joanne Hillman、Stephen Axon、John Morrissey 研究了社会企业在低碳转型与创新发展中的重要作用，认为社会企业是未来社会可持续性转型的重要工具，其创造社会和经济价值的能力被认为是"双赢"的，推动社会低碳转型要重视社会企业在创新中的突出作用④。Robyn Owen、Geraldine Brennan、Fergus Lyon 研究指出，政府要重视自主低碳创新及其政策制定，鼓励投资转向低碳经济领域，发挥公共部门对高收入和低收入国家的赠款、股权、债务和新众筹融资等的支持作用，其有利于面向绿色低碳的个体企业获得融资，并通过示范效应鼓励融资进入新

---

① A. M. Forster, S. Fernie, K. Carter, P. Walker, D. Thomson, "Innovation in Low Carbon Construction Technologies", *Structural Survey*, 2015, 33.

② Frank W. Geels, Tim Schwanen, Steve Sorrell, Kirsten Jenkins, Benjamin K. Sovacool, "Reducing Energy Demand through Low Carbon Innovation: A Sociotechnical Transitions Perspective and Thirteen Research Debates", *Energy Research & Social Science*, 2018, 40.

③ Ruth E. Bush, Catherine S. E. Bale, "Mark Powell, Andy Gouldson, Peter G. Taylor, William F. Gale," The Role of Intermediaries in Low Carbon Transitions-Empowering Innovations to Unlock District Heating in the UK, *Journal of Cleaner Production*, 2017, 148.

④ Joanne Hillman, Stephen Axon, John Morrissey, "Social Enterprise as A Potential Niche Innovation Breakout for Low Carbon Transition," *Energy Policy*, 2018, 117.

低碳领域[①]。

从国内学者研究来看，我国有较多学者对低碳创新问题进行研究，并取得一定的研究成果。以"低碳创新"为关键词通过中国知网进行搜索（搜索时间为 2023 年 3 月 20 日），总体趋势如图 1-7 所示。2008 年以来国内学者对低碳创新研究有持续的关注和研究，基本呈现上升态势，2022 年达到历史以来发文数量最高峰，为 38 篇。随后，学者对低碳创新依然保持较高的关注度。

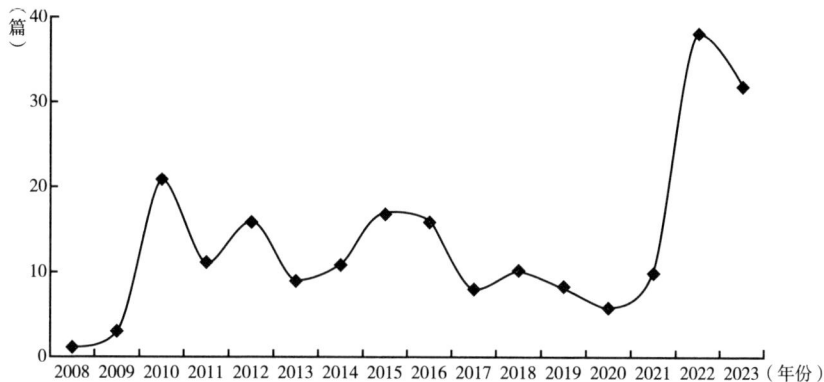

图 1-7 中国知网低碳创新研究总体趋势的计量可视化分析

从学科分布来看，如图 1-8 所示，低碳创新研究主要涉及环境科学与资源利用、经济体制改革、宏观经济管理与可持续发展、工业经济、企业经济等学科领域。

从国内学者研究来看，不少学者从不同视角对低碳创新理论与实践问题进行了深入研究。陆小成较早研究"低碳创新系统"概念，深入、系统地研究区域低碳创新问题，认为区域低碳创新系统的构建，为节能减排、发展低碳经济、构建和谐社会提供了操作性诠释，是落实科学发展

---

① Robyn Owen, Geraldine Brennan, Fergus Lyon, "Enabling Investment for the Transition to A Low Carbon Economy: Government Policy to Finance Early Stage Green Innovation," *Current Opinion in Environmental Sustainability*, 2018, 31.

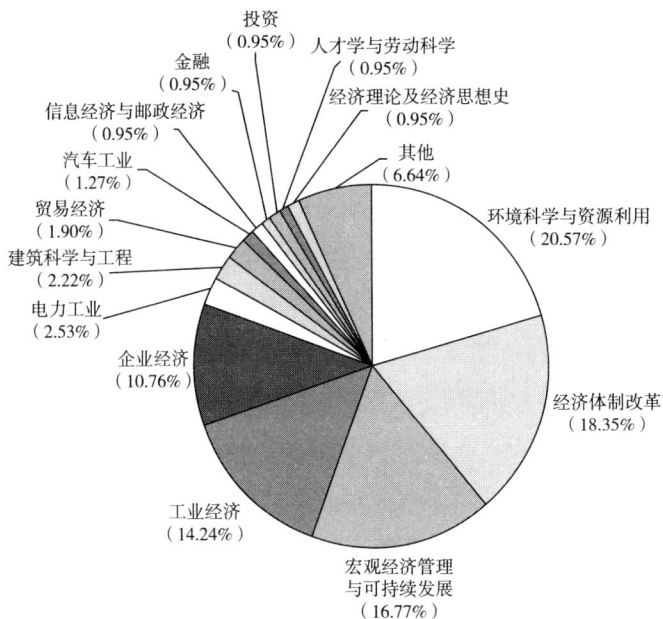

图 1-8　中国知网低碳创新研究学科分布

观、建立节约型社会的综合创新，是区域创新体系概念的新发展。他还基于技术预见的视角研究了区域低碳创新体系的构建问题[①]。潘岳认为，走低碳发展道路需要制度创新[②]。陆小成、刘立对区域低碳创新系统的概念进行了深入阐释，研究构建了区域低碳创新系统的结构-功能模型[③]。他们还基于科学发展观的视角研究了区域低碳创新系统架构问题[④]。何建坤研究指出发展低碳经济，关键在于低碳技术创新[⑤]。尤建新研究提出，发

① 陆小成：《区域低碳创新系统的构建——基于技术预见的视角》，《科学技术与辩证法》2008 年第 6 期，第 97~101 页。
② 《潘岳："低碳经济"是建设生态文明的有力突破口》，新华社北京 2008 年 11 月 5 日电（记者顾瑞珍）。
③ 陆小成、刘立：《区域低碳创新系统的结构-功能模型研究》，《科学学研究》2009 年第 7 期，第 1080~1085 页。
④ 陆小成、刘立：《基于科学发展观的区域低碳创新系统架构分析与实现机制》，《中国科技论坛》2009 年第 6 期，第 32~36 页。
⑤ 何建坤：《发展低碳经济，关键在于低碳技术创新》，《绿叶》2009 年第 1 期，第 46~50 页。

展低碳经济重在行动、成在创新①。仇保兴基于英国减排温室气体的经验研究，提出要创建低碳社会，提升国家竞争力②。

吴昌华研究了低碳创新的技术发展路线图，提出低碳技术创新与应用是成就中国特色低碳之路的重要保障，应合理规划低碳技术发展路线图，包括明确重要技术领域、识别关键技术发展路径、探索技术创新的政策措施③。梁中、李小胜研究了欠发达地区区域低碳创新能力评价问题④。秦书生认为，绿色技术创新兼顾经济效益、生态效益和社会效益，是符合可持续发展要求的一种技术创新⑤。秦艳、蒋海勇研究了低碳转型的"负成本"问题，提出要进一步构建开发和应用低碳技术机制、完善财税刺激政策、强化节能低碳的监管制度⑥。梁中、李小胜研究了欠发达地区区域低碳创新能力评价问题，从构建低碳产业和能源体系、建立碳交易市场机制、完善区域创新服务平台、建立多元化投融资体系等四个方面提升欠发达地区的区域低碳创新能力⑦。

陆小成、冯刚研究了广义虚拟经济视域下低碳创新驱动价值问题⑧。佟庆家、郑立、张鹏、施昆吾研究了我国制造业低碳创新系统知识产权战略⑨。

① 尤建新：《发展低碳经济重在行动、成在创新》，《上海企业》2008 年第 8 期，第 13～14 页。
② 仇保兴：《创建低碳社会 提升国家竞争力——英国减排温室气体的经验与启示》，《城市发展研究》2008 年第 2 期，第 127～134 页。
③ 吴昌华：《低碳创新的技术发展路线图》，《中国科学院院刊》2010 年第 2 期，第 138～145 页。
④ 梁中、李小胜：《欠发达地区区域低碳创新能力评价研究》，《地域研究与开发》2013 年第 2 期，第 116～121。
⑤ 秦书生：《绿色技术创新的政策支持》，《科技与经济》2012 年第 1 期。
⑥ 秦艳、蒋海勇：《我国西部地区"负成本"低碳转型与制度创新》，《商业会计》2012 年第 13 期。
⑦ 梁中、李小胜：《欠发达地区区域低碳创新能力评价研究》，《地域研究与开发》2013 年第 2 期，第 116～121 页。
⑧ 陆小成、冯刚：《广义虚拟经济视域下低碳创新驱动价值研究》，《广义虚拟经济研究》2015 年第 3 期，第 65～71 页。
⑨ 佟庆家、郑立、张鹏、施昆吾：《我国制造业低碳创新系统知识产权战略研究》，《科技管理研究》2015 年第 24 期，第 137～141 页。

陆小成研究了中国新型城镇化的低碳创新驱动模式①。霍明连、李知渊、王新澄研究了区域低碳创新系统自组织演化过程②。胡敏、陆小成、资武成研究了城市低碳创新的形象传播与规划策略③。樊步青、王莉静研究了我国制造业低碳创新系统及其危机诱因与形成机理，从主体层面、资源层面、环境层面三个维度分析了我国制造业低碳创新系统的运行机制和系统功能，从运行机制中提炼出我国制造业低碳创新系统低碳技术创新、低碳创新系统结构和低碳资源运行等三方面的诱因，基于自组织理论和复杂系统脆性理论揭示了我国制造业低碳创新系统危机形成机理④。刘彤研究了我国低碳创新系统构建与发展对策问题⑤。陆小成研究了美丽中国视域下的低碳创新城市建设⑥。曲小瑜、张健东基于状态转移矩阵与集对分析耦合模型对我国食品工业低碳创新能力进行了实证研究⑦。

梁鹏、梁文群、李玮研究了中国区域绿色低碳创新效率的提升路径⑧。徐莹莹、綦良群、吕希琛基于扎根理论对制造企业低碳创新绩效关键驱动因素识别进行研究，认为外部关系质量、外部环境质量和企业创新能力是提升制造企业低碳创新绩效的关键驱动因素；企业创新能力是制造企业低碳创新绩效的直接驱动因素，包括创新决策能力、资源获取能力、

① 陆小成：《中国新型城镇化的低碳创新驱动模式》，《生态环境学报》2016 年第 2 期，第 359~364 页。
② 霍明连、李知渊、王新澄：《区域低碳创新系统自组织演化过程研究》，《科技与管理》2016 年第 4 期，第 42~47 页。
③ 胡敏、陆小成、资武成：《城市低碳创新的形象传播与规划策略》，《中国科技论坛》2016 年第 10 期，第 115~121 页。
④ 樊步青、王莉静：《我国制造业低碳创新系统及其危机诱因与形成机理分析》，《中国软科学》2016 年第 12 期，第 51~60 页。
⑤ 刘彤：《我国低碳创新系统构建与发展对策的辩证思考》，《国土与自然资源研究》2016 年第 6 期，第 52~54 页。
⑥ 陆小成：《美丽中国视域下的低碳创新城市建设》，《中国市场》2017 年第 11 期，第 14~19 页。
⑦ 曲小瑜、张健东：《我国食品工业低碳创新能力的实证研究——基于状态转移矩阵与集对分析耦合模型》，《科技管理研究》2017 年第 12 期，第 24~30 页。
⑧ 梁鹏、梁文群、李玮：《中国区域绿色低碳创新效率的提升路径研究》，《中国商论》2018 年第 1 期，第 156~158 页。

技术研发能力、柔性生产能力和低碳保障能力五个类属；外部关系质量和外部环境质量既可以直接驱动制造企业低碳创新绩效，也可以通过企业创新能力间接驱动制造企业低碳创新绩效[1]。鲍宏、胡迪、张城、柯庆镝基于进化潜力分析的视角研究了产品低碳创新设计[2]。陈红、刘东霞研究了资源型企业低碳创新行为驱动问题[3]。姚炯、沈能研究了技术异质性与区域低碳创新效率评价[4]。

陈香、龚本刚、蒋培研究了从供应链一体化角度融入决策者乐观测度的区间灰色关联多属性评估方法，构建了面向制造业集群供应链的低碳创新网络协同行为评估模型[5]。吴晓青研究提出协同低碳创新，共谋绿色发展[6]。田成川研究提出要加快城镇化低碳创新[7]。杨红娟、程敬媛基于高管团队学术背景，对企业低碳创新影响进行了深入的实证研究[8]。刘诗琴研究了国际化视角下制造业低碳创新网络演化及低碳创新效应问题，认为要想在经济发展与增长中取得质变，低碳创新是关键的生产要素之一，必须提高低碳创新在低碳经济乃至经济总量中的贡献度[9]。

以上学者从不同维度对低碳创新问题展开研究，形成了一系列研究成

[1] 徐莹莹、綦良群、吕希琛：《基于扎根理论的制造企业低碳创新绩效关键驱动因素识别》，《中国科技论坛》2018年第3期，第81~90页。
[2] 鲍宏、胡迪、张城、柯庆镝：《基于进化潜力分析的产品低碳创新设计》，《计算机集成制造系统》2018年第8期，第2053~2060页。
[3] 陈红、刘东霞：《资源型企业低碳创新行为驱动研究——基于涉煤企业的多案例扎根分析》，《软科学》2018年第8期，第63~67、97页。
[4] 姚炯、沈能：《技术异质性与区域低碳创新效率评价》，《科技进步与对策》2018年第22期，第45~54页。
[5] 陈香、龚本刚、蒋培：《制造业集群供应链低碳创新网络协同行为评估模型》，《安庆师范大学学报（社会科学版）》2020年第1期，第94~100页。
[6] 吴晓青：《协同低碳创新 共谋绿色发展》，《中国科技产业》2022年第9期，第1~2页。
[7] 田成川：《加快城镇化低碳创新》，《世界环境》2022年第4期，第1页。
[8] 杨红娟、程敬媛：《高管团队学术背景对企业低碳创新影响的实证研究》，《生态经济》2022年第11期，第50~55、87页。
[9] 刘诗琴：《国际化视角下制造业低碳创新网络演化及低碳创新效应研究》，昆明理工大学硕士学位论文，2022。

果，尽管总的数量不多，但分析了低碳创新的若干问题，为本书研究提供了重要的理论支撑。

五 相关研究的不足

第一，随着全球气候变暖和异常天气事件增加，更多的国家和地区关注环境问题，学术界从应对全球气候变化、发展方式转型、低碳经济发展、生态文明建设等多个维度进行研究，但从国家创新体系建设的视角推进国家低碳发展与生态文明建设的研究成果不多、研究不够深入，还有许多问题值得深入研究。技术创新面对生态文明建设、低碳经济发展、实现碳达峰碳中和目标等要求，如何进行有效的对策回应，现有研究不够系统深入。

第二，国家低碳创新体系建设在实践层面也存在经验不足。深入实施创新驱动战略，面向生态文明建设、生态环境保护与治理、低碳经济发展，如何从低碳创新体系建设的视角推进相关工作，如何从低碳技术创新、低碳产业发展、低碳城市建设等多个维度建设美丽中国，应该采取哪些政策措施，这些问题都没有进行深入研究。

第三，国家低碳创新体系建设绝对不只是一个学术概念问题，而是针对当前低碳经济发展、低碳技术创新、国家创新体系建设等诸多实际问题，所提出的重要理论分析框架和实践产物，建设以市场为导向的绿色技术创新体系内含了这种要求。国家低碳创新体系则是在这些实践问题基础上的进一步拓展和深化。结合当前国内外学者相关研究，在推进生态文明建设、推进碳达峰碳中和、推进人与自然和谐共生的中国式现代化建设进程中，深入研究国家低碳创新体系建设的理论与实践问题，尚未引起高度重视。本书将针对以上研究不足进行深入探讨。

第三节 研究目标与意义

本研究从全球气候变化和低碳经济发展的互动来探索国家低碳创新体系的建设与运行问题，这是一个新视角，其研究意义主要表现为以下几点。

第一，从国家创新体系建设与生态文明建设的关系层面，创造性地构建国家低碳创新体系的理论分析框架。面向低碳经济的国家创新体系建设是转变发展方式、推进生态文明建设、提升国家绿色低碳形象、推进"双碳"目标实现、加快实现人与自然和谐共生的中国式现代化、建设美丽中国的核心动力与关键举措。本书主要立足于国家创新体系与低碳经济发展的互动关系，探索国家创新机制研究的新视角，特别是与低碳经济、科技创新等多学科的交叉与融合，有利于充分认识应对气候变化的重要性和紧迫性，丰富和发展全球气候变化、生态文明建设与创新型国家建设的研究理论。

提出构建低碳的技术创新体系和制度创新体系，进一步拓展国家创新体系理论。从低碳经济和应对全球气候变化的视角对国家创新体系理论进行探索，分析国家创新体系与国家低碳创新体系的区别与联系，国家低碳创新体系是国家创新体系理论的进一步深化，是国家创新体系和区域创新体系研究的新领域和新拓展。因此本书的研究具有重要的现实意义和理论意义，将构建国家低碳创新体系的分析框架，进一步拓展区域创新体系的理论体系。

创造性地构建国家低碳创新体系的理论分析框架，进一步丰富和拓展低碳经济理论。本书主要从应对全球气候变化与国家创新体系的互动视角切入，在理论与实践相结合的层面，分析低碳创新体系的内涵、战略意义、政府职能、企业行为、科研院所、制度创新、金融创新、政策创新等，研究如何通过国家低碳创新体系的构建，实现国家低碳经济发展，有利于丰富和发展低碳经济理论。

第二，从实施创新驱动战略与生态文明建设结合的层面，系统阐释国家低碳创新体系的战略意义。中国传统粗放型增长模式、资源与环境困境等一系列问题的治理，迫切需要发挥低碳技术与制度的创新驱动作用。本书研究构建国家低碳创新体系的意义，突出国家层面低碳创新的顶层设计，为真正实现发展方式转变，推动碳达峰碳中和目标实现，加快构建环境美好、生态文明、低碳宜居的美丽中国，推动人与自然和谐共生的中国式现代化建设做出贡献。

第三，从国家低碳创新体系的建设路径与对策层面，探索符合中国国情的低碳经济发展道路，提出推进生态文明建设的关键措施，化解因全球变暖所产生的国际压力。本书研究有利于我国转变经济发展方式和加强节能减排，依托低碳创新及低碳经济发展引领世界经济发展的主流，促进我国有效应对全球气候变化，化解因全球变暖所产生的国际压力，为建设低碳创新型国家提出政策建议，为指导国家与地方低碳发展和生态文明建设实践提供必要的决策咨询与政策参考。应对全球气候变化的政策和措施对我国实现可持续发展和生态文明建设有重要意义，本书可为各级政府制定国民经济和社会发展规划提供重要参考依据。从低碳技术创新与制度创新互动的层面，提出国家低碳创新体系应对全球气候变化的政策建议，为各级政府制定低碳发展战略提供决策参考，有利于我国转变经济发展方式和加强节能减排，保护生态环境，实现资源的可持续利用，提升应对全球气候变化能力。构建国家低碳创新体系是我国履行国际碳减排义务、提升国际影响力的重大战略举措，可促进我国经济社会全面绿色转型，加快构建人与自然和谐共生的中国式现代化。

第四节　研究思路与研究内容

一　主要研究思路

在理论和实践相结合的基础上，探讨创新驱动、生态文明、美丽中国建设的内在关联，提出"国家低碳创新体系"概念，系统建构国家低碳创新体系的理论分析框架，比较分析国内外实践经验，从企业、政府、大学和科研院所、中介服务机构、公众等多主体的视角深入考察国家低碳创新体系建设存在的主要问题，最后提出相应的政策建议。主要围绕以下几个问题进行探讨，如图1-9所示。

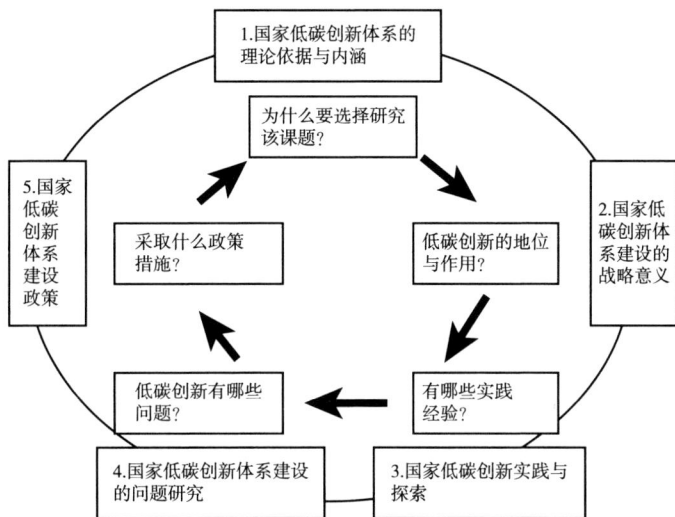

图1-9 本书研究的主要问题及其逻辑关系

二 主要研究内容

从生态文明建设的视角，提出构建国家低碳创新体系是实施创新驱动战略、推进绿色低碳发展的重要举措。对此，本书重点围绕以下几个问题展开研究。

第一部分，相关理论基础研究。国家低碳创新体系是在生态文明、生态经济、低碳经济、国家创新体系等理论发展的基础上提出来的。创新系统理论已经成为国内外创新研究的热点，一个国家或地区的经济社会发展离不开创新，无论是技术层面的创新，还是制度层面的创新均能进一步释放生产力的内在潜力，推动生产关系的解放与活力提升，进而推动经济社会高质量发展。特别是全球性的气候变化、碳排放等问题，越来越引起全人类的高度关注，低碳经济、生态经济等理论一直是学术界研究的重要焦点。创新系统理论与生态文明、低碳经济、绿色经济与循环经济理论、生态经济、国家创新体系等理论相互交叉与关联，构成了国家低碳创新体系的理论基石。

第二部分，国家低碳创新体系的内涵阐释与战略意义。面向低碳发展和生态文明建设要求，国家创新体系必须加快低碳科技创新及其相关制度措施、支撑体系的建设，构建国家低碳创新体系，进而提升低碳自主创新能力，抢占未来世界新经济制高点和增长点，树立中国国际低碳形象。低碳创新是生态文明建设的题中应有之义。推进生态文明建设，必须树立低碳发展理念，实施创新驱动战略，加强低碳技术攻关，选择低碳创新道路。面向低碳发展与生态文明建设的要求，国家创新体系需要加强节能减排领域的低碳创新。中国构建国家低碳创新体系具有重要的战略意义，是承担国际减排责任、转变发展方式的需要，是掌握大国重器、提升绿色竞争力的需要，是推进生态文明建设、建设低碳创新型国家的需要，是发展低碳生产力、构建人类命运共同体的需要。

第三部分，国家低碳创新体系的结构要素与动力机制。国家低碳创新体系是以低碳技术创新为主导的多要素创新网络。各创新要素相互关联、分工合作、协同创新，形成节能减排、绿色低碳功能的结构体系，这种结构体系决定了国家低碳创新体系的运行功能和动力特征。本部分主要研究国家低碳创新体系由哪些主体构成，这些主体要素之间是什么样的关系，如何形成内在的创新动力机制，以促进国家低碳创新体系构建及其完善。

第四部分，国家低碳创新体系建设的国际经验比较研究。主要分析美国、英国、德国、意大利、日本等发达国家面向低碳发展是如何加快构建国家创新体系的，是如何提升低碳绿色科技创新能力的，有哪些政策和经验可以借鉴，总结和比较国外典型的国家低碳创新体系建设模式及其对中国的主要启示。

第五部分，国家低碳创新体系建设的问题研究。本部分主要从企业、政府、大学和科研院所、中介服务机构、社会公众等多主体维度对国家低碳创新体系建设中存在的问题及其成因进行分析。

第六部分，基于生态文明的国家低碳创新体系建设的政策选择。本部分结合问题分析，主要从企业、政府、大学和科研院所、中介服务机构、社会公众等主体维度提出构建国家低碳创新体系的路径选择。

第五节　技术路线与研究方法

一　技术路线

本书由"理论基础—地位与作用—国际比较—问题分析—路径选择"构成逻辑主线，如图 1-10 所示。

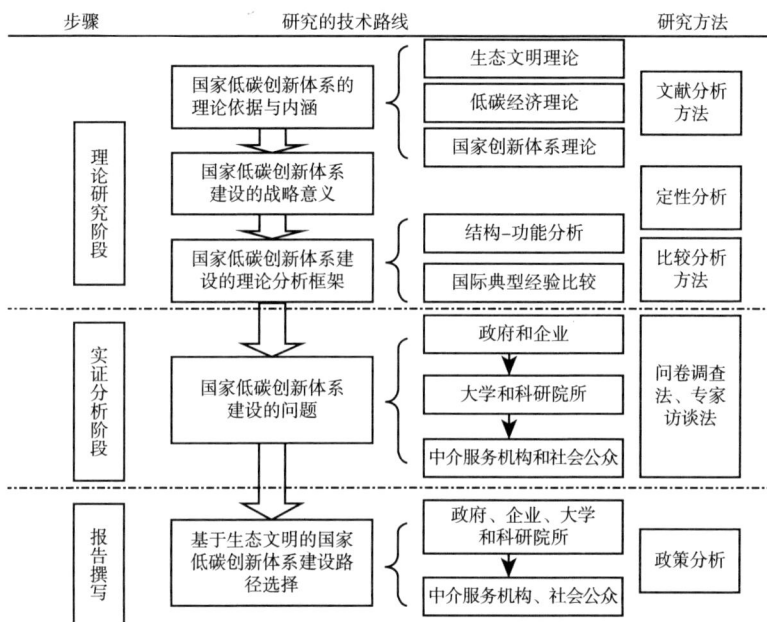

步骤	研究的技术路线		研究方法
理论研究阶段	国家低碳创新体系的理论依据与内涵	生态文明理论 / 低碳经济理论 / 国家创新体系理论	文献分析方法
	国家低碳创新体系建设的战略意义		定性分析
	国家低碳创新体系建设的理论分析框架	结构-功能分析 / 国际典型经验比较	比较分析方法
实证分析阶段	国家低碳创新体系建设的问题	政府和企业 / 大学和科研院所 / 中介服务机构和社会公众	问卷调查法、专家访谈法
报告撰写	基于生态文明的国家低碳创新体系建设路径选择	政府、企业、大学和科研院所 / 中介服务机构、社会公众	政策分析

图 1-10　本书研究的技术路线

二　主要研究方法

第一，文献分析法。本书主要对生态文明理论、国家创新体系理论、低碳经济理论的相关文献进行分析，考察已有研究的进展及其不足，进而提出本书的分析框架。本书建立在对大量文献的阅读和论证的基础上，考察已有理论研究的进展及其不足，提出本书的分析框架。

第二，跨学科研究方法与系统分析方法。综合运用创新系统、制度经济学、区域经济学、公共政策学等跨学科理论知识进行研究。系统分析方法是将国家低碳创新体系视为一个完整的系统进行分析，尝试性地综合运用区域经济学、人文地理学、产业经济学、制度经济学、公共政策学等跨学科的专业知识对国家低碳创新体系进行理论研究。系统分析方法即将区域低碳创新过程视为一个完整的系统，主要分析其构成要素、内部结构与外部环境的关系，结构与功能的互动关系等。

第三，比较研究方法。本书以许多发达国家在低碳发展、技术创新、国家创新体系等方面的具体实践，如美国、英国、德国、日本等国家的低碳创新政策与具体做法为案例，分析面向低碳发展的国家创新体系建设经验、问题及其借鉴。

第四，政策分析方法。本书对国家低碳创新体系的政策措施进行研究。由于低碳创新具有较强的外部性，需要政府采用有效的政策工具或政策手段进行有效调控与引导，重视运用适当的政策手段对符合低碳经济发展要求的创新行为加以引导和鼓励。本书通过政策分析方法，提出我国国家低碳创新体系构建的政策建议。

第六节　主要观点与创新之处

一　主要观点

第一，国家低碳创新体系构建以习近平新时代生态文明思想为指导。本书以习近平新时代中国特色社会主义思想为指引，结合我国生态文明建设的最新理论进展和实践成果，深刻领会党中央关于生态文明建设和创新驱动战略的决策部署，提出加快构建面向绿色低碳发展、助力实现碳达峰碳中和目标的中国特色国家低碳创新体系。国家低碳创新体系是基于建设创新型国家的战略需要而构建的，是推进生态文明建设与绿色低碳发展、促进我国经济社会全面绿色转型与低碳高质量发展的动力源泉，也是培养低碳领域高素质人才、提升综合国力和树立低碳大国形象的重要基础。以低碳技术创新为重要引擎，以低碳制度创新为根本保障，进一步加快推进生态文明建设，推进绿色低碳发展，推进创新型国家和美丽中国建设，为加快推进生态文明建设提供理论拓展、方法创新、实践探索和政策建议，以面向绿色低碳的国家创新体系建构推动生态文明建设重大部署和重要任务落到实处。

第二，由创新型国家建设和生态文明建设两大战略任务形成构建国家低碳创新体系的政策保障和理论依据。建设国家低碳创新体系是建设创新型国家、转变发展方式、推进生态文明与美丽中国建设的战略突破口。加强国家低碳创新体系建设是一个系统工程，涉及技术创新、制度创新等多个方面。低碳技术创新是生态文明建设的核心动力，低碳制度创新是生态文明建设的根本保障，要以低碳技术创新和制度创新为驱动力，形成低碳创新的政产学研互动机制。

第三，面向低碳发展和生态文明建设要求，构建国家低碳创新体系具有重要的战略意义。国家低碳创新体系是面向低碳经济发展要求的国家创新体系的拓展与延伸。国家低碳创新体系是指国家层面的企业、政府、大学和科研机构、中介服务机构等主体相互作用而形成的低碳创新网络。构建国家低碳创新体系具有重要的战略意义，是承担国际减排责任、转变发展方式的需要，是掌握大国重器、提升绿色低碳竞争力的需要，是推进生态文明建设、建设低碳创新型国家的需要，是发展低碳生产力、构建人类命运共同体的需要。

第四，国家低碳创新体系建设的重要路径是实现国家对提高全社会低碳技术创新能力和低碳发展效率的有效调控与推动、扶持与激励。必须发挥市场机制的决定性作用，政策工具设计应从主要依靠行政手段向主要依靠市场机制转变；必须全面改造传统高污染、高耗能产业和企业，升级交通工具、转变生活模式等，系统构建低碳产业体系、低碳消费模式、低碳社会环境，全面推进生态文明建设。

二 创新之处

第一，基于国家创新体系的历史考察，探索性地提出了国家创新体系的五个阶段及其新时代的六大转向。

综合现有学者研究成果，本书探索性地提出我国国家创新战略的演化大体上可以分为五个阶段，即初步形成阶段（1949～1977年）、计划主导阶段（1978～1994年）、技术创新阶段（1995～1996年）、知识创新阶段（1997～2011年）、高质量发展阶段（2012年至今）。2012年，党的十八大报告明确指出，要坚持走中国特色自主创新道路，加快建设国家创新体系。党的二十大报告明确提出，提升国家创新体系整体效能，推动绿色发展，促进人与自然和谐共生，积极稳妥推进碳达峰碳中和。这标志着中国国家创新体系进入新时代。推进经济高质量发展，国家创新体系需要承担重要责任和使命担当，即更加强调原始创新、更加强调体制改革、更加强调"国家队"、更加强调协同创新、更加强调全面创新、更加强调生态文明。从加快实施创新驱动战略和生态文明建设两大战略目标出发，探索构建低碳的国家创新体系是本书的重要创新之处。当前创新没有真正承担减缓气候变化、减少能源消耗、减少环境污染、减少雾霾天气的重要责任，面向低碳、绿色、生态的国家创新体系研究非常重要，也是比较新的研究视角。

第二，本书提出低碳创新是生态文明建设的题中应有之义。推进生态文明建设，必须树立低碳发展理念，实施创新驱动战略，加强低碳技术攻关，选择低碳创新道路。本书以习近平新时代中国特色社会主义思想为指导，结合我国生态文明建设的最新理论进展和实践成果，深刻领会党中央关于生态文明建设和创新驱动战略的决策部署，创造性地提出国家低碳创新体系的概念及其理论分析框架，进一步拓展和推动国家创新体系与低碳经济的理论创新。国家低碳创新体系是一项系统工程，涉及中央政府、地方政府、企业、大学和科研机构、中介服务机构、金融机构等组织机构的低碳协同创新，系统分析这些主体及其要素之间的关系与内在动力机制，构建国家低碳创新体系的理论分析框架，是本书的重要创新与学术贡献。

第三，基于结构与功能的互动视角，深入研究国家低碳创新体系的结构要素与功能机制。国家低碳创新体系是以低碳技术创新为主导的多要素创新网络。国家低碳创新体系结构与功能的关系存在互动关联，结构要素是功能运行与实现的载体，功能是结构要素存在的依据和发展方向。国家低碳创新体系的结构要素主要包括创新主体、创新资源、创新政策、市场环境、国际联系等。国家低碳创新体系的基本框架主要包括低碳知识创新、低碳技术创新、低碳制度与文化创新、低碳治理与服务创新等子系统。国家低碳创新体系的构建是国家创新驱动战略与低碳发展战略的高度耦合，形成低碳技术创新的内在逻辑与动力机制。我国在新旧动能转换中，要破解内外压力和自主创新困境，就需要加快实施国家创新驱动战略，以低碳创新推动国家低碳发展，依托低碳创新发展破解内外压力，提升国家自主创新能力，这是国家低碳创新体系构建的内在逻辑与核心要义。国家低碳创新体系的构建体现了基于资源环境约束与经济技术发展、基于发展生产力与保护生态环境、构建人类命运共同体与利益共同体等三种耦合逻辑。国家低碳创新体系的动力机制主要包括三点：一是由低碳意识提升与低碳消费偏好引发的市场动力机制；二是承担国际减排责任和国内环保压力驱使的政策动力机制；三是低碳创新的核心竞争力提升形成的技术动力机制。

第四，基于高质量发展的需要，提出实施国家低碳科技创新工程、加快国家低碳创新体系建设、推动人与自然和谐共生的中国式现代化的对策建议。要完善低碳创新政策，加快实施国家低碳科技创新工程。要巩固低碳创新主体地位，提升低碳创新能力。要完善科研体制，激发低碳创新活力。培育低碳创新服务机构，优化低碳创新中介服务。鼓励公众参与和监督，提升公众的低碳创新参与能力。将以企业为主体、市场为导向、政产学研结合的低碳创新体系作为突破口，深化低碳科技体制改革，在全国范围内将现有的国家级工业园区或高新区改造和提升为国家低碳创新示范区。全面推进国家低碳创新体系建设，增加低碳科技创新投入，布局低碳科技园区和产业集群，加快低碳科技成果转化，使中国大部分省市区的工业园区、城市空间不再是环境污染和雾霾天气的发生源，而是雾霾防控、环境修复、生态治理的净化器和"绿肺"，进而助推我国碳达峰碳中和目标的实现，推进人与自然和谐共生的现代化、建设美丽中国的伟大梦想将不再遥远。

第二章　相关理论基础

国家低碳创新体系是基于生态文明、绿色经济与循环经济理论、低碳经济、国家创新体系等理论基础而提出来的。创新系统理论与生态经济、生态文明、低碳经济、国家创新体系等理论相互交叉、集成与关联，构成了国家低碳创新体系的重要理论基石。

第一节　生态文明理论

一　生态文明的提出：对传统工业文明的扬弃

人类社会发展先后经历了农业文明、工业文明等阶段。工业文明时代，技术变革、生产力快速提升加快了对传统资源能源的消耗，人类在一定时期实现了物质财富的极大丰富，但工业发展与生产方式的局限性引发全球资源能源快速耗竭、环境污染、生态恶化、生态承载力不足等一系列问题，反映出征服自然与统治自然的社会行为偏差，传统工业文明难以持续。缺少生态文明的发展理念和价值追求，导致人与自然关系的紧张，严重制约了经济社会的可持续发展①。这些问题的存在，迫使人们重新审视人类文明程度及其生产生活方式，于是学术界提出了"生态文明"重要

---

① 刘燕、薛蓉：《生态文明内涵的解读及其制度保障》，《财经问题研究》2019年第5期，第19~25页。

概念。1957 年，日本学者基于对自然地理、气候条件、生态状况等分析，系统阐释不同文明形态之间的区别，提出了"文明的生态史观"这一重要概念，深刻论述建立生态史观对于建立生态文明的重要意义①。

1979 年，中国生态学家叶谦吉教授在重庆市农业现代化试点顾问组会议上，针对我国毁林开荒、毁草种粮、污染环境等严峻现实，提出了发展生态农业的重要主张。1982 年，叶谦吉教授撰写《生态农业》一文，提出对自然资源、生态环境既要大力开发利用，又要积极保护改造，对生态系统整体要求综合平衡、关系协调②。所谓生态农业，就是从系统思想出发，按照生态学、经济学和生态经济原理，遵循自然生态规律和社会经济规律，运用现代科学技术和管理手段，吸取传统农业和现代农业的精华，通过生态系统和经济系统复合循环机理，建立起多目标、多功能、多成分、多层次的组合合理、结构有序、开放循环、内外交流、关系协调、协同发展的农业系统的一种现代化农业生产模式③。1987 年 5 月，叶谦吉教授在全国生态农业研讨会上，明确提出要"大力提倡生态文明建设"。生态文明是人类社会发展继农业文明、工业文明后的全新阶段，是在遵循人类与自然和谐共生的客观规律基础上所取得的所有物质文明、精神文明与制度文明的成果总和，是以人与自然、人与人、人与社会和谐共生为基本宗旨的高级社会形态。生态文明是一种追求人与自然和谐共生、循环互动、共同繁荣发展的文明新境界④。生态文明作为相对独立的社会文明形态，更加强调经济增长对生态环境的影响，更加强调经济发展与自然环境的和谐共生，更加强调生态环境的保护与健康发展，展现出超越工业文明的最新文明形态。

---

① 乔清举：《习近平生态文明思想的主要内涵及理论价值》，《甘肃社会科学》2022 年第 6 期，第 1～9 页。
② 叶谦吉：《生态农业》，《农业经济问题》1982 年第 11 期，第 3～10 页。
③ 叶谦吉、罗必良：《生态农业发展的战略问题》，《西南农业大学学报》1987 年第 1 期，第 1～8 页。
④ 张天文、王晓云：《论生态文明的科学内涵及其推进对策》，《山西农业大学学报（社会科学版）》2014 年第 10 期，第 983～986 页。

　　党的十六大报告提出走生态良好的文明发展道路。党的十七大报告提出建设生态文明。党的十八大报告把生态文明建设与经济、政治、文化、社会建设列入"五位一体"的社会主义现代化建设总体布局。党的十九大报告指出，建设生态文明是中华民族永续发展的千年大计。党的二十大报告指出，中国式现代化是人与自然和谐共生的现代化。我们坚持可持续发展，坚持节约优先、保护优先、以自然恢复为主的方针，像保护眼睛一样保护自然和生态环境，坚定不移走生产发展、生活富裕、生态良好的文明发展道路，实现中华民族永续发展。走向生态文明新时代的中国，对传统工业文明进行扬弃，以先进理念、宏大格局、绿色主张、低碳行动，推动绿色低碳发展，促进人与自然和谐共生，共建清洁美丽的地球家园。

　　中国共产党对生态文明建设的高度重视和理论创新，反映了党对自然发展规律、人类文明发展规律和社会主义现代化建设规律的深刻认识。中国共产党将生态文明建设上升到中华民族永续发展、中国式现代化建设的战略高度，彰显了对生态文明建设的高度重视。生态文明作为新的文明形态，体现了人类在自身活动和自然关系发展与改善过程中的更新进步程度，彰显了人类遵循人、自然、社会和谐发展的客观规律。生态文明通过人不断遵循并改善与自然的和谐关系，推进人与自然的良性循环、全面发展、持续繁荣，是人类社会进入更高文明阶段的重要标志[①]。生态文明不仅是生态环境领域的文明状态，还是贯穿于经济、政治、文化、社会、生态等"五位一体"全过程和各方面的系统工程，充分体现了人与自然、经济与生态、社会与生态等各个领域之间的互动共赢关系与文明进步状态。

　　生态文明是我国改革开放 40 多年来，实现人与自然和谐相处的重要实践结论与理论创新成果。在中国共产党的正确领导下，中国经过快速工业化、城镇化进程，经济社会各领域取得了举世瞩目的伟大成就。但与此同时，我国部分地区生态环境恶化，如雾霾频现、水体污染严重、土壤修

---

　　① 吴会：《生态文明建设的概念及内涵》，《智库时代》2019 年第 3 期，第 20~22 页。

复困难等，已经成为广大人民群众反映强烈、影响经济社会持续发展的突出问题。因此，提出并加快生态文明建设，需要对传统工业文明模式进行扬弃，必须转变发展方式，加强生态环境保护，实现经济持续稳定绿色增长。人来自自然，人的生存与发展均离不开自然，人与自然是生态系统的重要组成部分，两者不是统治与被统治、征服与被征服、掠夺与被掠夺的对立关系，而是相互关联、相互作用、相互依存的统一关系。人的发展必须实现人与自然、人与社会、当前与未来的协调发展，不能以牺牲环境为代价，也不能以牺牲后代人利益为代价，必须重视生态文明建设，必须以实现人与自然和谐、保护生态环境为主旨，以未来人类的持续健康、绿色低碳发展为着眼点。中国提出的生态文明建设更加强调生态的自然意义，强调生态环境对于人类生活持续健康发展的长远意义。人类在改造自然、索取自然财富的同时，要尊重自然规律，确保自然生态平衡，不能随心所欲，不能以耗竭资源、污染环境为手段，应该追求人与自然和谐共生的绿色低碳发展模式。

二　生态文明的内涵阐释：基于广义与狭义的视角

生物学意义上的"生态"一词，是指生物与生物之间以及生物与自然环境之间相互作用的关系与存在的状态。生态体现了各种生物有机体以及环境的相互联系。基于有机体内部及其与外部环境的相互作用关系，人类社会中的生态体现了某种关系的范畴，即体现人与环境之间的相互作用。生态系统的存在与发展要解决好人与自然、人与人之间的和谐问题。这种相互作用关系的和谐状态体现了人类文明的重要特征。

文明是人类文化历史发展的成果，是人类在实践生活中改造世界的物质与精神文明的成果。广义的"文明"与"文化"同义，均是指人类社会在长期的生产生活实践中所取得的一切物质文明、制度文明与精神文明的总和。如《大英百科全书》将文明界定为民族在长期生活与斗争中所表现的各种特质总和。《苏联大百科全书》将文明界定为人类社会发展所展现的物质文明和精神文明的水平或进步程度。"文明"在很多时候更强调其精神内涵，主要体现为人类在历史长河中所沉淀的、符合人类精神追求、能被绝大多数人认可和接受的人文精神、发明创造以及公序良俗的精神财富集成。《法国大拉罗斯百科全书》将文明界定为教化及人们所具有的精神、技术、道德和物质生活的总和。可见，以上对文明内涵的界定表明了文明是人类社会发展所取得的成就与进步。

有学者指出，生态文明是人类对工业文明继承和发展的先进成果。生态文明是以"生态"为特征，高度重视生命系统与非生命系统之间的交互作用、人文活动与自然活动之间的交错运动、科技效应与制度效应之间的耦合效应的文明形态①。生态文明是一种可持续发展观，其通过洞察人类社会对自然环境的行为缺陷，寻找更加尊重自然规律，尊重生态平衡，重构经济、环境、社会统筹协调的行为模式②。学者们从不同的专业视角对生态文明内涵进行深入解读，提出不同的学术见解，主要从广义、狭义、制度等视角进行了阐释。

从狭义的视角考察。生态文明属于社会文明体系中有关生态环境建设的重要领域或方面。余谋昌在《生态文明是人类新文明》中认为，生态文明是继物质文明、精神文明、政治文明之后的第四种文明③。狭义的生态文明仅仅被定义为生态环境领域的文明形态，实际上应被定义为生态环境层面的文明内涵，要求改善人与自然关系，用文明和理智的态度对待资源能源利用，重视和改善生态环境。狭义层面的生态文明定义过于局限，生态文明是指生态环境建设和环境治理的文明形态。

从广义视角考察，生态文明代表人类工业文明后的新历程和新阶段。如陈瑞清认为，人类社会先后经历了原始文明、农业文明、工业文明等阶段，区别这些阶段，需要深刻反思自身的行为，建设人与自然和谐相处、

---

① 乌云罕：《试论生态文明制度的内涵》，《赤峰学院学报（汉文哲学社会科学版）》2015年第1期，第124~125页。

② 李斌：《试论生态文明与经济体制改革》，《牡丹江师范学院学报》2006年第1期，第6~8页。

③ 余谋昌：《生态文明是人类新文明》，《理论视野》2007年第12期，第16~18页。

统筹协调、绿色低碳的生态文明①。生态文明是指实现人与自然、人与人、人与社会之间以及各个系统之间以和谐共生、全面发展、良性循环、持续繁荣为基本宗旨的文化伦理形态②。广义层面的生态文明是贯穿于经济建设、政治建设、文化建设、社会建设全过程和各方面的系统工程，反映了一个社会的整体文明进步状态。生态文明并非与经济、政治、文化、社会等并列的社会文明子要素，也并非区别于经济、政治、文化、社会等独立的相当于生态环境建设的文明特征，而是贯穿于社会文明全过程的新文明状态。生态文明是整个人类社会发展到新阶段的时代象征和历史阶段，而不仅仅是人类社会发展的某一个领域的文明进程。生态文明是对传统工业文明的升级、转型与替代。生态文明包括经济、政治、社会、文化等多方面的新内涵与新要求。也就是说，广义的生态文明不是仅包括生态环境建设的文明状态，而是具有经济建设的生态文明、政治建设的生态文明、文化建设的生态文明、社会建设的生态文明等所有丰富内涵。

从制度的视角考察。生态文明也是一种制度安排。生态文明的建设与完善离不开一定的制度保障。不一样的制度安排，会产生不一样的生态文明建设效果。生态文明制度是指以生态环境的建设和保护为目的，调整人、社会、自然之间相互关系的规范准则的总称。生态文明制度建设是在充分考虑生态系统要求的前提下，通过完善制度和政策体系，规范人们的社会活动，强化生态文化教育制度、落实生态环境保护法制，为人与自然的和谐共生提供相应的经济、管理和法律等方面的制度安排③。基于政治制度、意识形态、体制机制等理论剖析，社会主义社会的生态文明建设区别于资本主义社会，更加强调人与自然和谐共生，更加重视生态文明建设，不仅避免资本主义社会可能出现的环境污染、生态危机等问题，更采

---

① 陈瑞清：《建设社会主义生态文明　实现可持续发展》，《中国政协》2008 年第 2 期，第 64~65 页。

② 吴会：《生态文明建设的概念及内涵》，《智库时代》2019 年第 3 期，第 20~22 页。

③ 乌云罕：《试论生态文明制度的内涵》，《赤峰学院学报（汉文哲学社会科学版）》2015 年第 1 期，第 124~125 页。

取有效的制度安排，加快社会主义生态文明建设。换言之，要超越资本主义生态文明建设水平，彰显社会主义制度的优越性。社会主义制度背景下的生态文明建设，只有做得更好，才能更有说服力，而不是做文字游戏和纯粹的学究式探讨，也只有如此才能真正体现社会主义制度的生态优越性，才能真正说明重视生态文明建设是社会主义制度的重要特征和优越性。

本书研究认为，生态文明应采用广义的阐释和理解。狭义的生态文明概念过于局限于生态环境单一领域的改善与建设环节，在建设过程中也因内涵太小，仅限于生态环境领域或生态环保部门的工作，难以真正调动其他部门的积极性和主动性，难以形成合力共同推进生态文明建设，在实践中受制于其他因素导致发展受阻。如将生态文明等于环境保护，导致环境保护与经济建设出现矛盾，经济建设超越环境保护甚至于以牺牲环境为代价来获得短暂的经济繁荣。从广义层面考察，生态文明是指人类社会在经济、政治、文化、生态、社会等多个领域实现人与自然和谐而取得的物质成果、精神成果和制度成果的总和。经济上，破解传统的经济增长与环境污染加剧的矛盾，改变传统的高能耗、高污染、高排放的粗放型经济模式，走资源集约型、环境友好型、生产清洁型的生态经济之路。生态文明建设与经济建设并不存在不可调和的内在矛盾，生态文明建设离不开一定的经济基础，生态文明建设对于经济建设来说既是要求和前提，也是重要的环境基础。以牺牲环境为代价的经济增长，是不可持续的，在一定程度上也将阻碍经济社会的可持续发展，提高经济成本。因此，经济维度的生态文明建设是实现经济与环境协同发展的新思路、新理念、新模式、新道路。在政治层面，不再仅仅追求以 GDP 为主导的单一政绩考核目标，更加重视环保、生态、和谐的绿色政治制度框架。在社会层面，生态文明体现构建生态型的社会生活和消费结构，追求人与自然的和谐发展与良性循环。在文化层面，生态文明建设要求具有广泛生态基础的文化意识，确立符合自然规律的生态价值需求、规范和目标。文化维度的生态文明建设，主要强调的是与生态文明内涵相适应、与生态文明建设要求相一致的文化理念、文化精神、文化价值观等，缺乏文化思维的生态文明建设必然是缺乏内涵的[1]。

三 习近平生态文明思想

2018 年 5 月 18~19 日，全国生态环境保护大会确立了"习近平生态文明思想"。习近平生态文明思想是习近平新时代中国特色社会主义思想的重要组成部分[2]。党的二十大报告对推动落实生态文明战略进行了部署，明确提出中国式现代化是人与自然和谐共生的现代化，并明确提出要积极稳妥推进碳达峰碳中和。全面准确地理解、学习、贯彻习近平生态文明思想，有助于从整体上把握习近平新时代中国特色社会主义思想，更好地推进绿色低碳发展，积极稳妥推进碳达峰碳中和，实现中国的绿色崛起、低碳超越，加快构建人与自然和谐共生的现代化。习近平生态文明思想提出了一套完善的生态文明思想体系，形成了面向绿色发展的四大核心理念，成为新时代马克思主义中国化的思想武器。习近平生态文明思想科学严密、内涵丰富，是对中国共产党多年来开展生态文明建设的重要思想的继承与发展，为新时代生态文明建设提供了根本遵循和行动指南。习近平总书记把生态文明上升到人类文明形态的高度，明确提出"生态兴，则文明兴；生态衰，则文明衰""建设生态文明是中华民族永续发展的千年大计"等重要论断。我国有较多学者对习近平生态文明思想进行了深入研究。如周杨做了党的十八大以来习近平生态文明思想研究述评[3]。周欣研究了习近平生态文明思想的内涵及意义[4]。张云飞从历史生成的逻辑

---

① 王雨辰：《生态文明的四个维度与社会主义生态文明建设》，《社会科学辑刊》2017 年第 1 期，第 11~18 页。
② 王金胜：《学习宣传贯彻习近平生态文明思想》，《大众日报》2018 年 6 月 14 日。
③ 周杨：《党的十八大以来习近平生态文明思想研究述评》，《毛泽东邓小平理论研究》2018 年第 12 期，第 13~19、104 页。
④ 周欣：《浅析习近平生态文明思想的内涵及意义》，《决策探索（下）》2018 年第 12 期，第 27-28 页。

主线深入阐释了习近平生态文明思想的丰富内涵与意义①。刘希刚、耿以侠以创新发展的视角研究了习近平生态文明思想对马克思主义生态文明观的主要贡献②。李孝纯研究了习近平生态文明思想的深刻内涵与理论渊源③。王茹研究了习近平生态文明思想对人类文明新形态的历史性贡献④。陈真亮、陈瑶琳研究了习近平生态文明思想指引下生态文明建设国家法治实践⑤。郇庆治研究了习近平生态文明思想的科学体系⑥。张瑞才研究了习近平生态文明思想话语体系的建构⑦。李丽红研究了习近平生态文明思想的核心话语建构及其对西方生态主义话语的超越⑧。王健、汪娇研究了习近平生态文明思想的实践基础、理论渊源和价值旨趣，认为习近平生态文明思想是我国不懈探索生态文明建设的理论升华和实践结晶，是马克思主义基本原理同我国生态文明建设实践相结合、同中华优秀传统生态文化相结合的重大成果，具有坚实的实践基础、深厚的理论渊源和鲜明的价值旨趣⑨。刘杨、吴丽研究认为，习近平生态文明思想拓展了国内与国际、代内与代际等关系，以整体认知方法分析生态系统诸要素的联系与作用，强调自然价值、生命意义和生态审美，重视生产力、生产关系和生产条件

① 张云飞：《习近平生态文明思想的历史生成逻辑》，《南海学刊》2018年第4期，第2~12页。
② 刘希刚、耿以侠：《习近平生态文明思想对马克思主义生态文明观的创新发展》，《南海学刊》2018年第4期，第13~21页。
③ 李孝纯：《习近平生态文明思想的深刻内涵与理论渊源》，《江淮论坛》2019年第1期，第94~100、135页。
④ 王茹：《习近平生态文明思想对人类文明新形态的历史性贡献》，《科学社会主义》2022年第6期，第73~79页。
⑤ 陈真亮、陈瑶琳：《习近平生态文明思想指引下生态文明建设国家法治实践》，《浙江工业大学学报（社会科学版）》2022年第4期，第370~376、451页。
⑥ 郇庆治：《习近平生态文明思想的科学体系研究》，《马克思主义与现实》2023年第1期，第16~25页。
⑦ 张瑞才：《习近平生态文明思想话语体系的建构》，《云南民族大学学报（哲学社会科学版）》2023年第1期，第16~23页。
⑧ 李丽红：《习近平生态文明思想的核心话语建构及其对西方生态主义话语的超越》，《探求》2023年第1期，第25~34页。
⑨ 王健、汪娇：《习近平生态文明思想的实践基础、理论渊源和价值旨趣》，《湖南农业大学学报（社会科学版）》2023年第1期，第1~6页。

之间的辩证关系，强化自然价值和经济价值、社会价值的统一，从生产方式、生活方式、人与自然关系、交往方式等多个角度指明了一种全新的生存方式，从人的需求与能力、社会关系与交往关系、活动形式与内容、改造自然的形式与内容、个人自由与解放等方面指向实现人的全面发展①。

综合以上学者的重要观点，本书认为习近平总书记基于对人类社会发展规律、人与自然关系认识规律、社会主义建设规律的科学把握，科学概括了生态文明的主要内涵。习近平生态文明思想的基本观点，主要表现为以下几个方面②。

一是科学自然观：坚持人与自然和谐共生。生态文明建设是在遵循自然规律基础上，改变传统的违背自然规律的生产生活方式，坚持人与自然和谐共生，推动经济社会绿色低碳转型。恩格斯指出："我们不要过分陶醉于我们人类对自然界的胜利。对于每一次这样的胜利，自然界都对我们进行报复。"③ 习近平总书记就人与自然关系发表过许多重要论述，强调生态文明建设是关系中华民族永续发展的根本大计。人与自然是生命共同体，人类必须尊重自然、顺应自然、保护自然。习近平总书记指出，我们应像保护眼睛一样保护生态环境，像对待生命一样对待生态环境。人类社会必须高度重视自然力量，遵循自然发展规律，有效防止过度开发和掠夺自然资源。人类对大自然的掠夺、伤害、破坏不可避免地会威胁到人类自身的长远发展，这是无法抗拒的自然规律。党的十九大把"坚持人与自然和谐共生"作为新时代坚持和发展中国特色社会主义的基本方略，全国生态环境保护大会又将其作为新时代推进生态文明建设必须坚持的重要原则。党的二十大报告明确提出，推动绿色发展，促进人与自然和谐共生。这些举措为科学把握和正确处理人与自然关系、推进生态文明建设与

---

① 刘杨、吴丽：《习近平生态文明思想的理论创新与价值引领》，《安徽农业大学学报（社会科学版）》2023年第1期，第1~5页。

② 周宏春：《准确把握习近平生态文明思想的深刻内涵》，http://opinion.people.com.cn/n1/2018/0522/c1003-30006421.html。

③ 《马克思恩格斯文集（第9卷）》，人民出版社，2009，第559~560页。

绿色低碳发展提供了方向指引与实践遵循。

人类社会离不开自然环境，需要从自然中获取资源，人类依靠并在与自然共生中得到持续发展。要深化对人与自然生命共同体的规律性认识，全面加快生态文明建设①。人类社会只有充分认识自然、敬畏自然、遵循自然规律，平衡人与自然的关系，才能实现可持续发展，才能有效防止在开发利用自然上走弯路，才能守护人类健康。新时代生态文明建设只有在尊重自然、顺应自然、保护自然的过程中才能得到持续发展，只有坚持人与自然和谐共生，加快推进生态文明建设，才能实现经济社会的永续发展。习近平总书记指出，要深化对人与自然生命共同体的规律性认识，全面加快生态文明建设②。习近平生态文明思想深刻体现了科学自然观，是马克思主义自然观的进一步丰富与发展。

二是绿色发展观：坚持"绿水青山就是金山银山"。习近平总书记创造性地提出了"绿水青山就是金山银山""既要绿水青山，也要金山银山"等重要观点。绿色发展理念的确立及其系统展开，标志着中国化马克思主义绿色发展观历经几代中国共产党人的探索而跃升为成熟形态，集成为习近平生态文明思想，彰显了中国化马克思主义绿色发展观的最新成果和崭新境界③。早在 2005 年，习近平在任浙江省委书记时即已提出"两山"理念，彰显对遵循自然规律、生态环境建设的高度重视。"绿水青山"与"金山银山"体现了尊重自然规律、实现经济发展与环境保护的辩证统一关系。"绿水青山就是金山银山"指明自然世界与人文世界的和解之道。一方面，"绿水青山"是人类创造"金山银山"可以利用的优质资源；另一方面，"绿水青山"也可以提供优质生态产品，直接转化为"金山银山"，同时满足人民日益增长的优美生态环境需要④。

---

① 习近平：《习近平谈治国理政（第四卷）》，外文出版社，2022，第 355 页。
② 习近平：《习近平谈治国理政（第四卷）》，外文出版社，2022，第 355 页。
③ 黄志斌、高慧林：《习近平生态文明思想：中国化马克思主义绿色发展观的理论集成》，《社会主义研究》2022 年第 3 期，第 56~65 页。
④ 崔树芝：《习近平"两山论"的自然观》，《中国环境报》2019 年 9 月 3 日。

改变传统高能耗、高污染、高排放的发展模式，要选择低能耗、低污染、低排放的绿色发展模式，更加重视经济与环境、经济与社会等协同发展。保护自然环境、推动绿色发展与经济发展并非完全相悖，自然生态资源有其内在的长期利益和生态价值。保护绿水青山，为未来留下持续发展的空间，只有保护绿水青山，才能减少未来对生态环境进行治理的代价和成本。树立"绿水青山就是金山银山"的发展理念，选择绿色低碳的创新发展道路，可以将绿水青山转化为金山银山，从根本上改变传统高能耗、高污染、高排放的粗放发展模式，实现环境友好与经济持续发展的高度统一。绿色发展观特别是"绿水青山就是金山银山"的发展思想体现了自然与经济、绿色与发展之间的辩证统一关系，为新时代经济高质量发展指明了方向。

三是民生幸福观：坚持良好生态环境是最普惠民生福祉。习近平总书记具有强烈的人民情怀，高度重视民生福祉改善。良好生态环境是关乎人民利益的生态福祉。习近平总书记指出，良好生态环境是最公平的公共产品，是最普惠的民生福祉。生态环境建设关乎人民的根本利益、民族的永续发展，可切实维护与增进人民的生态福祉。要集中攻克老百姓身边的突出生态环境问题，让老百姓实实在在感受到生态环境质量改善①。随着中国特色社会主义进入新时代，改变传统粗放型发展方式，从根本上治理环境污染难题，构建山清水秀的美丽中国，必须充分考虑和满足人民日益增长的优美生态环境需要，必须坚持人与自然和谐共生，实现可持续发展。人民群众对干净水质、绿色食品、清新空气等优美生态环境的需要，承载着人民群众对美好生活的向往。强化生态环境联建联防联治的出发点和落脚点均是坚持以人民为中心，提升生态领域的民生福祉。

四是系统协同观：坚持山水林田湖草是生命共同体。党的二十大报告指出：必须坚持系统观念。万事万物是相互联系、相互依存的。只有用普遍联系的、全面系统的、发展变化的观点观察事物，才能把握事物发展规

---

① 习近平：《习近平谈治国理政（第四卷）》，外文出版社，2022，第355页。

律。这一重要论述，充分表明了坚持系统观念所具有的世界观和方法论意义，在推进生态文明建设中同样要坚持系统思维、系统观念。习近平总书记提出推进生态文明建设要坚持系统观念。治理生态环境必须协同推进。山水林田湖草是自然界不可或缺的重要元素和组成部分，是人类社会发展不可离弃的重要单元和生态要素，是人与自然和谐共生系统的重要内容。习近平总书记指出，要加强协同联动，强化山水林田湖草等各种生态要素的协同治理①。推进生态文明建设，实现绿色低碳发展，要坚持山水林田湖草是生命共同体的系统协同观，对自然空间用途进行统一管制、统一规划、统一考虑、统一保护，使生态系统功能、经济系统功能、社会系统功能得到协同推进、持续发展。

五是法治保障观：坚持以最严格制度最严密法治保护生态环境。保护生态环境要以严密的法治作保障。党的十八大以来，国家更加重视生态环境保护，开展了一系列根本性、开创性、长远性的制度建设工作，特别提出要全面深化生态文明体制改革，建立和完善生态文明制度，深入实施大气、水、土壤污染防治三大行动计划。习近平总书记高度重视生态文明制度体系建设，推动全面深化生态文明体制机制改革。推进生态文明建设，必须加快制度创新，不断优化和完善环境保护法规，加大生态文明制度执行力度，确保生态文明建设得以有效推进。

六是全球共赢观：共谋全球生态文明建设。中国创造性地提出推进生态文明建设，推进绿色低碳发展，积极响应全球气候变化，主动承担减排责任，彰显发展中大国的风范，也彰显中国政府共谋全球生态安全的期待和坚强决心。全球气候变化影响到每一个地球人和地球村，国际社会必须高度重视和积极参与。习近平总书记以全球视野、世界眼光、人类胸怀，积极主张和推进全球生态文明建设，共同应对气候变化，确保全球生态安全。中国还通过深度参与全球环境治理和"一带一路"建设等多边合作机制，推进全球生态环境治理、环境污染治理、可持续发展，并主动加快

① 习近平：《习近平谈治国理政（第四卷）》，外文出版社，2022，第364页。

自身的环境治理和绿色低碳发展，成为全球生态文明建设的积极倡导者、贡献者、主动参与者与引领者。

习近平生态文明思想是马克思主义生态文明理论的重要组成和发展，进一步丰富和发展了生态文明理论体系。习近平生态文明思想自身已经形成了科学严密的逻辑体系，为构建中国特色国家低碳创新体系提供了重要理论依据、方向指引和实践遵循。

第二节　生态经济理论

生态经济学的产生和其他学科一样，都是来源于解决实际问题的需要[①]。许多国家因发展经济，特别是发展高能耗工业、高排放产业，对自然生态环境造成严重破坏，引发生态环境污染、资源能源耗竭、物种灭绝、生态恶化等严重后果，迫切需要培育能够指导实现生态环境与经济协调发展的新兴学科，以便对人类社会的行动进行指导和必要约束。生态经济学就是在这种背景下兴起和发展的。生态经济学是基于生态学与经济学的交叉研究而发展起来的新兴学科，将生态环境自身规律和经济发展规律相结合，研究人类经济行为对自然环境的影响，以及研究经济活动如何妨碍生态规律运行，提高经济运行效率，促进经济行为对自然环境的保护，减少资源能源消耗和环境污染，实现生态发展。

生态经济学是涉及生态学、经济学等多学科的跨领域新兴学科。生态经济学要充分体现生态与经济的结合，其发展显然是与生态学、经济学的发展相关联的。国内外学者从经济学理论与生态系统理论相结合的角度进行研究阐释，最为典型的是研究经济增长与生态环境的关系问题。格鲁斯曼和克鲁格提出环境库兹涅茨倒 U 形曲线（EKC）假设，指出经济增长与生态环境密切相关。不少学者认为，生态经济学要解决传统经济学难以

---

① 王松霈：《中国生态经济学 20 年的建立和发展》，http：//www. zgccj. cn/shownews. asp? id = 337。

解决的主要问题，即经济增长在一定程度上因高能耗、高排放导致生态环境恶化、环境污染加剧，应重构经济增长与生态环境的平衡关系，实现经济发展的可持续性与绿色转型，在经济增长的同时保持生态的平衡。这一问题一直是学术界关注的重点。20 世纪 20 年代中期，美国学者麦肯齐采用生态学的研究方法对人类社会问题进行研究。20 世纪 60 年代后期，美国经济学家肯尼斯·鲍尔丁首先使用了"生态经济学"的概念，适应了当时解决日趋明显的生态与经济矛盾的需要。鲍尔丁研究指出，人类行为要为破坏环境付出代价，在经济增长的同时要加强对生态环境的保护。1976 年日本坡本藤良撰写的《生态经济学》对"生态经济学"进行了系统研究。20 世纪 80 年代，生态经济学家采用能量系统理论，利用能量单位诠释了自然环境资源系统与社会经济系统间的本质关系。美国著名生态经济学家 Odum H. T. 于 1987 年提出了生态经济学的能值理论，考察能值与能质、能量等级、信息、资源财富等的关系，通过对生态系统能量—价值过程的分析，为生态经济学的研究提供了新的理论和方法。

我国许多学者从不同的专业角度，对生态经济学的研究主体、当前研究问题以及新时代的理论贡献进行了深入探讨。如王松霈研究指出，生态经济学的研究主体是生态经济系统，该系统是经济子系统与生态子系统相互作用、交织而构建的结构与功能复合系统[1]。王东杰等也研究指出，生态经济学就是研究生态经济系统中的生态、经济等子系统间的关系互动及其运行规律的科学[2]。生态经济理论还研究生态足迹、生态价值评估、生态承载力等诸多内容。中国特色生态经济学以生态经济领域生产力与生产关系的辩证统一关系为重点研究对象，既要探究在生态经济领域如何适应生产力发展要求变革生产关系、完善体制机制，又要探究生态经济发展规律。在习近平生态文明思想的科学指引下，中国生态文明建设实践取得重

---

[1] 王松霈：《中国生态经济学 20 年的建立和发展》，http：//www. zgccj. cn/shownews. asp? id＝337。

[2] 王东杰、姜学民、杨传林：《论生态经济学与环境经济学的区别与联系》，《生态经济》1999 年第 4 期，第 27—29 页。

大成效与辉煌成就，要全面总结宝贵的生态文明建设经验，深化我国生态文明建设和生态经济发展的规律性认识，推动中国特色生态经济学创新发展[①]。生态经济学要研究和解决当前经济社会发展遇到的重要问题，特别是要结合党的十八大以来我国生态文明建设实践、生态经济发展中存在的难题进行研究与破解，比如研究生态产品的产权界定和交易规则、成本收益核算、碳达峰碳中和的实现路径等。中国生态经济学界应担负起自己的历史责任，要加快构建学科体系、学术体系、话语体系，并为生态文明建设做出应有的贡献[②]。生态经济学支撑可持续发展，构建中国特色生态经济学理论，为世界生态文明建设提供中国理论、中国智慧和中国方案[③]。生态经济学是生态文明理论的重要组成部分。

第三节　绿色经济与循环经济理论

绿色经济理论认为环境资源是绿色经济发展的内生变量，是效率性与生态性的统一，表现为最小资源耗费与最大经济产出、清洁生产资源循环利用、高新技术创新生态系统。对绿色经济理论的形成历史进行考察可见，马克思最早提出了绿色发展的思想；迅猛发展的工业革命促使 20 世纪 20 年代生态经济学的产生；环境经济学在 20 世纪 50~60 年代出现，增强了经济学对生活现象和人类行为的解释力；可持续发展理念加速了清洁技术研究和应用。这些理论为绿色经济理论的提出创造了条件。绿色经济是以人为本的经济，始终强调经济发展的生态化，同时是效率最大化的经济，努力追求高层次的社会进步。从实践来看，要从绿色消费、绿色技术与绿色生产、实现绿色 GDP、构建区域绿色经济等方面把绿色经济理论落到实处[④]。

---

① 宋光茂：《创新发展中国特色生态经济学》，《人民日报》2022 年 8 月 15 日，第 9 版。
② 于法稳：《新发展阶段中国生态经济学的历史责任》，《城市与环境研究》2021 年第 4 期，第 7~11 页。
③ 卫思谕：《生态经济学支撑可持续发展》，《中国社会科学报》2022 年 6 月 20 日，第 1 版。
④ 赵斌：《关于绿色经济理论与实践的思考》，《社会科学研究》2006 年第 2 期，第 44~47 页。

循环经济（circular economy）概念，从字面上解读其更加强调资源要素的循环利用，提高资源能源的利用效率，减少废物排放，是要求企业等生产者树立循环利用理念，在企业生产、消费、废物回收等全过程中实现物质闭环流动的经济形态。有学者研究指出，循环经济的提出及其实践，启发了20世纪60年代末以来关于资源与环境的国际经济研究，拓宽了20世纪80年代以来的可持续发展理论研究，推动了经济学的创新与发展——循环经济学的建立①。循环经济基于自然生态系统的物质循环和能量流动原理重构企业生产机制，通过资源—产品—再生资源的生态产业链结构形成新型经济模式。循环经济强调的是资源能源节约、资源综合利用，减少经济行为对自然环境的破坏。循环经济学作为一门学科，更加强调对循环经济自身内在运行规律的科学认识、准确概括、全面总结和理论抽象，并能有效指导和应用于循环经济的伟大实践，更好地解决环境与自然资源、环境与经济之间的内在矛盾，促进资源要素的循环利用②。

第四节 低碳经济理论

低碳经济理论是在全球气候变化、生态经济和循环经济等理论的基础上提出来的，低碳经济是在发展中排放最少的温室气体，同时获得最大产出的经济模式。低碳经济理论依据基本的地球碳循环和碳平衡原理，计算各种公共工程、企业生产活动、消费活动等的碳排放及碳预算收支，从根源上重新审视各种经济社会活动，有利于从机制和制度层面控制温室气体排放，从而使低碳经济理论和模式成为解决全球气候变化问题的途径③。

低碳经济的提出基于应对全球气候变化的需要。低碳经济是以低能

① 曾玉林：《循环经济与循环经济学的当代发展》，《云梦学刊》2007年第3期，第69~73页。
② 刘学敏：《论应该建立什么样的"循环经济学"》，《中国发展》2006年第2期，第8~11页。
③ 丁丁、周阁：《我国低碳经济发展模式的实现途径和政策建议》，《环境保护与循环经济》2008年第3期。

耗、低污染、低排放为基础的经济模式。2003 年，英国政府发表《能源白皮书》（*UK Government 2003*），主题为 "我们未来的能源：创建低碳经济"（*Our Energy Future，Creating a Low Carbon Economy*），首次提出 "低碳经济" 概念，引起国际社会的广泛关注和重视。《能源白皮书》指出，低碳经济是以更少的自然资源消耗和更少的环境污染，获得更多的经济产出；低碳经济是创造更高的生活标准和更好的生活质量的途径和机会，也为发展、应用和输出先进技术创造了机会，同时还能创造新的商机和更多的就业机会。

发展低碳经济，由高碳向低碳转型，进而建立低碳社会。英、法、德、美等欧美诸国以及巴西、以色列、日本、韩国、印度等早已拉开发展低碳经济的架势，是基于全球气候变暖以及本国经济发展模式的深刻反思，并非完全针对发展中国家所设计的 "低碳陷阱"[①]。低碳经济成为应对全球气候变化的全球意识形态和主流价值观，成为未来世界经济发展结构的大方向和全球经济的新支柱，也是我国紧抓低碳发展契机，加快低碳转型发展和低碳经济追赶、占据世界经济竞争制高点的重要战略突破口。低碳经济的特征是以减少温室气体排放为目标，构筑以低能耗、低污染为基础的经济发展体系。低碳经济兼顾低碳和经济的本质内涵，低碳意味着经济发展必须最大限度地减少或停止对碳基燃料的依赖，实现能源利用转型和经济转型。经济意味着要在能源利用转型的基础上和过程中继续保持经济增长的稳定性和可持续性，这种理念不排斥发展和产出最大化，也不排斥长期经济增长[②]。

低碳经济发展目标在于构建低碳能源系统、低碳技术和低碳产业体系，减少二氧化碳等废气排放，促进资源能源节约和环境友好。低碳能源系统是在生产和使用过程中不排放有害物质的清洁能源和可再生能源以及经过洁净技术处理的能源（如洁净煤油等），主要包括太阳能、水能、风能、核能、地热能和生物质能等。低碳技术包括清洁煤技术（IGCC）和

---

① 孟赤兵：《发展低碳经济要统一认识》，《中国科技投资》2010 年第 11 期，第 29~30 页。
② 王家庭：《基于低碳经济视角的我国城市发展模式研究》，《江西社会科学》2010 年第 3 期。

二氧化碳捕捉及储存技术（CCS）等。建立低碳产业体系则是建立低投入、低排放、低污染的产业结构，形成以低碳技术、低碳产品、低碳消费为支撑的产业架构和组织体系。低碳经济发展目标的实现，主要体现在三个层面：一是实现包括生产、交换、分配、消费在内的社会再生产全过程的低碳化，将二氧化碳排放量减少到最低限度；二是实现社会再生产全过程的能源消费的低碳化和清洁化，形成低碳或零碳排放的能源经济体系；三是通过调节产业结构和消费模式，减少资源投入和能源消耗，降低能源强度，提高经济效率，转变消费理念和消费模式，倡导低碳消费和绿色消费，构建低碳经济和低碳社会。

基于低碳经济的理论分析，可以看出，低碳经济的实现离不开低碳技术的创新和发展，也离不开相关低碳经济制度的创新与调整。低碳经济发展需要以低碳技术创新为突破，以低碳制度创新为保障。低碳经济代表了未来经济发展的战略选择和形态转变，其基于应对全球气候变化的技术创新和清洁能源结构与效率的提升，其核心在于节能减排技术创新和制度创新，即依靠低碳技术创新和制度创新，实施一场能源和技术革命，通过建立低碳的能源结构、低碳的产业体系，不断降低能耗和减少污染物排放，其宗旨是减缓气候变化和促进人类可持续发展。

第五节　国家创新体系理论

一　创新理论：从熊彼特到弗里曼

奥地利著名的经济学家约瑟夫·熊彼特（Jose Ph. A. Schumpeter）最先提出了创新理论。1912 年，熊彼特在《经济发展理论》一书中指出，创新是基于新发明、新技术的出现并在商业中得到应用，形成的一种实现生产要素全新组合的生产函数。生产要素的全新组合包括采取新的生产方法或工艺流程，开发新的产品、拓展新的消费市场、构建新的组织等均可以被视为创新。1950 年代，美国著名管理学家彼得·德鲁克（Peter

F. Drucker) 则研究了管理领域的创新问题，他认为创新包括技术创新和社会创新，主要表现为通过资源要素重组形成新的财富创造能力的行为。德鲁克进一步拓展了创新的内涵和表现形式，技术创新是创新的最关键内涵，是指人们在自然界中为某种自然物找到新的应用，产生新的经济价值。技术创新之外的所有创新均可以被称为社会创新，是在经济社会实践中所创造的新的管理制度、管理机构、管理方式、管理手段等，可实现资源优化配置，产生更大的经济社会价值。

1950 年后，学术界进一步发展创新理论，将创新理论分为技术创新理论和制度创新理论两大体系。基于实证分析和经验分析视角，学术界存在创新到底是"技术推动"还是"需求推动"的学术争论。美国经济学家施穆克勒（J. Scllnlookler）明确指出，技术创新主要源于市场需求的强大拉动作用，市场需求是推动技术实现重大创新的决定性力量。兰格里希（Langrish）等研究指出，技术创新基于市场需求和技术可能性的有效结合。市场需求的存在和一定的技术积累促成了技术的创新，进而满足某种市场需求。

1970 年后，学术界从创新要素之间的特定关联及其形成的结构关系层面拓展创新理论的基本内涵，重点考察了动态变化环境背景下的技术结构变迁与创新演化。美国学者纳尔逊（Nelson）和温特（Winter）研究认为，创新是不断学习、探索、选择的渐进演化过程，而渐进式的创新是一定的创新要素通过互相学习、不断搜寻、社会选择在"自然轨道"（Nattlral Trajectories）上产生新技术的过程。多西（Dosi）则在 1982 年研究认为，创新过程包含了创新的技术轨道和技术范式两个维度，其中技术轨道是技术创新所运行的轨迹，体现了创新机会与外部环境的有机融合，而技术范式则是指在自然科学规律和具体技术基础上对技术问题的解决模式。也就是说，创新是基于一定技术范式和技术轨道的结合所形成的新事物，技术范式、技术轨道对创新而言意义重大。

1980 年代初，罗森伯格强调了创新中的学习意义，进一步拓展了创新的内涵，指出创新产生于"干中学"和"用中学"，创新是在不断实践、不断应用过程中的再学习、再创造过程，进一步强调了学习对于创新的重要价值。1982 年，弗里曼重点对大公司、大企业集团的研发组织进行了系统研究，提出社会制度、社会结构对技术创新的关键性作用。学术界将创新概念的内涵与外延不断拓展，从研究单个创新行为或创新技术到展开多个创新要素、创新关系、创新模式等的系统研究，形成了创新体系理论。

二 创新体系：从技术创新到国家创新

学术界对创新理论的研究不断拓展，创新并不局限于技术维度，还包括制度、组织、文化、管理等多个维度的创新。创新不仅发生在作为微观主体的企业内部或大学和科研机构内部，还发生在区域、国家层面。创新是发生在企业、区域或国家层面的多个要素组成的系统运行过程，要从系统或体系的维度考察国家或区域范围内的创新主体互动行为，系统考察整个国家或区域范围内的技术、经济、社会、文化等因素的系统影响。创新体系有广义和狭义的区别①。从狭义来看，创新体系仅仅是指技术创新过程本身，是在技术创新主体进行知识创新、知识生产、技术研发、技术传播、技术扩散、技术应用的全过程中，由企业、高校、科研机构、政府部门、社会组织等多方参与者相互作用所形成的技术组织体系。从广义来看，创新活动不仅是技术创新本身，还是整个经济社会大系统的重要组成部分，创新体系不仅包括技术创新活动，还包括与之相关的技术创新所需要的制度、政治、文化、经济、生态等各种资源要素相互关联和作用的创新空间网络。

伦德瓦尔（Lundvall）认为国家创新体系是"涵盖不同机构、社会经济结构、制度体系等组成，各资源要素相互关联、开放而复杂的创新演化体系"②。基于狭义和广义两个维度的研究阐释，创新体系从一般性的技

① 贺德方、汤富强、陈涛等：《国家创新体系的发展演进分析与若干思考》，《中国科学院院刊》2023 年第 2 期，第 241~254 页。
② Bengt-Åke Lundvall, "National Innovation Systems—Analytical Concept and Development Tool", *Industry & Innovation*, 2007, 14 (1): 95-119.

术创新转向更大空间范畴的区域创新乃至国家创新。国家创新体系是从整个国家经济社会发展的战略大局出发，谋划技术创新对经济增长、社会发展、国家竞争力提升的战略引擎作用所构建的创新空间框架，是需要调动和整合国家创新资源和力量，布局、谋划、推动有关国家核心技术竞争力提升的重大科技创新活动。伦德瓦尔研究指出，创新基于不同的影响范围形成了国家特征、区域特征和公司特征等区别，创新过程包括技术瓶颈、创新机会、创新人才、创新组织、知识经验、技术能力等要素。在此基础上，弗里曼等学者研究认为基于创新的战略意义，其更加具有国家意志和国家行为特征，应该从国家战略高度重构创新体系，因而提出了"国家创新体系"的概念①。国家创新体系是公共机构、私人机构合作参与形成的网络系统，各创新主体在一定的制度安排之下相互作用，旨在引入、改进、创新、扩散某些知识和技术，使一国的技术创新能力得到提升，进而促进国家经济社会的快速发展，提升国家科技竞争力。重大科技突破和核心技术创新对提升国家在国际上的地位与话语权具有重要作用，因此，国家创新体系可发挥国家集中力量办大事的优势，整合各类创新主体的力量以及各类创新资源要素，采取开放式的创新模式，形成各主体要素相互关联、相互作用、协同合作、开放包容的创新动态演化系统，促进新知识、新技术的产生、应用和传播。可以说，国家创新体系是多个主体，包括政府、大学和科研院所、企业、中介服务机构、社会公众等因共同社会经济目标而进行创新互动，以创新推动国家科技进步与发展的关键动力系统②。

三 国家创新体系的理论发展与历史演变

随着知识经济时代的到来，更多的经济活动超越区域边界，需要从

---

① 何树全：《试论我国国家创新体系的框架、问题与思路》，《中国科技论坛》2005年第3期，第64~68页。
② 柳卸林、马驰、汤世国：《什么是国家创新体系》，《数量经济技术经济研究》1999年第5期，第20~22页。

国家发展的战略层面制定知识生产、技术创新规划或计划。构建知识生产、信息整合、知识分配、知识使用基础上的国家知识经济模式实际上是国家层面的知识创新过程。知识、技术、信息、人才是国家经济社会发展的关键要素和不竭动力，国家的知识创新能力决定了国家的竞争能力。

20世纪90年代以来，全球经济进入知识更新提速、技术创新日新月异、经济活动加快推进的时期，表现出经济知识化、经济全球化的态势，科技创新也彰显了新特征新范式。一方面，知识资源成为企业或国家竞争的重要基础，以知识生产、知识引进、知识扩散、知识应用为特征的知识经济必然是一种全球经济，全球竞争的核心在于创新能力，而创新是否具有竞争力，不仅要注重技术突破和创新，还要注重技术融合，注重技术与制度、管理、文化、社会等多个领域的知识融合，要求各个产业部门及其相关组织加强合作，促进知识交流与互动，要求国家科技战略、产业政策、创新政策等的引导，进而提升国家知识创新能力，增强综合国力。另一方面，知识表现为显性知识与隐性知识的结合，国际竞争更多地从有形向无形转变，许多竞争是一种超越式、革命式的创新，企业或国家面对的可能是竞争对手，但也可能是合作伙伴，或者两者融为一体。竞争的主要方式正从对抗向合作竞争转变，需要国家及其各级政府部门在促成合作、加强创新等方面发挥重要作用，仅仅依靠企业或某一组织很难推动创新进程，可能在激烈的全球竞争中落伍。因此，构建国家创新体系的战略意义尤为凸显。一个国家离不开科技创新，创新是国家和民族持续发展的不竭动力。从发达国家经验来看，国家创新体系的构建顺应了科技进步演化趋势，与国家经济社会发展的需求紧密关联，不同功能和运行模式的国家创新体系在不同国家均表现出明显的差异性。综观全球科技创新史，发达国家的创新引领和新型工业化国家的追赶跨越，无一不是创新体系演变的结果。有研究指出，随着经济社会发展和科技进步，创新型国家创新体系的演变经历了四个阶段，在不同阶段，创新主体、组织、制度、互动方式都呈现不同的创新特点，如表2-1所示。

表 2-1　不同阶段创新型国家创新体系特征

发展阶段	科技发展方式	创新主体作用	创新体系特征	国家
萌芽探索阶段（17世纪~19世纪中叶）	以经验和试错为基础的发明创造和技术改进	企业：技术发明和改进	驱动力：资本积累、经济增长 主导力量：市场机制 国家创新体系结构：组织松散，主体单一	英国
自发成长阶段（19世纪中叶~20世纪中叶）	以教育和研究为基础的科学技术研发	企业：新产品和新工艺的开发和改进 大学：纯学术研究和少量的应用基础研究 科研机构：公益性技术开发	驱动力：技术赶超、经济增长 主导力量：市场机制 国家创新体系结构：相对松散，主体间彼此独立 研发方向：劳动分工模式，界限明确	德国 美国
政产学研协同阶段（20世纪中叶~21世纪初）	基础研究、产业技术研发和科技成果转化应用	企业：参与国家研究项目，从事基础领域研究 大学和科研机构：承担国家科技项目，参与产业应用研究	驱动力：经济竞争 主导力量：市场机制和政府干预共同作用 国家创新体系结构：紧凑的网状结构，双向互动与合作 研发方向：一定程度的重叠与融合	美国 日本
保持竞争力和领先地位阶段（21世纪初至今）	基础前沿和颠覆性技术研发	企业：基础研究、应用研究与技术开发 大学和科研机构：承担国家重大战略科技任务	驱动力：科技竞争、经济社会可持续发展以及特定挑战 主导力量：市场机制和政府干预共同作用 国家创新体系结构：创新主体多元、互动频繁 研发方向：一定程度的融合	美国 德国 英国 日本 ……

资料来源：贺德方、汤富强、陈涛等：《国家创新体系的发展演进分析与若干思考》，《中国科学院院刊》2023年第2期，第241~254页。

随着创新理论的不断发展，知识创新引导技术创新、制度创新、管理创新、文化创新等一系列创新过程，需要从国家层面着手，加强对知识、技术、人才等创新资源要素的整合，提升国家创新能力与竞争力。从根本上说，国家创新体系的构建是基于国家层面的知识生产、知识整合、知识分配、知识扩散、知识应用的学习过程，通过整合全国范围的创新要素和创新资源，进一步提升国家知识创新能力和技术创新能力，加快构建创新型国家，进而以知识创新引领国家创新，提升国家在全球经济中的竞争力。

习近平总书记指出，面对日益激烈的国际竞争，我们必须把创新摆在国家发展全局的核心位置，不断推进理论创新、制度创新、科技创新、文化创新等各方面创新。构建国家创新体系是从国家发展的战略高度，整合全国创新资源，推动技术创新和制度创新，不断提升国家自主创新能力，建设创新型国家的关键载体。所谓国家创新体系是指一个国家内各有关部门和机构间相互作用而形成的创新网络，是由经济和科技的组织机构组成的创新网络①。国家创新体系是公共部门、私有部门及其相关机构围绕创新形成的网络系统，强调各创新主体和要素之间的制度安排及其相互作用，其目标是创造、引入、改进、扩散、应用新的知识和技术，提升国家技术创新水平并取得更好的绩效。

国家创新体系是基于国家维度的知识创新理论发展。国家创新体系是一系列对新技术开发和扩散有益的制度，在此制度框架内政府通过制定和实施政策来影响创新过程②。国家创新体系是一个国家内有关部门、社会组织、企业、高校和科研院所等相互作用而形成的推动知识发展的创新网络。创新表现为一个新产品从设想、设计、试制到生产、营销和市场化的一系列活动，实际上体现为知识的创造、转换和应用的过程，实现了新技术的产生和商业化应用。国家创新体系包括技术创新，也包括其他创新，如管理创新、组织创新、机制创新、服务创新、文化创新等，其内在的动力在于知识更新和创新。随着知识经济时代的到来，知识流动提速，跨区域、跨国界的流动使国家之间的竞争更加激烈，竞争层次从企业之间上升到国家和政府之间，旨在推动各种知识成果和知识能力的国家创新体系建设成为国家提升综合国力的关键因素。

国家创新体系反映的是国家投入、研发、生产、管理、营销、产出等整个过程的创新能力所表现的生态能力。国家科学技术创新能力可以分为创新资源投入能力、创新管理能力、创新研发能力、创新生产能力、创新

---

① 冯之浚：《完善和发展中国国家创新系统》，《中国软科学》1999年第1期，第55~58页。

② 曾德明、王业静、覃荔荔：《基于知识流动视角的国家创新系统与创新政策体系互动关系研究》，《湖南大学学报（社会科学版）》2009年第2期，第39~43页。

营销能力、创新产出能力以及创新生态能力等。

国家创新体系的能力构成可以分为外层、中间层、内层等三个维度。国家创新体系的资金投入能力、创新治理能力形成国家科技创新能力的重要基础，也是国家创新体系能力的外围层。国家在创新方面的资金投入直接影响科技创新的动力与积极性，对引导国家重大科技创新方向具有重要意义，而创新治理能力即服务于创新全过程、全价值链的服务与管理能力，是国家治理能力与治理体系现代化的重要内容。国家创新能力、生产制造能力、产出或转化能力、创新服务能力形成国家创新体系的中间层，是国家创新体系竞争力的具体表现。内层是综合创新能力，是国家自主创新的核心能力系统，这是决定国家是否具有核心竞争力、创新能力是否可持续、创新是否全面化和系统化的关键因素（见图 2-1）。

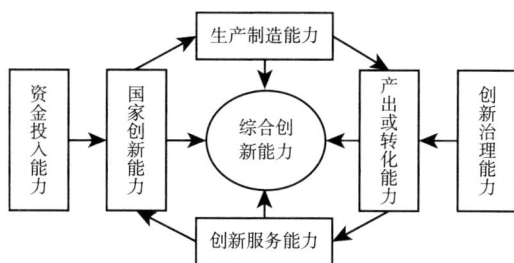

图 2-1　国家创新体系的能力结构

国家创新体系经历多次的历史演化，其内涵与发展方向逐渐得到明确与细化。"十五"计划纲要首次提出：建设国家创新体系；建立国家知识创新体系，推进知识创新工程；实施"跨越式发展"的宏伟战略。国家创新体系在不断发展演化着。在新时代，应对全球气候变化，推进生态文明建设，推动绿色低碳发展，促进人与自然和谐共生，关键在于加强低碳技术创新，加快构建面向绿色低碳发展的国家创新体系。构建国家低碳创新体系具有重要的战略地位与时代意义。

综合现有学者研究成果，本书提出我国国家创新战略的演化大体上可以分为四个阶段，如表 2-2 所示。

表 2-2　中国国家创新体系的演化阶段

时间	阶段	特征
1949~1977 年	初步形成阶段	在高能物理、化学物理、近地空间、海洋科学等方面进行创新,建立各类科研机构,制定国家科技发展计划,逐步形成国家创新体系,如"十二年科学技术发展规划"等。国家创新模式主要是"政府主导型"
1978~1994 年	计划主导阶段	计划主导模式,即设立国家科技计划,在国家科技计划中引入竞争机制。如 1985 年 7 月创立深圳科学工业区,随后相继建立起国家级高新技术园区 52 个
1995~1996 年	技术创新阶段	建立市场经济发展目标,加强企业制度和产权制度改革,突出以企业为主体的技术创新模式,政府重大科技计划逐步改由科技和经济主管部门联合制定,如国家工程中心(含国家工程研究中心、国家工程技术研究中心等)、生产力促进中心等,加快科技成果商品化、市场化,启动"科教兴国"战略和技术创新工程
1997~2011 年	知识创新阶段	1997 年 12 月,中国科学院提出建设面向知识经济时代的国家创新体系,具体包括知识创新系统、技术创新系统、知识传播系统和知识应用系统。1998 年 6 月,国务院决定由中国科学院先行启动知识创新工程试点,作为国家创新体系试点
2012 年至今	高质量发展阶段	2012 年,党的十八大召开,十八大报告明确指出,要坚持走中国特色自主创新道路,加快建设国家创新体系。党的二十大报告明确提出,提升国家创新体系整体效能;推动绿色发展,促进人与自然和谐共生;积极稳妥推进碳达峰碳中和。这标志着中国国家创新体系进入新时代。推进经济高质量发展,国家创新体系需要承担新时代的重要责任和使命担当。国家创新体系更加强调原始创新、体制改革、科研"国家队"、协同创新、全面创新、生态文明等

（1）国家创新体系的初步形成阶段（1949~1977 年）

这一阶段的主要特征是新中国成立伊始,中央人民政府就开始重整科技力量,建立中国科学院和其他科研机构。因应国防安全的需要,在高能物理、化学物理、近地空间、海洋科学等方面进行创新，着力发展国家科技事业，并强调科技与经济社会相结合。着手制定国家科技发展计划，逐步形成国家创新体系。如 1956 年，国家制定并开始实施《1956~1967 年科学技术发展远景规划纲要（修正草案）》（简称"十二年科学技术规划"）。国家创新体系的概念尽管是后面才形成或正式提出的，但之前所出台的政策、制定的计划以及具体的实施战略均为国家创新体系的构建与完善打下了坚实的基础。国家创新模式主要是"政府主导型"，即由政府直接管理控制、政府发挥主导作用、资源配置高度集中的模式，企业、科研院所、大学等机构负责国家科技创新目标的实现，科技发展方向和目标均由政府根据国家经济社会发展和国防安全的需要而决定，政府是科技资源投入的主体并按计划进行资源配置①。

（2）国家创新体系的计划主导阶段（1978~1994 年）

这一阶段主要是计划主导模式，即设立国家科技计划，在国家科技计划中引入竞争机制。1978 年 3 月召开的全国科学大会代表国家创新体系的构建迎来了春天，我国科技发展进入了全新时期，国家实施经济建设的追赶型战略，直接带动了面向经济建设的各领域科技创新与进步。国家一些改革政策、改革战略、改革措施的相继出台，加快了既有科技体制的松动与改革，如通过改革拨款制度、培育和发展技术交易市场等措施，加快科技成果转化、科技应用与交易。科技成果加快从实验室走向社会，科技成果的商品化、产业化步伐加快，直接或间接地激发了科技创新活力。

国家相继出台了一系列计划，如国家科技攻关计划、国家高技术研究发展计划（863 计划）、火炬计划、星火计划、国家自然科学基金等，这些政府计划从财政、税收等多个方面为科技创新活动提供了良好条件和有力支撑。同时，国家也加快创立了科技园区，如 1985 年 7 月创立的深圳科学工业区，随后相继建立起国家级高新技术园区 52 个。这一阶段相比

---

① 李建忠：《构建新型国家创新体系研究》，《西南民族大学学报（自然科学版）》2019 年第 5 期，第 545~550 页。

改革开放前政府主导的高度集中模式，更加强调计划主导下的市场资源配置，发挥市场机制作用，推动经济建设。科技创新更多面向经济建设需要不断提速，使我国在较短时期内提高科技创新能力，加快科技追赶步伐。

（3）国家创新体系的技术创新阶段（1995~1996 年）

这一阶段主要是建立市场经济发展目标，加强企业制度和产权制度改革，突出以企业为主体的技术创新模式。政府重大科技计划逐步改由科技和经济主管部门联合制定，如国家工程中心（含国家工程研究中心、国家工程技术研究中心等）、生产力促进中心等，加快科技成果商品化、市场化，启动"科教兴国"战略和技术创新工程。1995 年 5 月，中共中央、国务院颁布《关于加速科学技术进步的决定》，首次正式提出实施"科教兴国"战略。同月，中共中央、国务院在北京召开全国科学技术大会，会议指出"科教兴国"是把科技和教育摆在经济社会发展的重要位置，增强国家的科技实力及其向现实生产力转化的能力。1996 年 3 月，第八届全国人大第四次会议正式批准的《国民经济和社会发展"九五"计划和 2010 年远景目标纲要》，将"科教兴国"作为一条重要的指导方针和发展战略上升为国家意志。1996 年，中国启动技术创新工程，深入开展产学研联合，加强企业技术中心、国家技术转移中心等建设，推动国家技术创新体系建设。技术创新工程是以企业为主体、产学研结合的工程，通过政策扶持加快企业科技成果转化，提高企业技术创新能力。随后，国家编制了实施国家技术创新项目计划，有力促进了国家技术创新体系建设。

（4）国家创新体系的知识创新阶段（1997~2011 年）

1997 年 12 月，中国科学院提出建设面向知识经济时代的国家创新体系，具体包括知识创新系统、技术创新系统、知识传播系统和知识应用系统。1998 年 6 月，国务院决定由中国科学院先行启动知识创新工程试点，作为国家创新体系试点①。1999 年 8 月，全国技术创新大会召开，提出建

---

① 张凤、何传启：《国家创新体系—第二次现代化的发动机》，高等教育出版社，1999。

设国家知识创新体系，加速科技成果向现实生产力转化，对科技产业化项目实行财政、金融扶持政策，对科研机构转制为企业给予专项政策支持等。2006 年 1 月，全国科技大会提出坚持走中国特色自主创新道路，建设创新型国家。2006 年 2 月 9 日，《中共中央国务院关于实施科技规划纲要增强自主创新能力的决定》和《国家中长期科学和技术发展规划纲要》发布。2006 年 2 月 26 日，国务院发布《实施〈国家中长期科学和技术发展规划纲要（2006~2020 年）〉的若干配套政策》，通过加快完善国家创新体系的相关政策体系，进一步鼓励和推动国家创新体系建设。

（5）国家创新体系的高质量发展阶段（2012 年至今）

新一轮科技革命孕育兴起和全球竞争格局深度调整的叠加，促使全球创新链、产业链、价值链加快重组融合，国家创新体系进入高质量、系统性的重构时期[1]。2012 年，党的十八大报告明确指出，要坚持走中国特色自主创新道路，加快建设国家创新体系。这标志着中国国家创新体系进入新时代。新时代，社会主要矛盾变化，经济发展从高增长转向高质量发展，面向经济高质量发展的战略要求，国家创新体系进入高质量发展阶段。2014 年 6 月 9 日，习近平总书记在两院院士大会上强调，加快建立健全国家创新体系，让一切创新源泉充分涌流，加快建立健全各主体、各方面、各环节有机互动、协同高效的国家创新体系。

2016 年 5 月，中共中央、国务院发布了《国家创新驱动发展战略纲要》，明确提出"到 2020 年进入创新型国家行列，基本建成中国特色国家创新体系"。为构建具有中国特色的新型国家创新体系，国家更加重视顶层设计和战略规划。2016 年 7 月，国务院颁布《"十三五"国家科技创新规划》，提出建设高效协同的国家创新体系的新目标，包括培育充满智力的创新主体、系统布局高水平创新基地、打造高端引领的创新增长极、构建开放协同的创新网络、建立现代创新治理结构、营造良好创新生态。

---

[1] 张宁宁、温珂：《中国特色国家创新系统理论初探》，《科学学研究》2022 年第 1 期，第 139~149 页。

2017 年，党的十九大再次提出要加强国家创新体系建设，强化战略科技力量，推进经济高质量发展。2018 年 5 月，习近平总书记在两院院士大会上强调："健全国家创新体系，强化建设世界科技强国对建设社会主义现代化强国的战略支撑"，将创新体系建设的战略意义提升到科技强国和现代化强国建设的战略高度①。国家创新体系需要承担新时代国家高质量发展的重要责任和使命担当，其内涵发生了重要转向，主要包括在以下几个方面。

一是更加强调原始创新。国家从科技强国、创新强国的战略高度更加强调原始创新、自主创新的重要意义。原始创新主要是指依靠自身资源和力量从事核心技术、关键技术、基础研究、应用基础等领域的研究和攻关，获得独特的发明或发现，形成根本性的技术突破②。要提升自主创新能力，实现科学技术发展的真正跨越，突破"卡脖子"技术制约，特别是面向环境污染治理等方面的制约，国家创新体系的构建就要加快推进原始创新和关键性技术突破，破解环境污染、"卡脖子"技术制约等重大难题。2019 年 11 月，习近平总书记在致中国科学院建院 70 周年的贺信中指出，加快打造原始创新策源地，加快突破关键核心技术，努力抢占科技制高点，为把我国建设成为世界科技强国做出新的更大的贡献。原始创新是基础研究上的重大突破，是高精尖技术领域的根本性颠覆性重大创新，能对经济社会发展产生巨大的根本性、彻底性的创新作用。这种原始创新需要跨学科、跨行业、跨领域的开放性、开创性联合攻关。我国构建科技强国，需要加快原始创新能力提升，加快科学技术前沿的重大突破，加快掌握被"卡脖子"的关键核心技术，进而实现中国的科技强国、创新强国梦想。目前，越来越多的中国创新型企业已经快速成长为世界领先企业，更加离不开自身的核心技术创新能力，离不开基础研究的强大支撑引领作用，离不开前沿技术的开发储备能力。全球在关键核心技术领域、高

---

① 万劲波：《提升整体效能 健全国家创新体系》，《科技日报》2019 年 4 月 15 日。
② 李光红、刘德胜：《企业低碳技术创新的"云创新"模式研究》，《理论学刊》2018 年第 4 期，第 40~46 页。

精尖产业领域的激烈竞争，在核心内容上还是内在的核心技术能力与原始创新水平的竞争。因此，构建现代化国家创新体系，要更加强调基础研究、强调原始创新，要加快建立与高质量发展、核心竞争力相适应的新时代国家创新体系，不能再依靠传统的以市场换技术、以规模换利润的低端发展模式，要强化基础研究，实现前瞻性基础研究、引领性原创成果重大突破[1]。要依托重大原始创新、关键核心技术创新占领全球战略制高点。要依托原始创新能力提升不断推动中国制造向中国创造、中国"智"造的快速转变，实现从中国速度、中国产品、中国生产向中国质量、中国品牌、中国创新的全方位转变。加快实现这些方面的转变，要高度重视原始创新，构建强大的基础研究和应用研究体系。

二是更加强调体制改革。体制改革、制度变革也是一种重要的创新。构建面向国家战略需要和市场发展需求的科技创新体系，坚持以人民为中心的创新发展理念，通过更加科学的体制机制创新，进一步释放创新活力。2018 年 5 月，习近平总书记在两院院士大会上强调，坚持以深化改革激发创新活力，推出一系列科技体制改革重大举措，加强创新驱动系统能力整合，打通科技和经济社会发展通道，不断释放创新潜能，加速聚集创新要素，提升国家创新体系整体效能。国家创新体系的整体效能提升，离不开体制机制层面的改革与创新。体制改革、制度创新是加快科技创新的重要保障，是激发创新活力的重要源泉。好的制度可以加快创新进程，不好的制度会阻碍创新。因此，构建面向新时代高质量发展要求的国家创新体系，要针对当前体制机制障碍加快科技体制机制改革和政府职能转变，要针对当前科技创新发展的阶段性、现实性需求，加快科技创新战略的制定、科技政策的调整、科技规划的推进，加快面向科技创新的制度供给侧结构性改革，构建和完善面向科技创新的资源配置、收入分配、科研伦理、诚信责任等机制，以科技体制改革、科技制度创新加快构建国家创新体系，加快实现国家创新治理体系和治理能力现代化。

---

① 皮宗平：《切实加强基础研究和原始创新》，《群众》2019 年第 17 期，第 10~11 页。

三是更加强调科研"国家队"。党的二十大报告明确指出,健全新型举国体制,强化国家战略科技力量,优化配置创新资源,优化国家科研机构、高水平研究型大学、科技领军企业定位和布局,提升国家创新体系整体效能。核心竞争力的突破与提升离不开科研"国家队"的付出和参与,国家重大科研项目及其重大科技突破很大程度上是国家科研力量所承担的。国家级科研机构(科研"国家队")体现国家意志、代表国家水平,肩负发挥国家战略科技力量的责任和使命。作为一国面向国际科技竞争的战略平台,科研"国家队"是保障国家安全、推动高质量发展的重要支撑,也是突破型、引领型、平台型一体化的大型综合性研究基地①。走中国特色自主创新道路,要充分发挥集中力量办大事的体制优势,发挥中国科学院、中国工程院、清华大学、北京大学等科研"国家队"力量,坚持"有所为,有所不为",实现重大科技创新突破,为实现国家繁荣富强、实现中华民族伟大复兴的中国梦发挥创新支撑作用。国家创新体系进入高质量发展阶段,意味着更加需要关键性核心技术的重大突破,而关键性核心技术的突破仅仅依靠个人或单一部门的力量显然难以推进,这就需要发挥国家力量,整合科研"国家队"资源,集中国家力量和资源开展重大科技项目的研发与创新。

四是更加强调协同创新。现代国家创新体系的重要组织模式,即从过去单一强调政府力量,向吸引各方面资源和力量的多元参与的协同创新模式转变,以大众创新、万众创业为契机推进国家创新体系建设。协同创新是为了实现国家重大科技创新而整合企业、政府、高校、科研院所、金融机构以及其他社会机构和力量协同开展跨学科、跨领域、跨行业甚至跨区域的新型合作创新模式。协同创新以知识增值为核心,通过国家层面的政策引导和规划制定,实现优势互补、资源共享,加快重大科技创新、加速技术推广应用和产业化。面对错综复杂的现实问题,依靠单一机构、单一

---

① 余江、刘佳丽、甘泉、李世光、张越:《以跨学科大纵深研究策源重大原始创新:新一代集成电路光刻系统突破的启示》,《中国科学院院刊》2020年第1期,第112~117页。

方面的力量很难获得重大科技创新突破，需要发挥协同作战的优势，加快协同创新。

五是更加强调全面创新。党的十八大以来，习近平总书记坚持把创新摆在我国现代化建设全局中的核心地位，把科技自立自强作为国家发展的战略支撑，推进以科技创新为核心的全面创新，提出一系列具有开创性意义的新思想新论断，擘画了我国在新的历史起点上建设科技强国的战略路径①。全面创新要坚持系统观念、全局观念，而不能仅仅聚焦某个环节、某个领域。首先，全面创新是全过程创新。国家创新体系要坚持从知识到技术再到应用的整个过程创新。现代科技创新会面临更多的影响因素，既要借助现代科技手段实现创新模式转变，又要从过去强调单项技术创新转向交叉、跨界、综合的科技创新，重视科学知识生产、技术创新、技术转化、技术集成、技术应用等全过程的创新，提升产品的技术含量，实现产业链、创新链、价值链等多维融合与互动。其次，全面创新是多方面、多要素的，不仅包括科技创新，还包括制度创新、管理创新、文化创新等各种形态和模式。科技创新处于最核心、最关键的地位。实施创新驱动发展战略，要推动以科技创新为核心的全面创新，提高发展质量和效益②。全面创新要求以全局、整体、系统的战略高度在创新的全要素上下功夫，发挥科技创新的核心作用并加强其他要素的创新与资源优化配置。再次，全面创新是多领域、全方位的，不仅涉及经济领域，也涉及政治、社会、文化、生态等多个领域的全方位创新。最后，全面创新是多主体参与的，不仅需要以政府为主导、以企业为主体，还需要科研院所、社会组织、社会资本、中介服务机构、社会公众等多元化参与。持续推进全面创新，激发起全社会的创新活力③。应以全面创新加快科技成果转化和应用，加快构建创新共同体，建立健全生态化、体系化、多层次的国家创新体系。

---

① 张玉卓：《推进以科技创新为核心的全面创新》，《学习时报》2021 年 10 月 29 日，第 1 版。
② 万钢：《大力推动以科技创新为核心的全面创新》，《中国科技产业》2015 年第 4 期，第 14 页。
③ 齐子漫：《推进全面创新 激发创新活力》，《经济日报》2016 年 4 月 21 日。

六是更加强调生态文明。区别于过去，当前的国家创新体系建设更加强调要直接面对生态恶化、环境污染等难题，要有利于推进生态文明建设，围绕绿色低碳发展加快创新型国家建设和实施创新驱动战略。党的十八大报告明确提出要大力建设生态文明，推进绿色发展、低碳发展、循环发展。2017 年 10 月 18 日，习近平总书记在党的十九大报告中指出，要建立健全绿色低碳循环发展的经济体系，构建市场导向的绿色技术创新体系。2019 年 1 月 23 日，习近平总书记主持召开中央全面深化改革委员会第六次会议，审议通过《关于构建市场导向的绿色技术创新体系的指导意见》，提出加快构建以企业为主体、产学研深度融合、基础设施和服务体系完备、资源配置高效、成果转化顺畅的绿色技术创新体系。

推进生态文明建设和绿色低碳发展，需要国家创新体系加快向绿色低碳方向转型，为生态文明建设、实现碳达峰碳中和目标提供强大支撑。习近平总书记高度重视生态文明建设，明确提出要树立"绿水青山就是金山银山"的发展理念，要加快推进绿色发展、循环发展、低碳发展。破解经济增长与环境污染的双重困境。推进生态环境治理与绿色低碳发展，需要加快构建市场导向的绿色技术创新体系。党的二十大报告明确提出，提升国家创新体系整体效能，推动绿色发展，促进人与自然和谐共生，积极稳妥推进碳达峰碳中和。推进生态文明建设，实现人与自然和谐共生的现代化，必须加快建设以生态文明、绿色低碳发展为根本要求的国家创新体系。围绕生态文明建设、绿色低碳发展、生态环境治理等重大现实问题，需要加快这些领域的重大科技创新与攻关，依托国家创新体系的构建，推动绿色低碳、生态环保等领域的技术突破。

国家创新体系的构建要面向生态文明建设与绿色低碳发展的战略要求，特别是面向实现碳达峰碳中和的目标需求，重点围绕绿色低碳发展领域的关键核心技术进行集中攻关，以绿色低碳技术创新为突破加快产业转型升级和能源结构调整，构建清洁低碳、安全高效的能源体系，降低能耗、物耗，实现生产系统和生活系统循环链接与绿色低碳循环发展。推进生态文明建设与绿色低碳发展，国家创新体系的建设与完善要面对这一战略需求，就需要加快国家科技战略的重要转向，加快建设新时代的国家低碳创新体系，助推国家经济社会全面绿色转型与低碳高质量发展。一方面，要加快创新和开发利用环境污染治理、资源能源集约利用、生态环境保护等方面的先进技术，以高科技破解生态文明建设与绿色低碳发展难题。另一方面，要加快面向生态经济、绿色经济、低碳经济发展的高科技创新，推动生态产业化和产业生态化。习近平总书记在全国生态环境保护大会上强调，要加快构建生态文明体系，加快建立健全以生态价值观念为准则的生态文化体系、以产业生态化和生态产业化为主体的生态经济体系、以改善生态环境质量为核心的目标责任体系、以治理体系和治理能力现代化为保障的生态文明制度体系、以生态系统良性循环和环境风险有效防控为重点的生态安全体系。其中生态经济体系就是要加快产业生态化和生态产业化。产业生态化也就是依托科技创新，提高产业质量和生态效益，降低产业的能耗强度和排放水平，构建更加绿色低碳的现代产业体系。生态产业化是将生态资源转变为可资利用的产业资源。习近平总书记指出，生态也是一种经济。将丰富的生态资源通过发展绿色低碳产业，转变为物质财富，如通过发展森林产业、旅游产业、文化产业等，在不破坏当地生态环境的基础上实现当地经济收入提高和财富增长。新时代的国家创新体系构建要以习近平生态文明思想为指导，以科技创新推进生态文明建设，提高生态产业化和产业生态化的科技水平和创新能力。要把低碳化、绿色化、生态化作为国家创新体系的重要内容和战略任务，作为科技攻关和技术突破的重要基点。

在工业领域，要大力推进绿色低碳、智能制造等技术创新，加快传统工业转型升级，减少能源消耗和环境污染，发展绿色低碳工业，提升现代工业的技术水平和生态效益，实现向价值链高端环节攀升。

在能源领域，要加快能源技术创新，推动传统能源消费向绿色低碳能源转变，加快能源应用向清洁化、绿色化、低碳化转型。我国目前在能源技术领域的基础研究相对薄弱，在氢能、燃料电池、碳排放等前沿技术领域投入及研究不足，如燃气轮机及高温材料、海洋油气勘探开发等尖端技术长期被国外垄断，绿色低碳新能源等新兴技术以引进消化吸收为主，能源技术领域的自主创新能力不强。新时代的国家创新体系要破解能源技术领域难题，加快光伏发电、风电、氢能与燃料电池、生物质能、海洋能、地热能、先进储能、现代电网、能源互联网、节能与能效提升等领域的重大技术攻关和突破，以能源技术创新推动绿色低碳能源发展，降低传统能源消费比重，特别是缩小传统煤电比重，推动绿色低碳能源的高质量发展。实现碳达峰碳中和目标，需要重大的低碳科技创新，需要国家创新体系将碳达峰碳中和目标作为重点任务进行重大科技攻关，从国家战略的高度布局低碳技术创新，破解各种难题。

在农业领域，要加快现代农业技术创新，发展生态、绿色、高效、安全的农业技术，确保粮食安全、食品安全。在建筑、城市治理等领域，要加快发展新一代信息技术，推动低碳建筑、智慧城市等领域关键技术创新与应用，加快生态生物安全、重大灾害、公共安全等应急避险领域重大技术和产品攻关，为生态文明建设与绿色低碳发展提供强大的科技支撑，推动国家高质量发展，这是新时代赋予国家创新体系的重大任务和战略使命。

以上几个领域充分体现了国家对创新体系建设的高度重视，其内涵和地位也不断得到充实和提升。不同阶段的国家创新体系需要面对不同的历史性战略要求和重点任务，国家创新体系在服务国家经济社会发展中承担了重大历史使命。面向低碳经济发展，必然要求国家创新体系加入低碳因素的考量，发挥国家创新体系在低碳经济发展和低碳技术创新方面的引领和示范作用，加快构建国家低碳创新体系。这是本书提出和构建国家低碳创新体系的重要依据和理论基础，也是国家创新体系适应新时代和生态文明建设发展需求的方向选择与内容拓展。

第三章　国家低碳创新体系的内涵阐释与战略意义

　　国家创新体系是基于建设创新型国家的战略需要而构建的，是促进经济社会持续发展的动力源泉，也是培养造就高素质人才、提升综合国力和国家形象的重要基础。应对全球气候变化，中国积极主动承担减排责任，加强节能减排和发展低碳经济，大力推进生态文明建设。面向低碳发展和生态文明建设要求，国家创新体系必须促进低碳科技创新及其相关制度措施、支撑体系的建设，构建国家低碳创新体系，进而提升低碳自主创新能力，抢占未来世界新经济制高点和增长点，树立国际低碳形象和增强低碳竞争力。

第一节　低碳经济：应对气候变化与全球环境治理的国际共识

　　全球气候变化加剧、极端恶劣天气频现、生物多样性减少等深刻影响着人类生存和发展，是世界各国共同面临的重大挑战和发展风险。应对全球气候变暖需要集聚共识，推动世界各国共同努力。改变传统粗放发展模式，选择低碳经济发展模式，成为全球经济转型、应对全球气候变化、推进全球环境治理的必然选择。

　　英国为促进低碳技术创新和低碳经济发展，设立碳信托基金会

（Carbon Trust），并联合能源节约基金会（EST）开展低碳城市项目（Low Carbon Cities Programme，LCCP）建设。美国推出"绿色新政"战略构想，开发新能源技术和加强低碳技术创新。许多发达国家将低碳经济作为应对全球气候变化、抢占国际市场未来竞争制高点、主导全球价值链的战略目标，制定了一系列面向低碳经济发展的技术创新政策。俄罗斯、印度、巴西、南非、韩国等经济转型国家和发展中国家也在陆续开展低碳经济政策的研究。

转变传统高能耗、高碳排放、高污染的粗放型经济增长方式，大力推进节能减排，发展以低能耗、低排放、低污染为标志的低碳经济模式，已经成为世界各国经济社会可持续发展的战略选择。结合中国作为发展中大国的发展阶段和节能减排、碳达峰碳中和需求，以及资源能源瓶颈和承担国际减排压力的实际情况，加快低碳技术创新和构建国家低碳创新体系是实现技术追赶、破解环境污染难题、推进低碳发展和生态文明建设的必然要求。

第二节 低碳创新：生态文明建设与创新驱动的题中之义

低碳创新是生态文明建设的题中应有之义。党的十八大基于新的历史起点的战略思考，明确提出推进生态文明建设的战略决策，为我国经济社会持续发展描绘了人与自然和谐的美丽蓝图。2015 年 5 月，《中共中央国务院关于加快推进生态文明建设的意见》发布。2015 年 10 月，随着十八届五中全会的召开，加强生态文明建设被写入国家五年发展规划。十九大报告提出，加快生态文明体制改革，建设美丽中国。二十大报告提出，推动绿色发展，促进人与自然和谐共生。可见，党和国家高度重视生态文明建设。面对资源约束趋紧、环境污染严重、生态系统退化等风险，必须大力推进生态文明建设，推进绿色发展、循环发展、低碳发展。生态文明建设的提出就是要重视人与自然的和谐关系，实现人的发展与生态系统的平衡，给人类社会留下更多的生态资产和绿色空间。推进生态文明建设的伟大战略，充分彰显了党和国家对人民福祉、民族未来的责任担当和生态理念，充分彰显了党和国家对人类文明发展进步和人与自然和谐的深邃思考。

推进生态文明建设，必须树立低碳发展理念，实施创新驱动战略，加强低碳技术攻关，选择低碳创新道路。生态文明建设就是要规避传统农业文明时代人类对自然的过分依赖和生态掠夺，也要超越工业文明时期人与自然的紧张对立和人类传统技术发展对自然的严重破坏与环境污染。推进生态文明建设的关键是要发挥低碳技术创新的引擎作用，更多地依靠绿色低碳的技术创新和制度创新，在发展中树立低碳发展理念，树立"绿水青山就是金山银山"的发展理念，解决好人与自然和谐共生的可持续发展问题，尽可能以更低的能耗、更低的排放、更少的污染实现高质量、高效益的发展。要更多地依靠低碳技术创新，以更少的温室气体排放实现经济社会的可持续发展，充分体现"尊重自然、顺应自然、保护自然"的绿色低碳理念。实现低碳发展，必须加快实施创新驱动战略，加快低碳技术创新，选择低碳创新道路实现低碳发展与生态文明建设。

从技术研发自身的特征来看，其具有投入产出的低碳性、风险性、滞后性和创新性，如表 3-1 所示[1]。技术进步本身是人类社会对自然规律的深化认识，有利于进一步以低成本、低投入带来高效益，在生产过程中实现功能优化和绿色低碳。创新性是技术研发的根本特性，是专业知识的创造和应用，可以带来巨大的经济效益和社会效益。风险性以及经济效益的滞后性是客观存在的，解决这些问题，需要政府支持、市场调控以及社会其他部门的配合。

---

① 王承云、秦健：《低碳技术研发的国际经验及启示》，《中国软科学》2010 年第 S1 期，第 277～282 页。

表 3-1 技术研发的独特性

性 质	主要特征
低碳性	①投入产出的低碳性:投入的资本主要是智力资本,产出的是论文、发明专利等 ②生产固件的低碳性:位于企业、高新技术产业园、城市内部等
风险性	需要大量、持续的资金投入,周期长,科学探索本身具有不可预知性,未来收益难以预期,存在许多不可控因素
滞后性	技术研发的周期较长,同时需要推广和经历市场考验
创新性	创新性研发是专业知识的创造和应用: ①渐进性创新,对现有技术的非质变性改进 ②突破性创新,使旧技术过时,并影响整个社会系统产生变革

低碳创新是实施创新驱动国家战略的关键领域。党的十八大明确提出,科技创新是提高社会生产力和综合国力的战略支撑,必须摆在国家发展全局的核心位置,坚持走中国特色自主创新道路、实施创新驱动发展战略。改革开放40多年来,我国经济社会发展取得举世瞩目的伟大成就,主要原因在于利用劳动力、资源、环境等的低成本优势实现了快速发展。但这种粗放型、高碳型的经济发展模式不可持续。进入新时代,我国的国际低成本优势不断减少,必须向提高质量和效益的高端环节进军,必须以绿色低碳、高质量发展为重要方向加快发展方式转型,而实现高质量发展就必须走创新驱动、绿色低碳发展之路。传统的低成本优势实际上弱化了高能耗、高污染、高排放所带来的社会成本考虑,这种粗放发展模式留下许多的后遗症。与低成本相比,技术创新具有不易模仿、附加值高、低投入高产出等特点,由此建立的创新优势持续时间长、竞争力强。由低成本优势向创新优势转换,可为我国高质量发展、绿色低碳发展提供强大动力。实施创新驱动发展战略,要重视面向绿色低碳领域的技术创新,要以低碳创新为重要引擎,推动我国新旧动能转换、增强创新优势、提高增长效益、转变发展方式,实现高质量发展,这对减少资源能源消耗、推进生态文明建设、建设美丽中国具有战略意

义。低碳技术创新主要包括能源替代技术、节能技术和碳隔离技术等三类技术，如表3-2所示①。

表 3-2　低碳技术创新的关键领域

低碳技术类型	低碳技术创新内涵	关键技术领域
能源替代技术	非化石燃料替代化石燃料、低碳排放化石燃料替代高碳排放化石燃料	高效光伏发电技术、大型风力发电技术、地热供暖与发电技术、生物燃料与氢燃料技术、先进核能技术、替代燃料汽车技术
节能技术	供方的能源生产、加工转换和运输中的能源效率提升技术，需方的终端能源提升及节能技术	超燃料系统技术、超时空能源利用技术、高效发电技术、建筑节能技术、高效火力发电技术、智能电网技术、热电联供技术、垃圾填埋发电技术、先进能源管理技术
碳隔离技术	碳捕集与封存技术（CCS），包括物理固碳与生物固碳技术	燃煤电站 CCS 技术改造、整体煤气化联合循环发电技术、CCS 生物质发电技术、生物固碳技术

第三节　国家低碳创新体系：基于低碳发展的国家创新体系拓展

党的十八大以来，以习近平同志为核心的党中央，明确提出实施创新驱动发展战略和生态文明建设，推进绿色发展、低碳发展、循环发展。党的十九大报告提出，加强国家创新体系建设，建立健全绿色低碳循环发展的经济体系，构建市场导向的绿色技术创新体系。国家创新体系是国家空间范围内的创新资源整合，构建国内各高校、科研院所、企业、社会组织、社会公众以及各级政府共同参与，知识共享、协同互动的创新网络体系②。面向低碳发展与生态文明建设的要求，国家创新体系需要加强节能减排领域

---

① 周五七、聂鸣：《促进低碳技术创新的公共政策实践与启示》，《中国科技论坛》2011 年第 7 期，第 19~21 页。

② 冯之浚：《国家创新系统的理论与政策》，《群言》1999 年第 2 期，第 22~23 页。

的低碳创新。低碳创新，即通过面向低碳发展的技术创新和制度创新，推进国家经济、社会、文化、生态等各个领域的节能减排、低碳环保，构建低碳化的创新型国家。低碳技术是推进生态文明建设、实现绿色低碳发展的核心动力和关键支撑。面向低碳绿色发展的低碳技术创新能力在很大程度上决定了我国能否加快发展方式转变、实现绿色低碳崛起。如图 3-1 所示，国家低碳创新体系是面向低碳经济发展要求的国家创新体系的拓展与延伸。

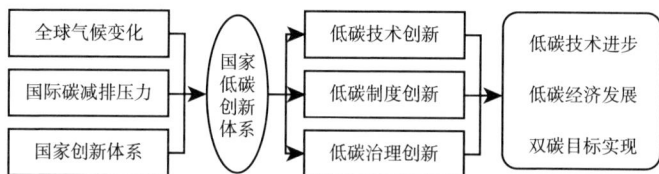

图 3-1　国家低碳创新体系的内涵

在新时代，区别于传统的国家创新体系建设，国家低碳创新体系是面向生态文明建设与国家低碳发展的战略要求。以低碳技术创新为重要引擎，以低碳制度创新为根本保障，构建面向低碳科技创新的企业、政府、大学和科研院所、中介服务机构、社会公众等多主体相互作用的国家创新网络。区别于一般性的国家创新体系，新时代的国家低碳创新体系构建更加强调生态文明建设与低碳发展的国家战略实施，要适应和回答如何通过构建创新体系，依托低碳技术创新、低碳制度创新推进国家低碳转型，加快发展方式转变，大力推进生态文明建设，彰显"绿水青山就是金山银山"的发展理念，推进国家生态文明建设、绿色低碳发展和中国梦的实现。

第四节　国家低碳创新体系构建的战略意义

一　承担碳减排责任、推进碳达峰碳中和的需要

从全球环境来看，全球气候变暖及其所涉及的全球生态、能源、水安

全等重大危机，引发国际社会的广泛关注，引起世界各国人们对碳排放、传统发展方式的深刻反思。经过多方面的科学考察与实验证明，全球气候变暖已经成为客观存在的自然现象，主要是由于各种温室气体排放不断累积，形成温室效应，引发地球地气系统吸收与发射的能量不平衡，打破地球地表自身生态系统的平衡，温度上升，造成其他方面的连锁反应，进而直接或间接地影响人类经济社会的可持续发展。

1992 年，《联合国气候变化框架公约》的提出，开启了全球应对气候变化合作的序幕，彰显了国际社会对低碳发展问题的高度重视。《联合国气候变化框架公约》是指联合国大会于 1992 年 5 月 9 日通过的一项公约。1994 年 3 月 21 日，该公约得以生效，在地球峰会上由 150 多个国家以及欧洲经济共同体共同签署。根据"共同但有区别的责任"原则，不同发展程度的国家所承担的减排责任与义务有所区别。比如，基于发达国家是温室气体排放大户，公约要求发达国家采取措施减少二氧化碳等温室气体排放，并向发展中国家提供资金帮助，以支付发展中国家履行公约义务所需的费用。而发展中国家只承担提供温室气体源与温室气体汇的国家清单义务，制订并执行含有关于温室气体源与汇方面措施的方案，不承担有法律约束力的限控义务。该公约的终极目标是，通过多国合作，并采取有效措施，将大气温室气体浓度维持在较为稳定的水平，减少人类活动对气候系统的危险干扰。1997 年，《京都议定书》形成，提出对主要工业国家的温室气体排放量的明确规定，这对转变发展方式提出了具体可操作的行动方案，大大推动了国际社会应对全球气候变暖、推进低碳发展和生态建设的进程。2009 年 12 月，哥本哈根会议召开，再次细化并架构了更具执行力的应对全球气候变暖、实现低碳经济发展的行动纲领。尽管国际社会对于应对全球气候变化、推进低碳经济发展在承担责任、发展理念、执行政策等方面还存在不少差异或分歧，但共同应对全球气候变化、共同推进绿色低碳发展、构建人与自然和谐共生的地球家园已经形成共识。

在我国，随着经济社会快速发展，工业化、城市化进程不断提速，经济社会发展对能源生产、消费的需求不断扩大，温室气体排放总量不断攀升，引发国际社会的关注和议论。传统高能耗、高污染、高排放的粗放型经济增长模式带来严重的环境污染、资源能源耗竭、生态恶化、生物多样性减少等问题，也引起从中央到地方各级政府、高校和科研院所社会组织、社会公众等广泛关注。目前，我国尽管高度重视生态文明建设，采取有效措施推进节能减排，加快绿色低碳发展，但基于经济社会发展对能源资源的刚性增长需求，我国温室气体排放总量已居世界第二位。随着工业化、城市化进程继续提速，我国有可能超越美国成为世界第一大碳排放国，将要承担更大的减排压力。

《国家中长期科学和技术发展规划纲要（2006～2020年）》指出，面对国际新形势，我们必须增强责任感和紧迫感，更加自觉、更加坚定地把科技进步作为经济社会发展的首要推动力量，把提高自主创新能力作为调整经济结构、转变增长方式、提高国家竞争力的中心环节，把建设创新型国家作为面向未来的重大战略选择。构建国家低碳创新体系是中国应对全球气候变化、主动承担国际碳减排责任和建设低碳创新型国家的战略选择，中国国家低碳创新体系的构建包括企业、产业、区域等层面，并为全球低碳创新体系构建提供重要支撑和实践基础。加强低碳创新不是为了赶时髦，不是搞形象工程和政绩工程，而是破解我国资源能源瓶颈和环境污染问题、实现国家经济与社会可持续发展的迫切需要和战略选择。

构建国家低碳创新体系，为积极稳妥推进碳达峰碳中和提供创新引擎。实现"双碳"目标，要依靠绿色低碳领域的重大科技创新与突破。当前，全球正经历新一轮科技革命和产业变革，许多国家和地区加快低碳技术创新，积极培育绿色低碳产业，进而提升碳汇能力，加快实现碳达峰碳中和目标。碳达峰碳中和成为全球低碳科技创新的新赛道、新方向。对于我国来说，加快推进碳达峰碳中和，是立足经济社会高质量发展、倒逼经济社会全面绿色转型、推进绿色低碳发展的战略选择。"双碳"目标的实现需要重大低碳技术创新突破。绿色低碳科技创新是碳排放总量控制与经济社会发展现实矛盾的破解之道，也是新发展理念下低碳经济体系构建的创新引擎和重要抓手。只有加快构建国家低碳创新体系，提升低碳科技创新能力，才能在具有前瞻性的低碳领域占据领先地位，才可能在新一轮全球科技竞争和产业变革中占据主动和领先地位。

《中共中央国务院关于完整准确全面贯彻新发展理念做好碳达峰碳中和工作的意见》《2030 年前碳达峰行动方案》的相继发布，为实现碳达峰碳中和目标做出顶层设计、擘画行动路线图。构建国家低碳创新体系，加快战略转型期的国家重大低碳技术突破与技术追赶，力争在更多的低碳技术领域取得国际领先地位，占领世界低碳技术创新的高地，不仅有助于破解中国自身碳减排等方面的技术难题，也能为其他国家节能减排、绿色低碳发展贡献自己的力量，进而引领世界低碳技术和全球低碳发展方向，共建人类命运共同体。构建国家低碳创新体系，能够依托低碳技术创新，驱动产业升级、结构转型，推动绿色低碳发展。应以低碳技术为引擎加快培育绿色低碳的新兴产业，培育绿色低碳高质量发展的新动能，对内增强产业链、供应链韧性，对外促进数字化、低碳化和产业化的深度融合，深化与国内外多方绿色低碳合作，为实现"双碳"目标提供全方位的战略支撑。特别是加强国内外各方面低碳创新资源整合与深度合作，获取更多的外部资源与市场动力，获得新的低碳经济增长点，有利于推进我国"双碳"工作。通过低碳技术创新、应用、转移等方面的国际支持与战略性合作，提升中国形象和国际技术话语权。构建国家低碳创新体系可为国家低碳技术和低碳经济发展提供基础，加快发展方式转变，抢搭国际低碳经济的"早班车"，赢得未来低碳经济竞争与国家低碳发展的重要话语权，在加快实现碳达峰碳中和战略目标中提供中国经验与中国智慧。

二　掌握"大国重器"、提升绿色低碳竞争力的需要

从技术层面来看，国家低碳创新体系构建有利于推进国家低碳技术创新进程，掌握"大国重器"，提升国家在绿色低碳领域的核心科技竞争力。2018 年 4 月，习近平总书记考察三峡工程时指出，"大国重器"必须

掌握在我们自己手里，创新主动权、发展主动权必须牢牢掌握在自己手中①。核心技术是保障国家安全、提升国家竞争力和综合国力的重要基石，国家之间的竞争本质上是技术竞争，缺乏核心技术，就是缺乏"大国重器"，缺乏国家间谈判的话语权和重要筹码。拥有自己的核心技术，具有较强的自主创新能力，就能在激烈的国际竞争中抢得发展先机、获得重要话语权，防止被别人"卡脖子"。而核心技术、"大国重器"不是简单靠市场就能换来的、靠金钱就能买来的，必须依靠自主创新，必须依靠独立自主的核心技术攻关。

创新是引领发展的第一动力。创新是国民经济福祉和国际竞争优势的重要资源②。只有创新突破才能提升自身技术竞争力和国家综合国力。实现核心技术突破要牢牢扭住创新这个"牛鼻子"③。当前，科学技术在现代经济发展中的作用日益凸显，各国经济竞争已经从产品竞争上升到生产要素竞争，最后发展到科学技术竞争，特别是创新能力的竞争。科学技术成为最重要的战略资源，创新成为影响国际竞争成败的关键要素，可决定国家或地区在未来世界竞争格局中的命运与前途。

掌握"大国重器"，提升核心技术竞争力，关键是要提升绿色低碳竞争力。"绿水青山就是金山银山"，改变传统以能源消耗、环境污染为代价的发展模式，发展绿色 GDP，关键是要提升绿色低碳竞争力。构建国家低碳创新体系，就是不以资源能源耗竭、环境污染为代价，选择经济与社会、经济与生态共赢的低碳创新型发展模式，以绿色竞争力提升为重要目标实现低碳型的创新驱动发展。面向经济持续增长的资源环境约束和较为严峻的生态环境问题，必须从国家创新的战略高度，加快构建国家低碳创新体系，以绿色低碳的核心技术重大突破，提升绿色低碳的科技竞争力，从而真正实现创新驱动发展。一方面，必须依靠科技创新、科技进步

---

① 习近平：《习近平谈治国理政（第四卷）》，外文出版社，2022，第 188 页。

② Wen-Min Lu, Qian Long Kweh, Chia-Liang Huang, "Intellectual Capital and National Innovation Systems Performance," *Knowledge-Based Systems*，2014，71.

③ 申瑞杰：《大国重器必须掌握在自己手里》，《学习时报》2018 年 5 月 30 日，第 6 版。

不断推进产业结构转型升级，提高能源利用效率，降低环境污染物排放强度，培育新的比较优势和低碳竞争优势。另一方面，要高度重视面向绿色低碳领域的关键技术创新与突破，大力发展绿色经济、低碳经济、循环经济，以低碳技术创新实现经济崛起，提升企业自主创新能力和竞争力，降低关键领域和重点行业的对外技术依存度，推动国家经济社会向绿色低碳方向转型，进而推动经济绿色低碳、高质量发展，真正彰显"绿水青山就是金山银山"的发展理念，推动碳达峰碳中和目标的实现，推动人与自然和谐共生。

三 推进生态文明建设、建设低碳创新型国家的需要

党的十九大报告指出，创新是引领发展的第一动力，是建设现代化经济体系的战略支撑。党的二十大报告提出，要实现高水平科技自立自强，进入创新型国家前列。党的十八大以来，以习近平同志为核心的党中央把握世界发展大势，把科技自立自强作为国家发展的战略支撑，推动实施科教兴国战略和创新驱动发展战略，坚定不移走中国特色自主创新道路，我国科技事业发生了历史性、整体性、格局性重大变化，成功进入创新型国家行列。一方面，实施国家创新驱动战略，加快构建新时代的创新型国家，这是加快经济高质量发展和现代化建设的关键支撑和战略选择。提高自主创新能力、建设创新型国家是新时期国家发展战略的核心，是提高综合国力的关键[1]。应高度重视科技创新、全面创新的突出战略地位，紧紧依靠科技进步和全面创新，打造一批世界一流的创新型组织、研究型大学、创新型企业，建立和完善鼓励创新的市场环境、文化氛围、法律制度体系，依靠科技创新提升国家在国际上的地位和话语权。另一方面，我国长期以来存在科技与经济"两张皮"的难题，科技水平低，传统产业科技含量低，科技对经济发展难以形成有效支撑。以高能耗、高污染、高排

---

① 贾莫昆、刘高秀：《双循环背景下我国创新型国家建设问题研究》，《现代商业》2021年第20期，第89~91页。

放为代价实现粗放、低端的经济增长和微薄利润。经济发展对科技创新的需求拉动效果不够突出，以创新推动科技与经济紧密结合，实现经济与社会、文化、生态的共赢发展，迫切需要加快国家低碳创新体系建设。走出我国长期以来的经济增长与环境污染的两难困境，关键在于构建面向生态文明、低碳发展的国家低碳创新体系，即通过低碳技术创新和制度创新，加强国家经济社会节能减排、低碳绿色的系统性战略布局，使科技创新与经济发展改变传统低质高碳、低效高耗的粗放增长模式，促进经济增长与环境污染脱钩。

国家低碳创新体系是以低碳企业为主体、以低碳市场为导向、产学研相结合的低碳技术创新体系，可带动整个国家创新体系的建设与升级。构建国家低碳创新体系，有利于提升国家在绿色低碳等领域的重大科技创新能力和创新水平。应加快低碳科技成果的产业化应用，培育和发展绿色低碳产业，以低碳技术突破形成新的产业链条和增长点，以低碳技术突破有效推进产业转型升级，加快构建绿色低碳产业体系，进而推动整个国家的经济与社会效益提升，实现经济增长与生态建设的共赢发展。国家低碳创新体系构建是促进科技与经济结合、推进生态文明建设的有效措施。党的十九大报告再次强调要大力推进生态文明建设，树立"绿水青山就是金山银山"的发展理念，推进绿色发展、低碳发展、循环发展。要实现生态文明建设与绿色低碳发展，就必须走国家低碳创新道路，从产业、能源、技术、贸易、社会、生态等各领域加强政策调整与推进绿色低碳发展。

一是国家低碳创新体系构建要强调企业在低碳技术创新中的主体地位，发挥市场配置低碳科技资源的基础性功能。企业是国家自主创新能力提升的关键主体，只有具备一定的知识和技术积累，才能更加有效地整合国家乃至全球的知识、技术与智力资源，通过面向市场需求的灵敏嗅觉，挖掘更加有效的市场需求信息和知识进行技术突破与技术创新，不断提升核心竞争力，进而提升整个国家的创新水平。要发挥企业在低碳技术创新中的突出作用，国家应从技术政策、产业政策、创新政策等各个方面加强对企业低碳技术创新的扶持与推动。

二是强调低碳技术创新对国家经济转型、生态建设的突出作用。强调低碳技术创新对产业结构优化升级、低碳产业发展的突出作用，依托低碳创新驱动低碳经济发展，加快实现碳达峰碳中和目标，为促进低碳科技与低碳经济结合、构建全新的发展模式提供强大战略支撑。

四　发展低碳生产力、构建人类命运共同体的需要

发展低碳生产力是通过低碳化的劳动自身与生态自然之间的物质转化，实现在不破坏生态自然环境基础上的可持续发展与生产力提升，是在人与自然和谐相处中谋取价值增值与低碳发展。区别于传统高能耗、高排放、高污染的粗放发展模式，解放和发展低碳生产力必然要求树立"绿水青山就是金山银山"的发展理念，保护生态环境，尊重自然规律，维护自然平衡。构建国家低碳创新体系，就是坚持保护生态环境，就是保护生产力。改善生态环境就是发展生产力，依靠技术进步与创新提高能效、降低能耗和碳排放水平，进而实现人与自然和谐共生，构建人类命运共同体。低碳技术创新能力提升与生态环境改善进一步释放了生产力的内在活力，进一步提高了自然环境的承载力，这种耦合逻辑必然要求改变传统的高碳发展模式。以低碳技术创新为引擎实现低碳经济发展，应从国家层面加快低碳科技创新布局，加快构建国家低碳创新体系。

习近平总书记多次就"推动形成人类命运共同体和利益共同体"展开论述，"人类命运共同体"是中国政府提出的寻求人类共同利益和共同价值的新内涵、新理念。党的二十大报告指出，中国式现代化的本质要求是坚持中国共产党领导，坚持中国特色社会主义，实现高质量发展，发展全过程人民民主，丰富人民精神世界，实现全体人民共同富裕，促进人与自然和谐共生，推动构建人类命运共同体，创造人类文明新形态。其中，促进人与自然和谐共生、构建人类命运共同体、创造人类文明新形态，更加突出了推动绿色低碳发展、促进人与自然和谐共生的重要地位。二者在中国式现代化建设和构建人类命运共同体中具有非常重要的战略意义。

一是低碳创新发展激发了构建人类命运共同体的内生动力。进入 21世纪，全球创新环境与创新格局发生重大变化，创新成为引领全球经济社会发展的第一动力。创新发展破解经济增长与环境污染的困境，推动人与自然和谐共生，引领人类命运共同体。可以说，构建国家低碳创新体系，树立"绿水青山就是金山银山"的发展理念，依托绿色低碳的技术创新和制度创新，实现经济增长与生态环境保护共赢，不走西方发达国家先污染后治理的老路，真正意义上打破了"现代化＝西方化"的迷思，创造性地构建了人与自然和谐共生的中国式现代化新模式。

二是低碳创新发展维护了人类命运共同体和利益共同体的生存底线。没有良好的生态环境、没有安全的环境支撑，任何发展不可持续，也将威胁到人类社会的持续存在。应加快低碳创新发展，进而有力推进生态文明建设，实现绿色低碳发展，实现人与自然和谐共生，共同应对全球气候变化，构建人类命运共同体。构建国家低碳创新体系是发展低碳生产力、加快实现碳达峰碳中和目标、构建人类命运共同体和利益共同体的战略选择，依托低碳创新合作，推动全球生态治理，维护全球生态安全，展现中国式现代化的生态图景，拓展发展中国家走向现代化的低碳创新路径，为人类探索更好的社会制度提供了中国式低碳创新方案。

本章小结

本章主要研究国家低碳创新体系的内涵阐释及其战略意义。面向低碳发展和生态文明建设要求，国家创新体系必须促进低碳科技创新及其相关制度措施、支撑体系的建设，要构建国家低碳创新体系，进而提升低碳自主创新能力，抢占未来世界新经济制高点和增长点，树立国际低碳形象和增强低碳竞争力。低碳创新是生态文明建设的题中应有之义。推进生态文明建设，必须树立低碳发展理念，实施创新驱动战略，加强低碳技术攻关，选择低碳创新道路。低碳创新是实施创新驱动战略的关键领域。面向低碳发展与生态文明建设的要求，国家创新体系需要加强节能减排领域的低碳创新。低碳创新，即通过面向低碳发展的技术创新和制度创新，推进国家经济、社会、文化、生态等各个领域的节能减排、低碳环保，构建低碳化的创新型国家。国家低碳创新体系是面向低碳经济发展要求的国家创新体系的拓展与延伸。构建国家低碳创新体系具有重要的战略意义，是承担国际减排责任、转变发展方式的需要，是掌握"大国重器"、提升绿色竞争力的需要，是推进生态文明建设、建设低碳创新型国家的需要，是发展低碳生产力、构建人类命运共同体的需要。

第四章　国家低碳创新体系的
结构要素与动力机制

国家低碳创新体系是以低碳技术创新为主导的多要素创新网络。各创新要素相互关联、分工合作、协同创新，形成节能减排、绿色低碳的结构体系，这种结构体系决定了国家低碳创新体系的运行功能和动力特征。国家低碳创新体系的结构与功能存在互动关联，结构要素是功能运行与实现的载体，不同的结构决定不同的功能。创新系统的构成要素选择并通过某种结构方式构成系统结构，系统要素的资源禀赋、基本特征及其组合方式影响系统功能的发挥。功能也将反作用于结构，功能是结构要素存在的依据和发展方向，系统功能的发挥既是结构稳定的条件，又是结构变化的前提。国家低碳创新体系的结构要素与功能运行形成一定的系统框架。本章主要研究国家低碳创新体系由哪些主体构成，这些主体要素之间是什么样的关系，如何形成内在的创新动力机制，促进国家低碳创新功能完善。

第一节　国家低碳创新体系的结构要素

结构要素又称"构造要素"，是指国家低碳创新体系内部的各个子系统或构成要素及其组合。国家低碳创新体系是面向低碳发展的国家创新体系，其依托各创新资源要素的配置与互动，可实现绿色低碳发展的创新引领功能。国家创新体系是多个创新主体之间通过整合资源实现紧密关联和互动功能的集合体，其相互作用的要素之间形成特定的整体结构，具有适应环境的特定功能。

一 创新主体：低碳技术创新活动的实施者

主体是参与某项或某些社会实践活动的实际行动者。一般而言，创新主体是参与创新全过程，将自己的创意付诸实践并努力达到预定目标的个体或组织。创新主体是创新人员或研究机构，这些主体具有由创新需要激发的进行对象性具体创新活动的能动性，具有推动创新目标实现的创造性，具有进行自主创新活动控制和行为调整的自主性。不过，熊彼特在其创新理论中认为，创新主体主要是从事创新活动的企业家。该定义是从狭义上说的。企业是最为重要的创新主体，是在市场竞争中通过创造性劳动实现价值增值或实现社会目标的行为主体，因为创新不是停留在实验室，而是面向市场需求的经济活动的。

从广义上理解，创新主体是围绕既定创新目标而进行创新投入、创新活动，实现创新收益的具有一定创新意愿和能力的行为承担者。国家创新体系中的创新主体包括与创新活动紧密关联的影响知识学习、搜索和开发活动的政府部门、经济组织和社会机构等。根据伦德华尔、麦特卡尔夫和OECD等的观点，国家创新体系一般由政府、企业、教育与培训机构、科研机构、中介机构和基础设施等组成。国家创新体系的参与主体是多元的。推进国家重大科技创新，仅仅依靠企业自身的力量是远远不够的，企业基于自身利益追求，往往不愿从事外部性强、风险大、投资周期长的科技创新项目，依靠市场的自由竞争也是不够的，需要发挥国家的主导作用，建立国家创新体系来运作[①]。创新主体按照创新形式进行分类，可分为个体主体、群体主体和国家主体。按照创新内容进行分类，可分为知识创新主体、技术创新主体、制度创新主体、管理创新主体等。国家创新体

---

① 石定寰、柳卸林：《建设面向 21 世纪的国家技术创新体系》，《石油化工动态》1999 年第 6 期，第 59~60 页。

系包括知识创新主体如大学和科研院所，制度创新主体如政府或各类决策机构，管理创新主体如各级各类行政管理机构和社会组织等。

　　对于国家低碳创新体系而言，其主体主要包括从事低碳创新或者与低碳创新有关的组织和机构，包括企业、大学和科研院所、各级政府、中介服务机构以及社会公众等。其中企业是低碳技术创新投入、产出及获取收益的主体，是低碳技术创新的核心组成部分。低碳技术研发及其应用与转化，主要依托企业实现。大学和科研院所属于低碳创新的重要力量和低碳知识创新、教育培训、知识传播的主体。政府是低碳创新政策供给的重要主体。中介服务机构是低碳创新的重要服务机构和知识桥梁。我国学者柳卸林认为国家创新体系包括四个方面的构成要素，即国家科研机构和高校、企业、教育部门与中介服务机构、政府相关部门，应通过国家计划和政策加强政府、企业、科研部门、高校等的紧密合作①。如图4-1所示②，大学和科研院所属于基础研究体系和知识生产、传播体系；企业的研究机构属于开发性研究体系，企业属于知识应用体系；教育培训、法律服务等中介服务机构属于创新支撑体系；制定战略、政策的政府属于创新引导与调控体系。就国家低碳创新体系而言，结构要素主要包括以下几个方面。

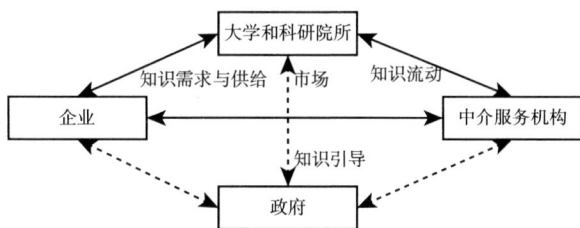

图4-1　国家低碳创新体系的主体要素

①　柳卸林、赵捷：《对中国创新系统互动的评估》，《科研管理》1999年第6期，第1~7页。
②　柳卸林：《国家创新体系的由来和结构》，经济管理出版社，1999，第62页。

（一）企业是低碳创新的核心主体

国家低碳创新体系是由政府、企业、大学和科研院所、中介服务机构、社会公众等多个主体联合形成的组织与制度网络，旨在推动绿色低碳领域的技术创新，适应绿色低碳市场与低碳社会转型与变革的重要需求，增强国家绿色低碳创新能力，推动国家绿色低碳高质量发展。企业、大学和科研院所以及致力于技术和知识转移的中介服务机构是创新体系的主要构成，其中企业是创新体系的核心[①]。在国家低碳创新体系构建中，要高度重视和发挥企业在低碳技术创新投入、创新活动、低碳产品生产和低碳技术应用等方面的主体作用。企业要主动承担绿色低碳技术创新、生态保护、环境治理、节能减排的主体性责任。企业低碳技术创新类型主要分为低碳产品技术、低碳生产技术、低碳管理技术等三个方面（见表4-1）[②]。

表4-1　企业低碳技术创新类型

类别	低碳产品技术	低碳生产技术	低碳管理技术
内涵	从结果导向来看,低碳产品技术是依托低碳新技术创造低碳化的新产品或新服务,或者改造一项产品使性能更加低碳的技术	从生产过程来看,就是在生产全流程更加突出技术改进和节能减排,以及用于产品生产制作过程的低碳节能改造技术或工艺流程等	从运行管理来看,主要是用于企业组织生产经营过程,企业自身设施建设,企业参与绿化、清洁发展机制等方面的低碳节能技术创新,也包括具体管理、制度的低碳化技术。更加绿色低碳的管理技术能有效降低成本和能耗
目标	绿色低碳产品的发明创造,产品特性或功能的节能减排与低碳化改造	低碳的新工艺或流程,低碳的新加工设备和方法,老工艺的低碳化改造	低碳化的企业组织模式、低碳化的销售技术、低碳化的管理方法、管理技术手段的低碳创新

[①] 柳卸林、马驰、汤世国：《什么是国家创新体系》，《数量经济技术经济研究》1999年第5期，第20~22页。

[②] 曹婧、曹洪军：《国家创新体系企业研发中心建设研究》，经济科学出版社，2016，第98页。

企业通过转型升级、技术创新、节能减排、污染治理等，不断减少排放、减少污染、减少能耗，从技术创新等方面形成重要突破口。企业在低碳创新体系中的主要作用表现在以下几个方面。

一是紧跟低碳市场需求，以创新驱动科技与经济的深度结合，推进生态文明建设。企业是低碳技术创新的核心主体，企业紧跟市场变化、服务市场需求，在绿色低碳市场驱动下，主动进行低碳技术创新，生产绿色低碳产品，开发绿色低碳新能源，满足低碳市场需求。无锡尚德电力控股有限公司聚焦太阳能发电领域的低碳新能源技术创新，完成 2010 年上海世博会中国馆和综合主题馆两套太阳能系统建设，3.12 兆瓦太阳能光伏发电系统顺利并网，为两个展馆提供源源不断的绿色低碳能源。该公司还在美国亚利桑那州建设光伏电池板生产工厂，初始生产时能力为 0.03 万千瓦，旨在满足美国对太阳能发电设备快速增长的需求。低碳技术创新是与市场密切相关的商业活动，其内含的市场商机和利润驱使企业不断进行技术创新。创新活动及其产业化过程需要许多特定知识，如工艺、制造、市场等知识，这些知识具有局域性、专有性等特点，是一般的机构所无法提供的。从事研发的企业具有持久的市场跟踪和服务能力，能够将技术创新应用于产业发展，开发出满足市场需求的新的或者改进产品，将潜在的生产力转化为现实的生产力。因此，企业正好实现了科技与经济的紧密结合，推动低碳技术与低碳市场紧密结合，实现真正意义上的节能减排。国家低碳创新体系的构建必须充分发挥企业的核心主体地位。企业不仅是低碳技术创新投入、低碳创新成果转化的主体，也是低碳创新收益的主体。

二是企业为节能减排、环境治理提供技术支撑和相关服务。在环境治理过程中，许多专业性强的环保企业重视技术创新特别是环保技术水平提升，为企业自身或其他污染企业提供技术支撑和节能减排服务。这些专业的环保技术企业通过污染技术升级加强污染治理与环境修复，构建排污企业、环保企业、政府监管方等多方共赢机制，极大地推动了污染治理[1]。

---

[1] 《治理雾霾企业在行动》，《经济参考报》2015 年 2 月 2 日。

如北京国电清新环保技术股份有限公司从事工业烟气等治理，注重提高企业清洁燃烧水平，降低烟气污染物排放量，自主研发高效脱硫技术、高效除尘技术、脱硝技术、活性焦干法烟气净化技术等多项专利技术，实现脱硫除尘深度净化和零补水湿法脱硫除尘等一系列关键技术的工业化应用。也有的企业涉足大气治理、水治理、垃圾发电、土壤修复等环境防治领域，还有的企业业务集建筑涂料、保温地坪、保温装饰板的研发、生产、销售和施工于一体，通过技术创新与产业链整合，有效降低空气中氮氧化物的含量，减少污染物的生成。

三是企业加快转型升级，推动低碳技术改造。强化低碳技术创新，不断提高能源利用效率，减少污染物排放，有效实现环境治理与低碳发展。环境治理关键在于产业结构和能源结构的转型升级，而企业作为重要主体需要积极参与转型升级，主动对传统产业模式和能源消耗结构进行转型、调整、升级，从而真正从源头上减少污染物的排放和生成。实践经验表明，企业在能源结构改善、绿色低碳发展以及污染物排放治理上，通过低碳技术创新取得积极的发展成效，包括减少能耗、降低成本，提高产品的市场竞争力，提高经济效益和生态效益等。如富瑞特种装备股份有限公司在清洁能源全产业链解决方案、海水淡化以及气体分离液化装备制造等方面进行了积极探索，成为能源结构优化、转型升级、减少废气排放、实现环境污染治理的成功案例。也有的污染型企业通过产业链提升，对污染型工业链进行改造、淘汰或者升级，实现清洁化生产，减少能耗和废气排放。有的企业则是选择低碳新能源领域的产品开发，不再生产高能耗、高污染型产品。

（二）政府是低碳创新政策制定与实施的重要主体

政府在国家低碳创新体系中发挥了不可或缺的重要作用。波特明确指出，政府的首要任务是尽力去创造一个支撑生产率提升的良好环境，这意味着政府对有些方面（比如贸易壁垒、定价等）应该尽量不干预，而在另外一些方面（诸如确保强有力的竞争，提供高质量的教育与培训）则要扮演积极的角色[①]。

---

① 〔美〕迈克尔·波特：《国家竞争优势》，李明轩、邱如美译，华夏出版社，2002，第3页。

对美国、日本、德国等发达国家创新体系建设进行考察，可以发现，尽管它们都是市场经济国家，但政府并不是无所作为，而是在遵循市场规律的基础上发挥有效有为的积极作用。政府在国家创新体系建设中具有突出贡献，主要表现为政府为促进高科技产业发展所进行的创新投入和高科技产业投资，有效促进了高科技创新与产业应用，同时还制定了促进科技创新的重要政策和相关法规，对科技创新及其产业应用进行大量的政府采购、财政补贴、创新协调等，实现政府机制与市场机制的协同推进，有效提升了国家创新体系的能力①。加强低碳创新是实现绿色崛起、科技强国和建设创新型国家的必由之路。而保护和鼓励低碳创新的相关政策和制度创新则是国家低碳创新体系得以建立和运行的基本保障，是推动低碳技术进步最强劲的动力。没有政府职能的及时转变，没有政府构建的良好低碳政策环境，国家低碳创新体系就缺乏强大的政策保障和稳固的发展基石。在政府主导型的国家创新体系模式中，政府作用主要表现在多个方面：科技创新目标较为明确且代表国家或公共意志；政府是主要创新主体；凝聚全国的政治共识；在国家层面形成专门的制度，形成全国范围配置科技资源的体制机制；通常承担所有研究资金②。针对国家低碳创新体系构建而言，政府的作用更加突出。具体而言，政府在国家低碳创新体系中的作用主要表现为制定面向低碳创新的相关政策、完善创新配套设施、提供足够的研发投入和政策支持、推进低碳创新的相关资源配置等。

一是制定低碳创新的相关政策，加强市场监管。政府作为政策决策部门，在创新过程中主要是制定扶持政策，鼓励和引导创新。从中央到地方，各级政府部门加快制定和完善低碳创新、环境治理、生态修复、低碳发展等相关的配套政策，发挥激励性低碳政策的创新引导、活力激发、环境营造、市场培育等作用。低碳经济中的重大技术突破、关键性核心技术

---

① 王德华、刘戒骄：《国家创新系统中政府作用分析》，《经济与管理研究》2015 年第 4 期，第 31~38 页。

② 闫瑞峰：《科技创新新型举国体制：理论、经验与实践》，《经济学家》2022 年第 6 期，第 68~77 页。

研发、低碳产品的开发与生产，常常是单一企业、单一组织力量难以独立完成的，而且低碳产品生产、低碳市场培育、低碳技术研发具有高风险、长周期、高投入等特征，具有某些公共物品的属性，私有企业缺乏主动投资的利益驱动，政府应通过设计相应的政策措施以及低碳创新专项计划等，激励更多的企业参与低碳创新与低碳产品生产。内蒙古包头市实施节能减排科技专项，鼓励企业加强低碳技术创新，实现低碳发展[①]。包头市作为内蒙古自治区最大的工业城市，重视科技创新推进节能减排和低碳技术发展，实施节能减排科技专项，促进节能减排关键共性技术攻关和推广节能低碳新技术。内蒙古科技大学实施"白云鄂博尾矿混合浮选过程中矿物质高效分离回收工艺研究"项目，通过技术创新和工艺流程改造，提高矿石筛选精度和各种精矿回收率，从源头削减污染，提高经济效益和资源利用水平，保护和改善生态环境。包头稀土研究院与中国科学院长春应用化学研究所合作研究镍氢电池回收利用技术，实现低成本提取有价元素和再生有价产品，促进二次资源再利用，形成巨大的经济利益和生态效益，推动低碳性、循环性的二次电池产业链培育。此外，在政府相关节能减排项目带动下，包头市爱能控制工程有限责任公司研发了工业锅炉变频调速自动控制装置，大大提高锅炉燃烧效率，通过热工数学模型、计算机监控、闭环控制，实现精确供热控制，完成工业锅炉对给水、给煤、送风、引风等参数的自动控制，系列产品的节煤率高达 10%、节电率达 20%~40%、综合效率提高 10% 以上，取得了良好的经济效益、社会效益和生态效益。

政府应为低碳创新提供必要的财政政策扶持和科研经费支持。各级政府应制定鼓励性政策，进一步完善相应的创新投融资政策，为从事低碳创新、低碳生产的相关企业获取资金提供更加便捷的通道，为企业低碳技术创新与低碳发展提供重要激励政策，引导企业抓紧碳达峰碳中和发展契机加快战略转型，加快向低碳创新方向转变，不断提升企业低碳创新能力，

---

① 《包头市通过实施节能减排科技专项促进企业低碳发展》，《包头日报》2013 年 10 月 22 日。

加快构建并融合低碳创新链、产业链、价值链。

政府应制定低碳产业、低碳能源发展规划，进而推动产业和能源领域的低碳创新。在推动碳达峰碳中和的目标背景下，产业结构和能源结构在很大程度上决定了一个城市或地区的能耗与碳排放强度。一方面，推进生态文明建设、实现"双碳"目标，需要政府在产业转型升级、低碳产业培育等方面制定可行的产业和能源规划，进而依托产业结构和能源结构的优化升级，推动减碳降碳，实现绿色低碳发展。另一方面，绿色低碳的产业与能源规划和政策，能为企业在加快绿色转型和创新投入上提供良好预期，以产业转型和能源结构升级，推动低碳技术创新与产业应用，直接或间接地推动低碳技术创新。

低碳创新发展需要政府加强对市场的必要监管和维护。高污染、高排放的企业由于其环境保护资金投入较少，在不完善的市场中反而容易获得成本优势，如果没有有效的政府监管，很容易形成劣币驱逐良币的市场逆淘汰现象。因此，政府在低碳创新发展中，应加强面向低碳创新的市场治理与监管，维护良好的低碳市场发展环境，加大落后产能整治与淘汰力度，促进低碳环境企业优先发展。在低碳市场的培育和建设方面，需要政府维护良好创新环境，推动低碳产业发展的良性竞争，避免恶性竞争或者劣币驱逐良币现象的存在，为低碳发展提供公正、公平、公开、有序、高效的市场竞争环境①。

二是完善低碳创新发展的相关基础设施。政府部门要配套建设促进低碳创新发展的相关基础设施工程，为低碳产业发展、低碳企业创新提供必要的产业基础设施，为低碳技术创新提供低碳信息服务、低碳技术研发实验室、公共技术服务平台等。加快低碳发展的基础设施建设，是我国转变发展方式、发展低碳产业、推进生态文明建设、加快实现"双碳"目标的重要举措和基本保障。各级政府为低碳发展提供信息、能源、电信、水

---

① 张玎、林珊、赵颖婕：《政府在低碳产业发展中的作用——基于"钻石"模型理论的分析》，《学术界》2011 年第 7 期，第 208~216 页。

利等基础设施，以低碳发展为目标来推进低碳战略规划、低碳创新设计以及低碳生产标准，推进低碳清洁能源的基础设施建设，以及加快发展太阳能、风能、生物质能等多种低碳新能源①。

城市基础设施的建设与完善，大大降低了企业创新与运行成本，同时也能促进整个区域和国家的运行成本降低。加强与低碳创新相关的基础设施建设，有利于提高资源能源利用效率，降低创新交易成本，在推动低碳技术创新、减少环境污染、加强生态治理等方面具有重要意义。如从国家层面制定基础设施建设规划，强化各区域或城市供水、污水、雨水、燃气、供热、通信等各类地下管网建设和改造，加强城市排水防涝防洪设施、城市污水和生活垃圾处理设施、城市道路交通基础设施、城市电网、生态园林等建设，提升城市绿地蓄洪排涝、补充地下水等功能，不仅能提高城市资源能源利用效率和运行安全度，也能直接或间接降低企业创新成本。当前，随着新一代信息技术发展，国家应加快新型基础设施规划与建设。加快新型基础设施建设是确保经济稳定增长、发展数字经济、推动经济转型升级、打牢长远发展基础、实现高质量发展的重要举措②。新型基础设施是基于新一代信息技术的基础设施，承载着海量数据，需要加强各类数据资源整合，在数据交换、接口、开放模式、安全、归属等不同领域建立标准和规范。国家应加强总体规划和顶层设计，推进数据融合、共享与安全保障，为新一代信息技术创新提供支撑；推动传统产业的数字化和智能化改造，促进新型基础设施硬件建设与市场应用协同发展，为企业进行现代信息技术、智能技术、绿色低碳技术等创新提供配套设施和基础支撑。企业不仅能借助完善的基础设施系统提高生产与运行效率，也能在参与国家或区域节能减排、低碳技术创新中发挥重要作用。

三是整合低碳创新资源，营造低碳创新良好环境。要发挥各级政府特别是地方政府的资源整合与主导性力量作用，构建低碳创新的战略联盟，

---

① 杨传堂：《加快推动基础设施绿色低碳循环发展》，《人民日报》2015 年 11 月 24 日。
② 《新基建加速我国经济由大向强转变》，《人民日报》2020 年 4 月 8 日。

整合各类企业、大学和科研院所、中介服务机构、社会公众等创新资源。深化科研体制改革，充分利用科研院所及高校的低碳创新能力，创新组织形式与评价方式，实现资源与信息共享。同时，要发挥大学科技园的成果转化平台作用，促进科技创新与经济发展相结合，推进技术转让与低碳技术产业化①。政府通过目标设定、实施保障、提供辅助、组织与实施等手段，即创造良好的低碳创新环境、规范低碳创新行为主体活动、提供低碳政策和资金上的支持，促使各行为主体的健康发展和相互协调。低碳创新的目标设定是指制定、评价低碳创新政策及相关的国家低碳科技活动计划，与国家低碳产业政策等目标相一致，可促进低碳科技创新服务于社会生产和产业发展，实现低碳科技与经济的紧密结合。实施保障是为激励和刺激低碳创新发展设立一系列政策手段和创新机构等。提供辅助是国家对一些重大低碳科技创新项目采取由政府组织的方式予以实施。如通过制定国家低碳创新战略，确定绿色低碳领域的新兴产业和重点战略产业作为国家扶持的重点，提高企业低碳创新能力，推动国家低碳发展。

为有效整合各类创新资源，各级政府在国家低碳创新体系中，应加强全盘统筹与组织协调。如重视低碳科技人才培养、低碳科技基础研究、企业低碳技术创新、面向低碳科技的产学研合作等，增加面向绿色低碳科技的国家创新投入，设立重大低碳科技创新基金，加强低碳创新人才培养和低碳基础知识研究，综合运用研发投入、税收减免、财政补贴、绿色采购等多种手段，完善国家低碳科技创新链与产业链，整合国家的低碳科技创新力量，构建全国性的低碳技术创新网络与平台。从中央到地方各级政府应围绕国家重大低碳科技研发、关键性低碳技术突破及其成果转化与低碳技术产业化等加强组织、协调、政策引导，促使国家低碳创新体系的各个要素相互作用，发挥各自优势，推进低碳创新顺利进行。从一定程度上来说，政府是低碳科技创新的发起者、组织者、推广者、监督者，通过资金

①　黄庆：《高校要融入区域创新体系》，《中国教育报》2008 年 11 月 3 日。

投入、低碳科技计划、低碳政策制定、培育低碳市场等手段、推动国家低碳科技创新与低碳技术进步，探索面向绿色低碳创新与发展的财税支持方式，建立政府公共引导基金，健全多层次财政补贴体系，提高税收绿色低碳化水平，征收环境资源税和环境补偿税，推动企业积极研发低碳技术，完善绿色低碳技术资本市场和融资机制，完善绿色信贷政策，鼓励开展碳金融产品创新，开展节能量交易、碳排放权交易、可再生能源交易等多样化试点①。要通过资源整合，不断满足低碳市场需求，引导企业加强低碳技术研发、应用和低碳技术产品生产，促进企业与企业、企业与大学和科研院所、企业与社会组织等资源整合，共同促进产业发展和相关政策实施。

（三）大学和科研院所是低碳知识创新的主体

低碳创新是关于低碳科学知识、低碳技术知识的创新与生产过程，没有低碳的科学知识和技术知识，就很难有低碳技术领域的重大创新与突破。低碳科学知识是低碳技术知识发展的重要基础，是人类对低碳的客观世界的认识和理解。人类从自然运行规律出发思考和探索社会经济发展模式与路径，从人与自然和谐相处的内在规律出发探索更加绿色低碳的技术路径和创新模式，进而选择更加符合自然规律的低碳化的经济社会运行模式。关于人与自然和谐的低碳化的知识认识与机理探索，需要大学、科研院所等深入研究。科学知识的生产具有公益性，依靠企业特别是私营企业很难完成，需要公益性的大学和科研院所承担这一责任，因此大学和科研院所是低碳知识创新的重要主体，也是低碳科技人才培养的重要主体。中国大学和各类科研院所应在绿色低碳科技创新领域发挥重要主体作用。大学的科技创新资源丰富，拥有先进的研究设备和设施，具有崇尚科学的创新精神，在应对全球气候变暖、治理环境污染、保障生态生物安全等方面可发挥重要的知识创新、科学创新和人才培养作用（见表4-2）②。大学和科研

---

① 唐宇文：《加快构建绿色技术创新体系》，《经济日报》2018年2月8日，第15版。

② 杨路：《我国高等学校创新体系建设研究》，东北大学出版社，2009，第52页。

院所从事低碳领域的基础研究和应用研究,并通过政产学研联盟,加强与政府、企业等部门合作,促进低碳科学技术的成果转化与应用,实现低碳创新的商业价值与社会效益。大学和科研院所是低碳知识创造源、低碳技术扩散基地、低碳科技孵化器、低碳技术人才培养和智力支持平台。

表 4-2 对大学创新主体的认识

类别	名称	子系统	主要功能
主体要素	大学创新主体	基础研究基地	知识创新:从事知识生产、培养高层次创新人才
		科技创新成果工程与转化平台	开展应用研究、开发研究,培养创新人才,促进科技成果工程化和高新技术产业化,创业企业孵化
		科技创新要素配置、R&D 人员激励机制、创新文化建设	主要为高校创新体系的创新活动提供所需的资源条件、动力和适宜创新活动发生的"土壤"——知识场
	支撑主体	科技中介	推动科技知识在创新体系内部各主体之间的流动
	服务主体	公共服务平台	提供资源、大型精密仪器设备、信息、数据、优良环境等方面的共享服务
	国家级研究机构与基地	与高校创新主体的子系统相似	科技创新与创新人才培养
客体要素	科研项目	科研任务或自由探索	为科技创新活动提供载体或对象,是联系各高校集成创新的纽带
环境要素	政府	政府部门系统	主要为高校的创新活动提供外生的制度条件、良好的政策环境,以及为科技创新投入并进行积极的引导和调控
	企业	企业群体	科技创新投入的主要提供者、科技创新成果的主要需求者、科技创新产出的受益者
	市场	市场机制	对高校创新体系的建设与运行产生导向和约束作用
	国际联系	国外高校、研究机构	国际交流与合作的广度和深度决定着高校创新体系的开放程度,影响着高校创新体系的创新速度与能力

（四）中介服务机构是国家低碳创新体系的重要桥梁

中介服务机构作为重要的科技创新与产业发展服务部门，在促进政产学研互动中发挥了重要的中介桥梁作用。中介服务机构和相关服务组织在促进科技成果向现实生产力转化中发挥黏合剂功能，通过有效的服务和组织链接政府、大学和科研院所、企业以及社会公众等各个利益主体，推进了国家创新体系建设与完善，传播了科技创新信息和知识[①]。各类中介服务机构特别是科技中介组织，有效地整合了各类科技创新资源，延长和完善了创新链条，完善和整合了产业链环节，增强了科技创新的经济价值和社会价值。中介服务机构是国家低碳创新体系的重要组成部分，如服务于大学和科研院所、企业等低碳科技创新需要，加强低碳技术推广与应用，促进低碳科技成果转化，开展低碳科技评估、低碳科技创新资源配置、低碳科技咨询等各类专业化服务，实现了低碳科技与经济发展的紧密结合，推动了低碳科技发展进而实现价值创造。可以说，中介服务机构在国家低碳创新体系构建中发挥承上启下、沟通协调的重要中介服务作用，是推动低碳科技进步、低碳技术扩散、低碳技术价值实现的重要桥梁。中介服务机构特别是低碳科技类机构，以其专业知识、专门技能、专业服务为重要基础，依据国家科技发展规划、目标和市场机制，加强对大学和科研院所、政府、企业等各类资源的整合，实现低碳创新供需对接和上下游产业链接，进而推进低碳技术创新及其成果转化与应用，实现国家低碳创新体系的整体功能，加速创新体系内部各利益主体的良性互动与沟通协调，对系统内部各环节的薄弱环节进行补链、补短板，又吸引和集聚系统外部资源推进低碳创新体系的进一步完善和竞争力提升，实现低碳创新功能的效益最大化。中介服务机构以其中立性、公正性、权威性、服务性等特征服务于国家低碳创新体系建设[②]，其对国家低碳创新体系内各主体的作用主

---

① 曹洋、陈士俊、王雪平：《科技中介组织在国家创新系统中的功能定位及其运行机制研究》，《科学学与科学技术管理》2007年第4期，第20~24页。

② 朱伟娟：《论国家创新体系与科技中介组织》，浙江工业大学硕士学位论文，2007，第40~48页。

要表现在以下几个方面。

一是为企业低碳创新提供专业化知识服务。中介服务机构服务于企业低碳创新活动，以其拥有的特殊信息、专业化服务填补了企业低碳创新的某些不足或空缺，如为企业提供供销双方的技术、市场信息，降低低碳技术转让的信息、技术、管理、融资等交易成本，加速低碳科技成果转化与应用。对于科技型中小企业而言，完善的中介服务机构为中小企业提供了更多的低碳创新服务，如低碳技术信息、低碳技术咨询和低碳技术转让服务，大大降低了中小企业的信息、融资、法律等成本。中介服务机构在沟通低碳技术创新知识、促进创新利益关系协调、整合低碳创新资源、推动低碳科技成果应用、保护低碳科技知识产权等方面发挥了重要的桥梁作用。

二是为政府低碳创新政策实施提供重要服务。中介服务机构在国家低碳创新体系建设中，在一定程度上有利于加快政府职能转变，促进低碳创新资源优化配置，提高政府服务能力和办事效率。中介服务机构以沟通政府与企业的桥梁角色，帮助企业在低碳技术创新中争取更多的政府政策、财政和研发投入等支持，以技术优势和智力资源为基础及科技与经济相结合的纽带作用，加速低碳科技成果转化，进一步推进低碳科技进步、推动低碳经济发展。

三是为高校和科研院所提供信息对接和产业化服务平台。中介服务机构为大学和科研院所的低碳创新成果提供重要的对接和转化平台，也为低碳技术创新活动提供重要的市场需求信息和各类创新性知识的交流机会，为低碳科技创新成果转化为现实生产力、为低碳知识生产和创新提供持续动能。中介服务机构打通了高校、企业、政府、市场等沟通和协调的各个环节，通过提供更加专业化的低碳创新综合服务，促进低碳创新要素的有序、合理流动，实现低碳创新要素资源的优化配置。中介服务机构所建立和培育的低碳技术市场、低碳人才市场、低碳风险资本市场、低碳技术产权交易市场等为国家低碳创新体系提供了技术、人才、资金、信息等各类服务，为各要素整合发挥了不可或缺的纽带和桥梁作用。

二 创新资源：低碳技术创新的条件要素

创新资源是指国家低碳创新体系中的各种资源，包括低碳技术创新所需要的各种投入，如人力、物力、财力等。创新资源是科技成果转化和重大关键技术突破过程中涉及的人才、资本、技术、平台等资源的总称，是最能体现国家或地区综合竞争力的战略资源①。低碳创新所需要的各种资源是有限的。国家低碳创新体系是一项系统工程，需要各方面的投入和资源支撑，缺乏任何一种资源都很难保障低碳技术创新的顺利推进。创新资源可分为基础设施等硬性资源和人才资源、信息网络等软性资源。

硬性资源包括国家低碳技术标准、低碳知识库、低碳创新信息网络、低碳科技图书馆、大型低碳科研设施等。国家低碳技术标准是指服务于低碳技术研发的各类标准，是针对标准化领域中需要协调统一的低碳技术事项所制定的，包括基础标准、产品标准、工艺标准、检测试验方法标准以及安全、卫生、环保标准等。低碳知识库是基于低碳知识的系统集成，是知识系统对实际问题进行低碳知识求解的核心部件。低碳知识库中的低碳知识是高度结构化的符号数据，是根据低碳科技应用领域特征、背景特征、使用特征、属性特征等构成的便于利用的、有结构的组织形式。低碳知识库中的相关低碳知识具有层次性，最低层是低碳领域的"事实知识"，中间层是用来"控制事实"的低碳知识，最高层次是应用于解决现实低碳问题的具体策略或规则。低碳知识库围绕低碳技术创新，对有关低碳技术的信息和知识进行大规模的收集、汇集、整理、加工，按照一定方法进行分类保存，并提供相应的检索手段，使大量隐含知识被编码化和数字化，从而使低碳信息和知识从混乱状态变得有序。低碳知识库将各类有关低碳发展的技术信息和低碳知识有序化归类和组织整理，加快低碳知识和信息的自由流动和交流共享，降低低碳技术创新成本，加快低碳技术创

---

① 林先扬、谈华丽：《粤港澳大湾区聚合全球创新资源建设国家创新体系模式探析》，《岭南学刊》2019 年第 5 期，第 49~55 页。

新进程，是国家低碳创新体系的重要组成部分。低碳创新信息网络、低碳科技图书馆、大型低碳科研设施等一般是由国家或代表国家意志的机构建立的公共性低碳科技基础设施，特别是有关重大低碳科技创新的信息网络、科技图书馆、科研设施等是低碳技术创新所必需的重要条件。

软性资源包括低碳人才、低碳知识、专利、信息资源和资金等。低碳人才包括低碳技术人才和有关低碳发展的管理服务人才。国家低碳创新体系的核心是低碳技术创新，离不开专业的低碳技术人才作为支撑，需要大量的低碳领域的复合型、国际化顶尖创新人才开展前瞻性、系统性的低碳科技研发，推动低碳技术的成果孵化，也需要服务于低碳创新产学研一体化的各类管理人才、服务人才等。低碳知识、专利、信息资源均是低碳知识库、低碳创新信息网络等所必需的重要内容。此外，足够的低碳创新资金则是保障低碳创新活动实施与持续的关键资源。低碳创新资金需要国家、各级地方政府、企业、社会资本等多方面的资源整合。

三　创新政策：低碳技术创新的制度保障

创新政策是指鼓励和促进低碳技术创新的制度环境。推动低碳科技创新的各种法律法规和政策制度，既包括为促进低碳技术创新而制定的各项专项创新政策，也包括促进低碳创新的科技、财政、税收、产业、教育等方面的政策。低碳创新政策制定的主要目的是纠正市场机制造成的低碳创新活动的某些偏差，营造更加科学有序的低碳创新氛围，提高国家低碳创新能力和企业活力，提升低碳技术竞争力。比如，为实现碳达峰碳中和目标，国家制定了"1+N"政策体系，构建从宏观到中观再到微观的政策框架，进一步提出了引领绿色低碳发展的规划、区域布局、法律法规以及政策机制等。有效的政策体系可增强绿色低碳发展的创新动力，推动碳达峰碳中和目标的实现。由于低碳创新是外部性比较强的创新过程，特别是面向低碳科技的基础性研究是没有直接收益的，前期研发投入比较大，在市场经济条件下，企业很难有动力进行没有直接经济效益的低碳科技基础研究，需要国家承担起组织、资助低碳科技基础研究的重任，通过政策手段、有效制度保障低碳创新研究。

从广义上理解，低碳政策包括各项制度安排。演化经济学家更加重视制度的重要意义，甚至从制度的视角对创新体系进行界定，认为制度因素是国家创新体系的核心因素。理查德·纳尔逊更认为创新体系是促进创新的一系列制度的集合，主要包括企业、研发实验室等市场制度，大学、公共研究机构等非市场制度。这些都是支持创新的正式制度，被界定为"社会技术"，与创新技术具有同等重要的作用。正式制度对创新具有重要的影响。伦德瓦尔研究认为，正式制度在创新体系中不可或缺，与此同时，习俗、惯例等非正式制度在创新体系构建中同样重要。对于发达国家而言，相关创新体系的制度建构与制度安排相对完善和成熟，正式制度与非正式制度的互动保障技术创新的持续推进，有效提升了国家的创新能力和竞争力。发达国家经过多年的技术创新演进和制度变迁，形成了相对完善的制度体系，其技术也往往处于世界领先地位。但对于发展中国家而言，国家创新体系建构相对较晚，技术竞争力差，制度供给滞后或不够完善，只能通过学习、模仿、追赶等手段不断提升技术能力[①]。对于中国等发展中国家而言，构建国家低碳创新体系，既要解决技术创新问题，又要解决环境治理问题，需要不断学习、借鉴发达国家在技术创新、制度创新等方面的成功经验，也要规避发达国家在创新方面的教训与不足，更要重视自身政策创新、制度创新的供给问题。应通过强化政策创新、制度建设，特别是加强低碳技术创新的知识产权保护与制度实施，形成低碳创新的良好预期，促进国家低碳创新体系建构与发展。

此外，加快国家层面的低碳科技基础设施建设，能够为低碳科技创新提供保障，加快低碳产业发展和低碳市场培育，为低碳科技创新及其成果转化与产业化发展打通渠道，鼓励和引导低碳创新活动，如政府资助重大低碳科技研究与开发项目、政府采购低碳科技产品。低碳创新政策还包括

---

① 张海丰、李国兴：《后发国家的技术追赶战略：产业政策、机会窗口与国家创新系统》，《当代经济研究》2020年第1期，第66~73页。

直接鼓励和间接支持低碳创新的政策工具体系。直接鼓励政策是通过经济手段对低碳创新行为进行物质鼓励，一般通过财政、金融等政策手段来进行。间接支持手段则包括培育低碳创新环境、加强低碳科技设施建设、完善低碳科技中介服务体系、加强低碳知识产权保护、培育低碳产业体系等。

四　市场环境：低碳技术创新的需求导向

良好的市场环境是国家低碳创新体系构建和发展的前提条件。国家低碳创新体系要以满足低碳市场需求、适应低碳市场环境为基本导向。市场需求是创新构思、创新目标实现的动力之源。市场环境的好坏影响创新水平提升。推进低碳科技创新，要服务于低碳市场需求，不断挖掘低碳市场内需，激活低碳市场潜力。市场环境是低碳科技创新活动所关联和面对的社会经济环境，这些环境是低碳创新不可缺少或不可控制的重要因素，如经济技术、政治法律、社会文化、自然地理、市场竞争等。市场环境的快速变化将给创新者带来市场机会和发展机遇，如强大的低碳消费市场需求将引导更多企业生产低碳产品，鼓励企业加强低碳技术研发和创新，而衰弱的低碳消费市场对低碳创新产生威胁，弱化企业从事低碳生产与研发的积极性。政治法律环境是指低碳创新面临的外部政治形势、政治状态、政治制度、各项法律法规等。经济技术环境是指低碳创新所需要的社会经济条件，包括产业结构、交通运输条件、资源状况、技术成熟度等。

当前，以电子技术、信息技术、新材料技术、生物技术等为主要特征的新技术革命，加快了传统高能耗产业的转型升级，一定程度上推进了低碳技术研发和低碳市场培育。特别是一些新材料、新产业、新模式本身也是低碳化创新发展，是低碳创新的重要内容。这些技术发展为低碳创新营造了良好的市场需求环境和重要的技术基础。而低碳创新的社会文化环境则是对低碳创新及其相关活动的社会认可，包括认同、鼓励、参与低碳创新的各种价值观念、精神信仰、生活习惯、消费模式、文化传统、社会风俗等。此外，自然地理环境、市场竞争环境包括气候特征、季节变化、自然资源、地理位置、低碳市场竞争等均对低碳创新产生重要影响。要使低碳创新得到有效推进和转化，就需要发挥市场在低碳创新资源配置中的基础性作用。市场环境对低碳创新主体活动产生重要影响，而国家市场体制的完善程度、制度规范、政策执行效率、责任追究等状况，直接影响到创新主体及其创新活动的规模与效益。

五　国际联系：低碳技术创新的全球化资源整合

国家低碳创新体系代表国家在低碳科技创新与竞争中的综合国力和国际影响力。但国家低碳创新体系的要素流动并不局限于一个国家或地区。从国家层面来看，国家低碳创新体系离不开全球性的高科技人才支撑，需要从世界各地引进优秀的科技人才为我所用，与此同时，需要利用全球市场，推动重大低碳科技创新成果转化与应用，造福全人类。国家低碳创新体系是需要整合全球资源的开放性创新系统，国际联系及其影响程度也将影响国家低碳创新体系的构建及运行功能。重大低碳技术突破与攻关也离不开国际资源的全球化整合与重要信息、优秀人才的多方面联系。随着全球化进程的推进，一个国家的发展离不开整个国际环境的支持。低碳科技创新本身也是应对全球气候变暖的技术突破，需要全球资源的整合与世界各国的共同参与和创新合作，而不是局限于一个国家或地区的力量。因此，国家低碳创新体系的构建，既要加快"引进来"，积极学习发达国家的低碳发展经验与低碳技术，加强低碳技术领域的合作与交流，也要通过国际联系，加快"走出去"，深入推进绿色"一带一路"建设，加强全球资源整合和技术研发合作与产业布局，强化低碳技术全球传播与扩散，促进低碳技术产业化与国际化发展，造福全人类，加快构建人类命运共同体。国家低碳创新体系是开放条件下的低碳自主创新系统，既要不断吸引全球的低碳科技知识、低碳创新人才、低碳创新资源，整合全球低碳资源实现重大低碳技术突破，又要坚持自主创新，强化积累自身的低碳技术基础、低碳技术创新能力，实现开放发展与自主创新双轨交互的低碳创新演化。

国际联系的重要地位，充分彰显构建开放的国家低碳创新体系的重要战略意义。中国改革开放40多年来，坚持自我革新与对外开放两条腿走路，在技术引进与自主创新方面取得了举世瞩目的成绩，探索出开放、互动、合作、多赢的大国创新道路，实现发展中大国技术学习、技术追赶、自主创新相结合的全球化创新发展。中国构建的开放的国家创新体系已经成为全球创新体系的重要组成部分。在国家低碳创新体系构建中，同样需要选择开放的全球创新战略，在绿色低碳技术、低碳产业发展、全球低碳市场培育等方面加强国际联系与合作。应面向绿色低碳领域，特别是碳达峰碳中和目标实现，推动全球化的低碳科技创新合作与深度互动，既从全球低碳资源网络中吸取养分，又向全球低碳知识体系做出中国贡献，履行发展中大国的低碳创新责任，共同推动全球低碳创新发展，协同构建人与自然和谐共生的地球家园。从全球开放创新的视角考察，中国的国家创新体系中既有华为、腾讯等民营企业作为"创新领军者"，也有高铁、航天、电网等领域大型国有企业作为"创新骨干"，还有在互联网、信息技术、新能源等领域一大批由海归创业和风险投资推动的"创新颠覆者"，更有像西门子、微软这样在中国建立研究院、实验室的"跨国创新者"。中国国家创新体系树立开放发展理念，充分利用了自主创新和国际资源两种资源，也充分利用了本土市场和全球市场两种市场，实现了许多重大科技领域的进步与突破。在国家低碳创新体系构建中，需要继续发挥这两种资源、两种市场的力量，加强国际联系，推进低碳技术的全球化传播与产业布局，提升中国在低碳技术领域的国际竞争力。

在构建人类命运共同体、建设"一带一路"等国家重大倡议实施中，要积极强化国家低碳创新体系建设的国际联系，重视整合全球创新资源。人类只有一个地球，各国共处一个世界。习近平总书记指出，国际社会日益成为一个你中有我、我中有你的命运共同体。当今世界政治多极化、经济全球化、文化多样化和社会信息化潮流不可逆转，国际联系日益加深，但也面临全球气候变暖、旱灾、火灾、蝗灾、重大传染性疾病等非传统安全问题所带来的诸多严峻挑战，迫切需要世界各国人民形成共识，携手共建人类命运共同体。应从构建人类命运共同体高度，积极开展大气污染防治、生态环境治理、生态生物安全防控等国际创新合作，承担关系人类命运的共同责任。中国建设国家低碳创新体系，既要坚持低碳技术领域的自主创新，提高核心技术竞争力，提高在全球绿色低碳领域的话语权和引领力，又要加强与"一带一路"沿线国家和地区开展广泛合作，充分吸收和借鉴国际先进的绿色低碳、节能减排技术，有效帮扶欠发达地区或发展中国家开展节能减排，促进绿色转型与低碳发展，使中国国家低碳创新体系在广泛的国际合作与联系中，实现互惠互利、共赢发展，共同应对全球气候变化，推进全球生态治理，共同构建绿色低碳的美好家园。

第二节　国家低碳创新体系的结构-功能框架

国家低碳创新体系是由多个要素组成并相互作用形成的完整功能体。其结构要素、功能和框架的综合运作及相互作用表现如下：国家低碳创新体系的构成要素与功能的运行为低碳科技基础研究、共性技术研究和专有低碳技术研究提供充分保障，低碳创新主体分别发挥知识创新、技术创新、知识传播、知识应用等功能，主要包括低碳创新资源供给与配置、低碳创新政策与制度建设、低碳创新服务平台建设、低碳创新执行与绩效评估等。这就形成了国家低碳创新体系的结构-功能互动的基本框架，如图4-2所示[1]。

一　低碳知识创新系统：面向绿色低碳发展的原始创新

"知识创新"概念，最早出现在美国著名战略专家艾米顿 1913 年的专著《知识经济的创新战略：智慧的觉醒》（*Innovation Strategy For The*

---

[1]　李蜀湘、陆小成：《国家低碳创新系统的构建：应对气候变化的道路选择》，《中国科技论坛》2011 年第 12 期，第 15~20 页。

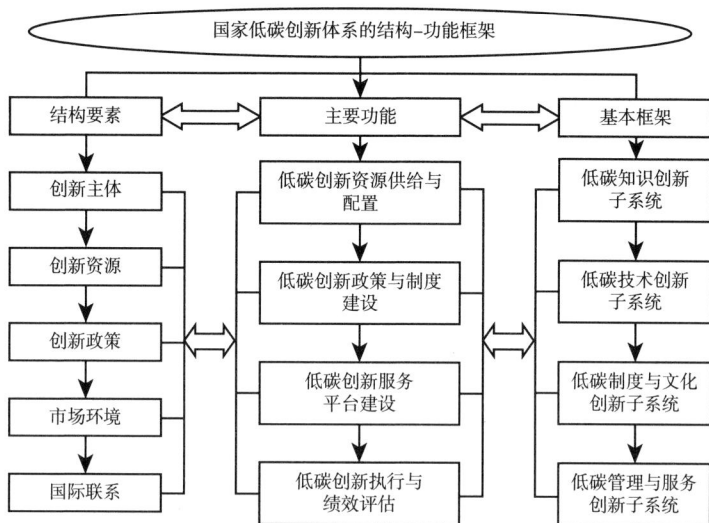

图 4-2 国家低碳创新体系的结构-功能框架

Knowledge Economy：The Ken Awakening）中，这一概念的出现自然与时代背景紧密相关①。知识创新是对新思想的创造、演化、交换和应用，并使新思想转变成市场化的商品和服务②。1998 年初，党中央、国务院批准中国科学院实施知识创新工程，加快建立国家创新体系。知识创新是指通过以基础研究和应用研究为主体的科学研究，获取全新的基础科学和技术科学知识的创新过程。知识创新系统的核心是科研机构（包括国家科研机构和部门科研机构）和科研型大学，还包括其他高等教育机构、企业科研机构、政府部门和起支撑作用的基础设施等③。知识创新是基础，探索新的规律，并将此应用到新的领域，具有独创性、系统性、风险性、科学

---

① 〔美〕戴布拉·艾米顿：《知识经济的创新战略：智慧的觉醒》，金周英等译，新华出版社，1998。

② 李洁：《以知识创新引领创新驱动发展战略》，《中国党政干部论坛》2018 年第 7 期，第 66~69 页。

③ 钟荣丙：《国家创新体系的系统构成及建设重心》，《系统科学学报》2008 年第 3 期，第 59~64 页。

性和前瞻性等特征①。知识创新在于知识层面的追求新发现、探索新规律、创立新学说、创造新方法、积累新知识。可以说，相对技术创新而言，知识创新是基础、源头，是获得新知识、新技术、新发明，是推动国家科技重大进步与经济高质量增长的革命性力量与源泉，为人类文明进步和社会发展提供不竭动力。

国家低碳创新体系建构中，离不开重大的低碳知识创新和基础理论创新。低碳创新离不开基础性的低碳科学知识作为重要支撑。缺乏基础理论根基的低碳创新难以实现根本性的变革和持续发展。低碳知识创新是低碳技术创新的理论基石，是低碳新技术、低碳新发明的核心源泉，是推进低碳科技进步、低碳经济发展的关键引擎。没有重大的低碳基础知识创新，低碳技术创新就会缺乏深厚根基。低碳知识创新是指通过关于绿色低碳的科学研究，包括低碳科技基础研究和低碳科技应用研究，获得新的低碳基础科学知识和低碳技术科学知识。我国实施创新驱动发展战略，应对全球气候变暖、污染防治和生态文明建设的各种挑战，必须立足国情，加快构建国家低碳创新体系，需要在绿色低碳领域的知识创新、原始创新上下功夫，加快构建低碳知识创新子系统，充分发挥低碳知识创新的引领作用。国家低碳创新体系的构建离不开基础性、理论性的低碳知识生产与创新。低碳知识创新致力于从基础理论、基本原理、基础科学的高度进一步追求实现人类社会节能减排、绿色低碳发展的重要新发现，探索低碳科技发展的新规律，提出低碳科技的新理论，发明低碳科技的新方法，积累低碳科技的新知识。

国家低碳知识创新系统主要由与低碳知识的生产、扩散和转移相关的机构与组织构成，以国家级大学、科研院所、国家重点实验室等为主导。从中央到地方各级政府、各类企业、大学和科研机构、中介服务机构等围绕低碳科技领域进行交互作用，形成推动低碳知识创新的知识网络系统，

---

① 王健聪：《基于国家创新体系的知识创新能力提升研究》，《科学管理研究》2017年第5期，第9~12页。

构建国家低碳创新体系的重要基础。国家低碳创新体系建设要高度重视国家层面的低碳知识生产与创新，重视科研"国家队"的低碳知识创新能力建设，包括北京大学、清华大学、中国科学院、中国社会科学院以及其他教育部直属的全国重点大学等科研力量，应从重大理论问题研究、重大知识生产等战略高度，推动国家低碳知识创新与进步，为国家低碳技术创新提供重要理论基础和重大理论突破。

国家低碳知识创新系统包括低碳知识积累、低碳知识配置、低碳知识生产等基本要素。低碳知识积累也可以被称为低碳知识储备，是一个国家或地区拥有的关于低碳知识生产、低碳知识流动、低碳知识使用等所有知识的总和，是国家低碳创新体系的知识基础，体现低碳知识储备的广度和深度，彰显国家在低碳科技进步、低碳科技创新、低碳科技竞争中的软实力。低碳知识配置主要是指低碳知识的流动与优化配置，低碳知识创新需要通过低碳知识的流动、扩散与配置，提升知识配置力（Knowledge Distribution Power），为低碳知识创新提供重要基础。知识配置力即一个系统向创新者及时提供渠道，使其获得相关知识储备的能力。国家低碳创新体系的知识配置力比知识生产更为重要，主要包括低碳知识在大学、科研院所和产业界之间的配置，低碳知识在市场内部以及在供应者和使用者之间的配置，低碳知识的再利用和知识的组合，低碳知识在分散的研究开发项目之间的配置以及两用知识（军用和民用知识）的流动与资源利用。低碳知识生产主要体现的是人们通过知识积累、知识配置以及脑力劳动创造出新知识的过程，是在已有低碳知识的基础上发现新低碳知识的过程。

二 低碳技术创新系统：面向绿色低碳发展的技术研发

低碳技术创新系统相对于低碳知识创新系统，表现出创新内容、方向等的区别。低碳知识创新表现为人类社会认识低碳领域的自然世界，探索低碳客观真理，揭示低碳事物本质、低碳发展规律的各类低碳科学知识，是人类改变传统高碳生产生活方式、寻求低碳生产与生活的行动指南。而低碳技术创新的主要目标是发展低碳生产力，是实现由高碳向低碳转变的各类手段与工具的总和，更多表现为将低碳科学知识转化为多种低碳技术设施、低碳工艺手段，从相同的低碳原理中做出多种类型的低碳设计方案，进而实现低碳知识的社会化应用与技术转化，提升低碳生产力。低碳知识创新与低碳技术创新均服务于低碳创新目标的实现，展现出高阶知识与低阶知识、一元知识与多元知识创新融合和实现的过程。

低碳技术创新系统更多服务于市场需求和社会应用。从事低碳技术创新的核心机构是企业，也包括鼓励和参与低碳技术创新的政府、大学和科研院所，它们组织低碳科技攻关力量从事重大的关键性低碳技术攻关与研发，包括国家实施的星火计划、火炬计划、国家重点科技攻关项目、高技术研究发展计划（863计划）和国家自然科学基金等均可以鼓励和支持低碳技术创新。要加快构建以企业为主体的低碳技术创新体系，充分发挥低碳经济、低碳科技、低碳创新等政策的有效引导和持续扶持作用，鼓励更多的企业参与低碳技术改造和低碳技术创新，鼓励企业重视提升低碳技术的自主创新能力，真正成为低碳技术研发投入主体、低碳创新主体和低碳技术应用主体。以上海通用汽车为例，该公司重视工艺流程改进，不断提高技术创新能力，加快构建低碳技术创新体系，以市场为导向，以柔性化生产线为基础，采取规范的采购系统、严密的物流配送系统及实行以客户为中心的客户关系管理，快速应对外部环境变化。"多品种、小批量"的定制生产方式不断提高生产效率，减少了资源能源消耗，满足了不同用户多样化的市场需求。通用汽车公司依托技术创新，具备先进的外形设计、整车架构以及强大的驱动系统开发能力，大大提高企业竞争力。该公司还重视利用新材料、电动化、智能网联等先进的低碳技术，为消费者提供全新驾驶体验，不断响应和满足市场需求。低碳技术创新系统是面向低碳市场需求、以企业为主体的技术创新系统，许多企业重视与大学和科研院所等机构的合作，建立强大的低碳技术创新共同体，更好应对低碳市场竞争和外部环境变化。

三　低碳制度与文化创新系统：低碳技术创新的软环境支撑

新制度经济学理论认为，制度是用来规范和约束人们行为的相对稳定的规则要求，是有利于减少社会结构中人们交往风险、不确定性的重要安排。相对稳定的制度安排能形成相对稳定的利益预期，从而鼓励人们选择制度所要求的行为，确保在社会行为互动中增强信任、减少风险、降低成本，促进人们利益目标的实现。但制度也会随着外部环境的变化而变化，这种变化将形成新的利益格局和规则体系，使传统的制度成本与收益形成非均衡格局，对传统利益均衡状态形成冲击，这时候就需要新的制度供给，即制度创新得以存在和发展。诺斯指出，受经济规模化、交易成本下降、风险可预知等因素影响，制度主体的预期收入增加，这意味着制度创新所带来的收益可能大于原有收益或成本，进而鼓励制度主体进行创新。戴维·菲尼认为，制度创新是制度环境内的各利益主体综合多方面利益得失综合判断和共同认知所形成的行为结果①。

相对于技术创新而言，制度是创新的重要影响因素，是技术创新的基石。好的制度促进创新，不好的制度阻碍创新。制度创新也属于创新的重要内涵，包含制度创新和创新制度。制度创新是对制度本身内容及其规定的调整和变革，通过制度创新进一步释放创新活力，增强创新动力，实现创新目标。创新制度是指创新管理活动中所形成的与创新精神、创新价值观等意识形态相适应的制度、规章、条例、组织结构等。制度本身的创新也是国家低碳创新体系构建的重要内容，是低碳创新区别于技术创新的重要方面。低碳制度创新是以政府为核心力量，通过现行政策体制的改革，加强面向低碳技术的相关政策、制度创新，为低碳技术创新提供合理的制度安排。低碳技术创新和低碳制度创新是相互依存、相互促进的互动关系，有效的低碳技术创新能够引发低碳制度创新和降低制度创新的成本，科学的低碳制度创新则会为低碳技术创新创造条件。低碳文化创新系统是

---

① 王欢：《试论制度创新的动力结构》，《新西部》2020 年第 3 期，第 85、74 页。

将低碳技术创新与文化体系相融合，构建一种创新文化体系，它是整个文化体系为寻求一系列共同的低碳社会经济目标，并将低碳创新作为变革和发展关键动力的系统，其包括低碳创新的社会意识、社会心理、社会价值观、社会态度、社会伦理、生活习俗与消费模式等文化因素。低碳文化的形成与创新是促进国家低碳创新的重要心理机制。

四　低碳治理与服务创新系统：低碳技术创新的治理体系

低碳知识创新、技术创新、制度创新均需要有效的低碳治理与服务创新。加强低碳治理与服务创新是企业、政府、中介服务机构、社会组织等相关机构围绕低碳创新体系构建、低碳科技创新及其成果转化等开展的低碳创新服务与管理活动。低碳治理不同于传统意义上的低碳管理，其包括两个层面的内涵。一是低碳化的治理，这区别于传统高碳的粗放管理模式，即通过优化管理流程、减少管理环节、降低交易成本而开展的管理体制、机制、制度等方面的创新，通过低碳化的治理，实现节能减排与绿色低碳的管理格局。二是服务于低碳创新活动的管理与服务，即围绕低碳创新体系构建、低碳创新需求所开展的各方面体制机制创新与制度创新，增强创新动力与活力，消除各种障碍与"肠梗阻"，进而大大促进低碳创新绩效提升、促进低碳创新成果转化、促进低碳产业发展与低碳生产力提升等。

低碳治理创新及其提供的必要服务是对国家低碳创新体系运行效果进行合理评价的重要手段和工具。谁来从事低碳治理与低碳服务？从主体上说包括企业自身、政府部门，也包括各类科研咨询与服务机构，还包括法律、中介、信息、金融、社会组织等各类服务机构。构建完善的低碳治理与服务创新系统，是有效降低交易成本、减少创新风险、消除信息不对称、提供优质创新资源服务的重要基础与前提。

低碳治理与服务要提升国家低碳创新体系的整体效能。党的二十大报告明确指出，要提升国家创新体系整体效能。这一重要论断，为建立和完善国家低碳创新体系、加快实现人与自然和谐共生的中国式现代化、建设社会主义现代化强国提供了指南。创新体系整体效能的提升是一项国家层面的重大系统工程，是多个创新环节紧密配合、各种创新要素良性互动的协同结果。低碳创新过程是一个复杂的系统工程，仅仅靠企业或政府等单一主体的力量是无法完成的，越是在信息发达的现代社会，从事低碳领域的高精尖科技创新，越是需要更加专业化的分工体系。提升国家创新体系整体效能，不仅要求从系统论的角度强化"系统能力"，还要求适应知识社会的演进，实现创新体系的"代际转换"，形成适应知识、技术成为重要创新资源的新型国家创新网络①。低碳治理与服务创新为提升国家低碳创新体系整体效能提供了有效抓手。低碳治理与服务创新从国家竞争、全球竞争、体制机制创新的战略高度破解低碳新知识、新技术的生产与供给问题，要以绿色低碳理念、创新精神、开放态度和低碳战略为导向，加快体制机制变革，整合各方面的创新资源和力量，消除障碍，完善服务体系，提升创新动力与活力，促进国家低碳创新体系中不同创新主体及其相关行为之间的创新合作与协同，共同提高国家低碳创新体系的整体效能。要加快建设市场化、社会化、网络化的低碳科技创新服务体系，不断优化低碳创新管理与服务功能，推进国家低碳创新的治理能力和治理体系现代化。

第三节　创新驱动与低碳发展的耦合：
内在逻辑与动力机制

一方面，人类现代化进程因工业革命而不断提速，科技革命和技术创新推动世界经济快速发展，但在促进物质财富极大丰富的同时引发全球性的环境污染、资源能源消耗和生态危机问题，技术创新的双刃剑效应日益明显。如 20 世纪初期至中期发生的伦敦烟雾事件、洛杉矶光化学污染事

---

① 李正风：《提升国家创新体系整体效能：概念、逻辑与趋向》，《今日科苑》2023 年第 1 期，第 5 页。

件等严重警告世界，粗放型的高污染、高碳发展模式不可持续。实施国家创新驱动战略，推进绿色低碳发展，成为我国推动国家经济社会持续发展的必然选择。创新驱动加速技术研发及其进步，有效降低资源能源消耗强度，加强环境污染治理，提高能源利用效率，改善生态环境质量。另一方面，环保压力和绿色约束引导和激励企业转变生产方式，选择低碳技术，加大绿色低碳技术研发和低碳产品设计与生产的力度，不断提高创新能力和创新效率，进而减少污染物排放与生态破坏。因此从某种意义上说，国家低碳创新体系的构建是国家创新驱动战略与低碳发展战略的高度耦合，形成低碳技术创新的内在逻辑与动力机制。在发展理念层面，重塑创新驱动与低碳发展的内在关系，改变传统的以牺牲资源环境为代价的经济发展道路，涉及更深层的创新机理和低碳发展意蕴。

一　内外压力叠加与自主创新困境

我国经济社会发展进入新时代，发展模式从粗放型的高碳增长模式转变为集约型的低碳发展模式，从要素驱动转向创新驱动，转向以创新、集约为特征的新动能阶段，但存在内外压力叠加困境。

一是高碳排放的传统工业化压力。当前，个别地区、行业、领域存在碳排放强度居高不下、产业自主创新能力不强等问题，环境污染未能从根本上得到遏制和改善。我国新型工业化进程还在推进，处于中期或者中后期阶段，当前的产业结构、能源结构相对粗放，对资源能源消耗的需求比较大，不利于短时间内实现碳达峰碳中和目标。个别地方随着经济总量的不断扩大以及投资增长，污染排放还可能持续增长。不少城市或地区的产能过剩相对严重，以重化工为主导的产业结构引发资源消耗大、环境污染重、生产效率低等问题，加快这些产业的转型升级，提高传统产业的创新能力压力比较大。从传统外贸型、代加工型的低碳产业转向高科技型产业、低碳型产业需要付出较大的机会成本，许多地区仍存在以牺牲环境为代价寻求经济增长的惯性思维，难以提高低碳发展意识，难以提升保护生态环境的自觉性和主动性，加强技术创新特别是低碳技术创新的动力不足，低碳技术创新对工业化转型升级的引擎作用还没有充分发挥。由传统工业化道路向新型工业化道路转型，由传统高能耗、高碳排放型制造业向现代低能耗、低碳排放型的低碳、绿色、智能制造业转型，迫切需要发挥绿色低碳技术创新的作用。在产业结构、能源结构上推动绿色低碳创新转型，是应对传统工业化压力的必然选择。

二是高能耗高排放的粗放型城镇化压力。中国传统城镇化速度比较快，但产生了人与地分离、创新水平不高、质量提升难、城市环境污染严重等问题，非均衡发展格局也制约了城镇化进程。一方面，大量农村人口涌入大城市，短时间内因城市基础设施、公共服务供给不足，产生较大的生态环境压力，制约了城市创新能力提升。随着我国城镇化不断提速，大量农业转移人口进入珠三角、长三角、京津冀等特大城市群，也有相当一部分农民进入省会城市、地级市或县级市及乡镇发展，但这些人口的户口没有跟随其工作转移，他们不能享受到城市均等的公共服务，城镇化的基础设施也未能跟上。与此同时，城镇化过快，特别是受土地财政等影响，城市无序膨胀引发的土地与粮食安全、环境污染、生态恶化、交通拥堵、房价过高等问题，发生的城市雾霾、水体污染、土壤污染等现象严重制约了城镇化质量提升。另一方面，中小城市缺少必要的人才支撑和技术基础，基础设施、公共服务水平相对滞后，严重制约节能减排与低碳发展，低碳创新发展缺乏后劲。

三是全球气候变暖与生态环境治理的压力。我国作为发展中大国，面临经济发展与应对全球气候变化、履行减排国际责任等多方面压力。我国能耗强度大、环境污染较严重，备受国际关注，我国技术水平和环境标准低，受到国际标准限制，如中美贸易摩擦对中国产业发展形成一定遏制。中国作为发展中大国，需要承担一定的节能减排国际责任，但并不能与发达国家一样承担超越自身能力范围的责任。从整体上看，我国核心技术对外依存度高，创新力不足，使资源环境背负沉重压力。比如，我国稀土靠卖"土"为生，以较低价格将稀土出口到日本，日本通过技术深加工形成高价格产品再出口到中国，我国不仅没有挣钱每年还要付出高昂治理费。技术创新能力不足严重制约国家竞争力提升，引发严重的生态环境问题。我国主动提出碳达峰碳中和的"3060"目标计划，既体现了中国主动应对全球气候变暖、加强生态环境治理的决心与信心，也彰显了中国主动履行国际责任的大国担当。在这一背景下，只有加强低碳技术创新，加快构建国家低碳创新体系，才是破解发展难题的重要出路。

二　创新驱动与低碳发展的耦合逻辑

我国在新旧动能转换中，要破解内外压力和自主创新困境，就需要加快实施国家创新驱动战略，以低碳创新推动国家低碳发展，依托低碳创新发展破解内外压力，提升国家自主创新能力，这是国家低碳创新体系构建的内在逻辑与核心要义。

一是基于资源环境约束与经济技术低碳发展的耦合逻辑。传统经济技术发展是在粗放型经济增长和低端技术基础上进行的，这种增长和低技术路径逻辑导致对资源能源消耗过度依赖，以牺牲资源环境为代价获得短期内的经济快速增长，技术含量不高导致更多的浪费和资源能源消耗、环境污染。破解这种传统发展路径依赖惯性，需要以创新和低碳两大元素为基石选择新的发展路径或模式，就是要构建环境友好、资源集约的低碳创新型发展范式。构建国家低碳创新体系就是这种逻辑的产物。

二是基于发展生产力与保护生态环境的耦合逻辑。科技是第一生产力，进一步解放和发展生产力、释放生产力的活力必须依靠创新驱动，必须通过重大技术突破，满足新的市场需求，进而形成新的产业和新的经济增长点，实现生产力革命性的解放与发展。与此同时，发展生产力是通过劳动自身与自然之间的物质转化，在人与自然和谐相处中谋取价值增值与发展，解放和发展生产力必然要求保护生态环境、尊重自然规律、维护自然平衡，否则生产力的发展就不可持续。因此，国家低碳创新体系的提出实际上应结合创新与自然环境的双重要求，形成解放和发展生产力"一个硬币的两个面"，通过两者的融合实现人的发展与自然的发展两者融合与和谐相处。提高生产力水平需要发展科学技术，保护生态环境就是保护生产力，改善生态环境就是发展生产力。生产力高度发展与生态环境保护和改善进一步释放了生产力活力，进一步提高了自然环境的承载力，这种耦合逻辑必然要求加快面向绿色低碳发展的技术创新，加快构建国家低碳创新体系。

三是构建人类命运共同体与利益共同体的耦合逻辑。习近平总书记多次就"推动形成人类命运共同体和利益共同体"展开论述，提出大力推进生态文明建设，推进绿色发展、循环发展、低碳发展。人类共同生活的空间就是地球，各国共处世界家园，爱好地球、爱好共同的家园是每一个人的共同责任。2012 年 11 月，中共十八大明确提出要倡导"人类命运共同体"意识。习近平总书记指出，国际社会日益成为一个你中有我、我中有你的"命运共同体"。"命运共同体"是中国政府提出的寻求人类共同利益和共同价值的新内涵、新理念。随着世界经济社会的快速发展，政治多极化、经济全球化、文化多样化、社会信息化不断推进，各国间的经济、社会、文化、政治等领域的联系和交往日益加深，资本、技术、信息、人员等要素的跨国流动加强了国家之间的依存度，但全球气候变暖、环境污染、生态恶化、粮食安全、资源短缺、疾病流行等问题和挑战层出不穷，世界各国、各地区的人们已经处于同一命运共同体和利益共同体。各国在全球化浪潮中的相互交往和相互依存形成了较强的利益关联和利益共同体。各国需要构建统一的、公平的、包容的国际规则和利益机制，维持、规范相互依存的关系，从而维护共同利益。人类命运共同体和利益共同体关乎人类社会的生存与发展问题。共同应对全球气候变暖、生态危机，共同实现经济社会可持续发展，需要转变传统发展模式，加强科技创新和低碳发展。一方面，创新发展激发了人类命运共同体的内生动力。进入 21 世纪，全球创新环境与创新格局发生重大变化，经济增长对科技创新依赖度提高，创新成为引领全球经济社会发展的第一动力，创新发展引领人类命运共同体。另一方面，低碳发展维护了人类命运共同体和利益共同体的生存底线。没有良好的生态环境，没有安全的环境支撑，任何发展都不可持续，也将威胁到人类社会的持续存在。传统的以牺牲资源环境为代价的模式不可持续，追求人与自然和谐共生构成了人类社会发展的永恒主题①。推进生态文明建设和低碳发展，实现人与自然和谐是构建人类命运共同体的内在规定。需要加强全球生态治理的国际合作，维护全球生态安全。构建国家低碳创新体系是构建人类命运共同体和利益共同体的内在要求。

三　国家低碳创新体系构建的动力机制

基于国内外压力和自主创新的内在困境、创新驱动与低碳发展的耦合逻辑，构建国家低碳创新体系的内在动力就是有效应对内外压力和自主创新难题，构建有效的机制寻求内在的创新动力与活力，加快推进国家低碳创新发展。在实践中，创新驱动与低碳发展尽管在理论上能形成天然的耦合逻辑，但利益、意识、制度等多方面的原因会导致这种耦合逻辑"失灵"，如许多地方基于传统惯性思维和自身利益追求，仍然采取高能耗、高污染、高排放的粗放高碳发展模式，有的地方违背自然规律对化肥农药过度使用、抗生素及动物生长素滥用，对大气污染、水体污染、土壤污染熟视无睹。这些现象的解决需要研究和加快构建国家低碳创新体系的动力机制。一般来说，企业创新由市场拉动、政策激励和科技推动三种动力推进。在国家低碳创新体系构建中，动力机制也主要包括以下三种动力。

（一）市场动力机制：低碳意识提升与低碳消费偏好

市场需求是企业生存与发展的基本方向和重要动力。低碳创新离不开强大的市场需求和良好的市场环境。市场动力机制是市场主体受市场需求驱使追求经济利益所形成的促动机制。市场动力机制的形成基础是经济利益。由于竞争的优胜劣汰机制作用，企业要生存、发展，必须始终保持旺盛的创新动力和发展活力。由市场需求所形成的竞争是市场运行、企业生存与持续发展的重要推动力和强大压力。改革开放以来，我国经济社会取

---

① 王辉龙、洪银兴：《创新发展与绿色发展的融合：内在逻辑及动力机制》，《江苏行政学院学报》2017年第6期，第34～40页。

得快速发展，企业无论是总量还是质量相对于改革开放以前都有很大的提升，企业的科技实力也不断提升，改革开放所释放的大量的市场需求助推了企业及其科技创新。快速增长的市场需求是中国科技创新的根本动力[①]。大量的市场需求来自中国庞大的人口基数，以及人民群众生活水平提升及其对美好生活需要的期待增强。中国消费市场规模不断扩大，消费市场也发生了多次变化，从传统的手表、自行车、缝纫机，转变到电冰箱、电视机、洗衣机，再升级到目前人们对电脑、智能手机、新能源汽车等高科技产品的消费需求。这些消费需求的变化成为企业生产转型、产业结构转型、国民经济转变的重要推动力。

市场需求的变化成为企业及其科技创新的重要动力，对不进行创新的企业而言，也是重要的外部压力。当前，市场竞争日趋激烈，市场细分、专业化、精细化等促使企业必须加强创新，从而在白热化的竞争中立足。中国庞大的消费市场规模、多样化的细分市场、差异化的区域市场空间，为企业发挥比较优势、加强差异化创新提供了发展空间。比如，庞大的人口基数和汽车消费规模，让中国汽车有了巨大的市场空间，特别是新能源汽车产量激增、技术革新速度加快以及电池技术提升、成本下降、能量密度增大等进一步促进了中国新能源汽车技术创新与市场壮大。此外，随着高铁、通信、互联网等技术的进步与发展促进了现代产业转型升级与融合创新，新的智能制造技术、移动互联网、智能设备、区块链、大数据等多种技术加快了市场的重新分割与组合，成为科技创新的重要领域、重要动力，也成为企业发展与壮大的重要契机和重要压力，抓住了就成功了，没有抓住就会被淘汰。所以，市场需求及其竞争是企业创新的永恒动力。

全球气候变化、重大突发性公共卫生安全事件、雾霾天气、水土污染等问题的出现，驱使更多的人关注生态环境问题，绿色低碳产品必然成为新兴的低碳消费市场的主题。不过，低碳消费市场的形成也不是一蹴而就的，有一个不断发展和成熟的过程。在起初阶段，因为劣币驱逐良币，高

---

① 陈宝明：《快速增长的市场需求是创新的根本动力》，《光明日报》2019 年 1 月 4 日。

碳市场在价格上会有优势，但随着人们低碳意识的提升，低碳政策、环保政策压力的加大，以及低碳技术的不断发展所推动的低碳产品价格的下降、低碳产品质量的提升，低碳市场会逐渐成熟与壮大。可以说，低碳消费市场将是低碳技术创新的重要动力源，没有实际的消费市场存在，低碳技术创新就很难持续。低碳消费理念和消费需求的增强，带动低碳新技术、新产品、新产业的快速发展，特别是人们受教育程度提升、素质不断提高，对绿色低碳的新产品、新服务、新技术充满强烈期待，将加速低碳市场的发展与壮大，也驱动更多的企业和机构参与低碳技术创新，提升低碳技术创新竞争力。对于中国而言，应紧紧抓住绿色低碳消费市场所带来的新机遇、新动力、新模式，加快技术创新步伐和发展模式转变，培育新的业态和模式，进而成为全球绿色低碳创新的引领者和先行者。当前，成本压力、环保压力、市场压力倒逼企业转型升级，企业要在严峻的市场竞争中化压力为动力，必须实施低碳创新战略，强化低碳技术创新，适应并引领市场绿色低碳发展。

随着人类社会生活水平提升，消费者对生态环境的重视程度不断提升，生态、绿色、低碳意识不断提升，更多的消费者偏向于环境友好型低碳产品。低碳市场需求的不断扩大，推动着更多的企业加强低碳技术创新，开发和生产绿色低碳产品。绿色低碳产品也是企业自身承担社会责任、提升低碳竞争力的重要筹码。随着低碳市场的完善，低碳产品越来越受消费者青睐，对传统高碳产品的替代性不断增强，进而再一次鼓励和引导企业加强低碳技术创新。

（二）政策动力机制：国际减排责任与国内环保压力的驱使

内外部对生态环境的重视、国际社会对各个国家低碳发展的压力不断加大以及生态环境问题不断恶化，会形成强大的环保压力促使政府加强对低碳发展的重视。国际社会对全球气候变暖问题的高度敏感以及对各国减排责任承担的要求日益严格，促使各国必须积极应对和主动承担应有的国际责任和义务。国家生态环境保护、绿色低碳发展作为外部性、公益性比较强的事业，需要政府"看得见的手"来调节。一是从中央到地方各级政府建立了生态文明考核机制，制定了低碳发展的相关技术创新政策、低碳产业政策、低碳金融政策等，给予更多企业低碳技术创新的良好政策环境，激励更多企业、大学和科研院所、社会组织等主动参与低碳技术创新。

政府制定了严格的环保和污染惩治政策，对高污染、高排放的行为进行严格监管和责任追究，驱使更多的利益主体注重生态环境保护，主动通过低碳技术创新、节能减排等来减少环境污染，实现绿色低碳生产与发展。近年来，随着环保压力的不断加大，环境治理与生态监测力度不断增大，很多企业特别是中小企业面临着日益增长的环保压力，被迫整顿、关闭、歇业等给企业生存与发展带来巨大压力。以湖南某公司为例，该公司毗邻麓谷明珠，因生产噪声问题遭到周边居民投诉，公司为应付环保检查，选择了在晚上甚至是半夜生产，工人将工厂生产出来的水管堆放在厂房外空地，堆放水管的声音尖锐刺耳，严重影响了周边居民睡眠。而该公司声称认真对待环保问题，接到投诉后购进几百万元的环保设备，对灰尘和噪声问题进行技术处理，各项指标通过了环保部门检测。该公司还称曾经请求搬离居民区，得到了政府批准，但因各种原因搬迁地址未定。该公司根据政府相关环保要求，对生产设备及工艺流程进行多次整改升级，但受塑胶制品生产特性及行业库存的制约，生产线须保证 24 小时开机生产，而受交通管制限制，只能在夜间装运产品。这些限制导致难以真正解决市民所反映的噪声问题①。后来，当地政府批准了该公司搬迁请求，为该公司选择更好的发展空间并为加大技术创新力度提供了重要推动力。可见，政府行政干预、相关环保政策制定及其所形成的环保压力不断推进企业加快低碳环保技术创新。

近些年来，各级政府积极实施"水十条""土十条""气十条"等相对严格的环保标准和政策法规，推动企业重视并加强废水处理、黑臭水体修复、污泥减量与处置、有机污染场地修复、VOCs 处理、固废资源化、

---

① 《面临越来越大的环保压力 中小企业如何求得"清净"》，《当代商报》2019 年 8 月 5 日。

危废处置等领域的技术提升与发展。其中"水十条"是《水污染防治行动计划》的简称，由国务院于 2015 年 4 月 2 日发布，主要包括全面控制污染物排放、推动经济结构转型升级、着力节约保护水资源、强化科技支撑、充分发挥市场机制作用、严格环境执法监管、切实加强水环境管理、全力保障水生态环境安全、明确和落实各方责任、强化公众参与和社会监督等。其中明确指出要加强环境执法监管，加快水污染防治、海洋环境保护、排污许可、化学品环境管理等法律法规制修订步伐，加大执法力度。这些要求对企业提出更高的环保要求。在新时代，企业必须加快发展方式转变，找准发力方向，加强面向绿色低碳的技术创新，将环保压力转化为创新动力，将严格的环保标准等转变为政策红利，深入研究政策红利释放周期和市场响应发酵周期，加快低碳技术创新步伐，既要主动响应国家绿色低碳政策和环保要求，又要利用好国家鼓励绿色低碳发展的政策红利，遵循政策与市场发展规律和节奏，实现低碳创新驱动发展。

（三）技术动力机制：低碳创新的核心竞争力提升

破解经济增长与环境污染的两难困境，关键还是要靠技术突破和创新，重大关键性技术突破可有效解决经济发展与环境污染的内在难题。低碳技术创新能有效提高资源能源利用效率，降低企业生产成本，从而鼓励更多企业从事和选择低碳技术创新。一是重大技术革新与节能减排之间形成了正反馈机制，即重大技术突破解决了企业生产的传统难题，优化了工艺流程，降低了企业生产成本，提高了企业经济效应，进而鼓励企业更加重视低碳技术创新。二是重大低碳技术创新形成了企业对某些低碳市场的主导地位，带来了丰厚的经济利益，进而再次鼓励企业的低碳创新发展。一项重大的低碳技术创新与发明，可以形成一个新的低碳产业链和新的经济增长点。

西方发达国家往往依靠技术储备和技术创新驱动，获取巨大的市场垄断利润和市场份额。因此，构建国家低碳创新体系要建立正反馈的低碳技术创新机制，通过技术创新来增强企业核心竞争力，进而强化低碳创新行为。企业低碳技术创新能力提升，也进一步强化了国家低碳创新能力和国际低碳竞争力，拓展了国家低碳创新的发展空间。如德国非常重视低碳技术创新，在低碳环保领域形成了许多高技术产业，页岩油、可燃冰的廉价开采，光伏转化率提高，新能源车开发等均体现了低碳科技创新所带来的丰厚利润，突破了资源能源与环境容量的约束，获得更大发展空间和更可持续发展的潜力，不断突破"增长的极限"。低碳技术创新和低碳技术进步也为环境污染地区带来更好的发展机会和更大的发展空间，既保护了欠发达地区的生态环境，也为发达国家或发达地区援助性的低碳技术转移提供了新的市场空间，实现了低碳共赢发展。

此外，在"互联网+"和人工智能时代，改变传统人类社会资源能源利用方式，大大降低了中间成本，提高了资源配置效率，绿色低碳技术创新实现资源有效利用的能力发挥到了极致。比如，微小的芯片为人们提供了更多更优的智能服务，改变了传统生活方式和消费模式，有效降低了资源能源消耗强度，减少了碳排放，以低碳技术突破实现了低碳高质量发展。又如，声光控开关减少了楼道等重要空间的 24 小时用电难题，节约了电力，也减少了碳排放，提高了资源能源利用效率。低碳技术创新是低碳经济发展、核心竞争力提升的内在动力。

本章小结

本章主要研究国家低碳创新体系的结构要素及其功能机制。国家低碳创新体系是以低碳技术创新为主导的多要素创新网络。国家低碳创新体系结构与功能的关系存在互动关联，结构要素是功能运行与实现的载体，功能是结构要素存在的依据和发展方向。国家低碳创新体系的结构要素主要包括创新主体、创新资源、创新政策、市场环境、国际联系等。国家低碳创新体系的基本框架主要包括低碳知识创新、低碳技术创新、低碳制度与文化创新、低碳治理与服务创新等子系统。国家创新驱动战略与低碳发展战略高度耦合，形成低碳技术创新的内在逻辑与动力机制。我国在新旧动能转换中，要破解内外压力和自主创新困境，就需要加快实施国家创新驱动战略，以低碳创新推动国家低碳发展，依托低碳创新发展破解内外压力，提升国家自主创新能力，这是国家低碳创新体系构建的内在逻辑与核心要义。国家低碳创新体系的构建体现了基于资源环境约束与经济技术发展、基于发展生产力与保护生态环境、构建人类命运共同体与利益共同体等三种耦合逻辑。国家低碳创新体系的动力机制一是由低碳意识提升与低碳消费偏好引发的市场动力机制，二是承担国际减排责任和国内环保压力驱使的政策动力机制，三是低碳创新的核心竞争力提升形成的技术动力机制。

第五章 国家低碳创新体系建设的国际比较

在国际上，美国、英国、德国、意大利、日本等发达国家并没有明确提出国家低碳创新体系概念，但在国家创新体系以及面向绿色低碳发展等方面制定了一系列法律法规和政策措施，积累了许多可资借鉴的成功经验。本章系统比较这些国家面向绿色低碳发展的经验、模式，为我国国家低碳创新体系建设提供重要借鉴和政策启示。本部分主要研究和探讨美国、英国、德国、意大利、日本等国家面向低碳发展是如何加快构建国家创新体系、如何提升低碳绿色科技创新能力的，有哪些政策和经验值得我国借鉴，总结和比较国外典型的国家低碳创新体系建设模式及其对中国的主要启示。

第一节 美国经验：重视企业的创新主体地位

美国是世界经济大国，更是全球经济强国，其核心竞争力在于拥有世界领先的技术创新优势，构建了独具特色的国家创新体系。美国形成了鼓励大胆创新、主动创业、开拓进取的强大创新文化氛围，对技术创新尤为推崇。美国出台的许多关于专利、版权保护的法律法规明确保护和鼓励技术创新，鼓励人们申请专利，鼓励人们将各种创新技术应用于企业生产，对技术创新所得到经济收益予以认可和保护，保护知识产权和私有财产，这极大地激发了美国人的自主创新热情，也形成了美国鼓励创造创新的强大社会文化基础。如 1800 年，美国通过了专利法修正案，明确规定只要在美国居住满 2 年就可以获得美国专利。1836 年，美国规定外国人在美国也可以申请专利，吸引更多外国专家和高技术人才到美国申请专利和从事技术创新活动。可以说，美国经济社会的快速发展得益于对私人企业创新活力的激发，加强技术创新、提高企业创新竞争力是美国企业在全球获得领先地位和市场份额的关键密码。

第二次世界大战时期，由于强烈的武器装备需求和市场诱惑，美国联邦政府成立国防研究委员会，投入巨额资金鼓励高校、科研院所、企业开展技术研发活动。美国联邦政府还制定了"曼哈顿计划"，用于核武器的研发，并在美国各地建立了一大批国家实验室，资助从事武器装备研发和国家重大科技项目研发，大力扶持军工企业发展，以便在世界大战中大发横财，猎获全球财富。"二战"结束后，美国同样没有停止技术创新步伐，特别是在美苏二强争霸的冷战时期，美国更加重视国家安全、公共福利、基础研究、卫生健康等公共领域的科技创新，增加这些领域的研发投入，提高技术水平，进而提升整个国家的科技实力。到了 1950 年，美国联邦政府成立了国家科学基金会，为国家重大科技项目提供长期稳定的经费支持，加强国家科技项目研发和科技人才培养。美国联邦政府还制定了太空领域的"阿波罗计划"，在与苏联进行太空竞赛的同时，更有效地促进美国在半导体、航空航天、新材料、电子技术等领域的技术创新，也促进了相关科技产业的发展，布局了一大批新型的国家实验室，提升了美国在许多重大领域的全球科技创新能力和全球科技竞争话语权。

到了 1980 年，里根政府为进一步激发企业的科技创新活动，提升企业在全球的科技竞争力，制定和出台了新保守主义经济政策，减税，减少政府干预和行政开支，倡导自由竞争、科技创新和放松管理，增加科技研发投入。特别是不断增加国防领域的研发经费，推出"星球大战"计划，有效促进了美国卫星通信与定位、互联网、无线通信等新技术创新，使美国在全球科技创新和经济竞争中保持世界领先地位。与此同时，美国逐渐形成了政府、企业、高校、科研院所、社会组织等多主体共同参与合作的国家创新体系架构。联邦政府增加科技研发投入、制定完善的科技创新政策和科技计划、鼓励研究机构与产业界建立紧密的创新合作与经济联系等；企业重视科技水平提升和技术应用，并与大学、科研院所建立战略联盟关系，共同推进科技创新；各类金融、法律、社会中介等组织围绕科技创新提供必要的服务。

从美国国家创新体系建设的演进路径来看，体现为自下而上、自上而下相结合的特征。企业是创新体系的重要主体和强大根基，联邦政府适时推出重大国家科技计划，并以立法和必要监管等手段维护自由市场的公平竞争，保护企业和科研机构的创新成果，为科技创新营造良好的市场环境，为科技创新活动营造鼓励冒险、敢于竞争、宽容失败、避免干扰的创新文化氛围，而大学、科研机构特别是国家实验室等平台为企业提供了高素质的创新人才和人力资本。有研究指出，美国国家创新体系建设的主要特征体现了企业的主体地位，在创新中始终重视企业作用，发挥企业创新的主力军作用；强调市场力量驱动创新，吸引社会资本参与科技创新，并广纳全球高端创新人才；政府在提供创新投入、完善创新政策、实现科技创新与经济发展相结合等方面制定科学的国家创新法案或战略等。这些经验值得中国借鉴①。在绿色低碳发展方面，美国也形成了自己的特色，重视以技术创新提高能源利用效率，以技术创新提高产业结构质量，以技术创新实现绿色低碳发展。具体而言，主要表现在以下几个方面。

一　尊重企业主体地位，强化市场机制驱动

美国作为典型的移民社会，人才来自全球各地，具有天然的自由竞争、敢于冒险、崇尚创新、包容失败的企业家精神。美国在国家创新体系建设中建立完善的市场经济体制，充分尊重企业的创新主体地位，鼓励企业家和各类技术人才创新创业。美国企业的生存与发展完全依靠自身的创

---

① 《美国国家创新体系构成特点分析》，《全球科技经济瞭望》，http：//www.drc.sz.gov.cn/zkhz/zkdtjcg/201611/t20161102_ 5190309. htm。

新能力，没有创新就没有发展。企业在激烈的市场竞争中必须不断追求卓越、主动创新，面向市场需求开发新产品、形成新业态、建立新模式，在市场机制作用下进行改革创新，形成更强的市场竞争优势，不断占领市场。近年来，新一轮科技革命和产业变革兴起，新技术、新业态、新模式重塑全球经济格局，美国以数据为重要生产要素，以全数字化为科技创新重要支撑，以平台经济为信息经济重要代表，推进并引领全球颠覆式创新。美国依托强大的企业创新主体，强化市场机制驱动，引领着大数据、云计算、人工智能、物联网、分享经济等新技术创新前沿，主导从科技创新到商业创新和产业化的全过程。

美国企业基于强大的利益嗅觉和敏锐性，与高校、科研院所等保持密切创新互动，将许多重要科技创新成果加速产业化和商业创新，研发出新产品、新服务，加速科技与产品、科技与经济、科技与商业的紧密结合与价值实现。如美国思科公司鼓励员工成立自主创业团队，并以投资者的形式帮助各类创业主体、附属公司发展，提供资金、信息、渠道、人才等支持鼓励思科员工的创新发展，大大提升了企业科技创新能力和创新活力。

美国在国家创新体系中尊重企业的创新主体地位，更多的是加强宏观引导和政策扶持，减少具体的创新行为干预，依靠市场机制不断整合各类创新资源，实现资源优化配置和创新价值最大化，加速构建产学研互动的国家创新网络。如美国鼓励各类企业建立自己的高水平科技研发团队和创新机构，在高端装备制造、新材料、新技术等前沿领域提升科技创新能力，提升国际科技竞争力，打造引领全球的创新型企业。美国也重视对各类创新型中小企业的创新扶持，与企业合作共建国家科研基地、技术创新中心，鼓励科技人员积极参与企业创新，促进各类创新人才、资本、技术、管理服务等要素向企业集聚，彰显企业在国家创新体系中的主体与核心地位。

二　发挥政府关键作用，增加科技研发投入

许多人认为美国作为相对成熟的自由市场经济国家，创新仅仅是企业的事情，政府不发挥什么作用。实际上，美国联邦政府在国家创新体系建

设中发挥着不可或缺的关键性作用，许多重大国家计划、重大科技项目都是国家创新体系建设与发展的重要内容。没有政府在合适时间、合适地点的主动作为，美国的国家自主创新能力、国家科技竞争力不可能达到目前水平。美国联邦政府在创造需求、满足需求、增加供给等多个方面极大地推动了国家创新体系建设进程。

美国作为典型的三权分立国家，行政、立法、司法相对独立，相关部门在国家科技创新与科研管理中发挥各自的重要作用。美国国会作为立法部门，主要从国家战略层面负责重大科技计划、科技项目的预算和审批，在税收、知识产权、科研监管等方面立法，加强国家科技研发、技术创新等法律保障。美国参众两院建立关于国家科技事务的专门委员会，如众议院下设科学委员会，参议院下设商务、科学与运输委员会。国会成立技术评估局、国会图书馆等机构，负责国家科技研究、科技信息服务等职能。行政部门如白宫科技政策办公室、商务部、能源部、国防部、卫生与公众服务部、农业部、国家航空航天局、国家科学基金会等，具体负责各自领域重大科技创新、科技发展的政策制定，具体执行和推进各项国家重大科技计划项目。司法部门则拥有知识产权保护、科技创新、科技发展等相关法律条文的最终解释权。美国立法、行政、司法各司其职，共同推进国家重大科技计划、科技研发项目的实施。

美国联邦政府通过完善的法律体系及其有效的执行力，为公平竞争的市场环境提供完善的法律保障。如美国制定了反垄断法，加强对企业创新行为的保护和推进，维护公平的市场竞争环境，为企业在科技创新等方面的投融资提供必要的法律服务。联邦政府还为科技计划、科技项目提供持续稳定的研发投入，确保国家重大科技项目的开展，并且增加国防研发投入，重视对国防安全等重要领域的科技投入，鼓励私人企业积极参与国防研发项目，促进了电子、通信、计算机、原子能等领域高新科技研发和相关科技产业发展，不断培育美国经济新增长点，确保美国在全球科技竞争中保持领先地位。美国联邦政府还在法律层面鼓励和确保中小企业参与国家研发项目，提升中小企业的科技创新能力。如规定政府研发项目中必须有一定比例的中小企业参与，对中小企业研发投入实行一定额度的税收减免，从而大大激发中小企业参与国家科技项目研发，鼓励企业加强科技创新。美国联邦政府还加大政府采购、财政补贴力度支持企业科技创新活动，国家医保计划、社会保险项目等均面向企业创新，对相关领域的企业及其科技创新活动发挥了关键性作用。

三 吸引全球创新人才，鼓励社会资本参与

创新是第一动力，人才是第一资源，任何创新活动都离不开人才，特别是高素质的创新型人才。美国在构建国家创新体系中尤其重视人才，不惜代价吸引全球科学家、高素质创新人才到美国创新创业。美国是多文化融合、开放性的移民社会，能容纳各种创新观点。自由竞争、唯才是用的创新文化氛围吸引全球各类人才，大多数的世界一流大学和科研机构均在美国，既吸引全球优秀学生到美国求学，也吸引全球创新人才到美国发展，因此美国多年来一直是全球最大的优秀人才净流入国。在第二次世界大战前后，美国吸纳了大量受纳粹迫害的犹太科学家，接收战败国德国的许多科学家进入美国，大大促进了美国在航空航天等领域的科技发展，中国、印度等发展中国家的优秀科技人才也到美国求学、深造，最后有一部分留在美国发展。冷战结束后，美国吸引了许多苏联科学家和工程技术人才，为美国高科技、工程技术等领域创新保持全球领先地位发挥了重要作用。以美国硅谷为例，硅谷一直保持着全球科技创新的领先地位，集聚了全球顶尖创新人才和科学家，为全球优秀人才提供了收入高、成长机会多、发展空间广、创新包容的创新环境和人才激励政策，硅谷创新人才中近80%来自其他国家①。在硅谷创新的人才不仅可以获得高工资，还可以通过技术入股、股权激励等多种方式获得持续性收入，真正实现人生价值。硅谷还鼓励创新人才到最能实现自身价值的企业或机构发展，可以自

---

① 《美国创新生态系统启示录：世界级企业是怎样生成的》，http：//www.sohu.com/a/128595749_505821。

主创业，也可以合伙办公司。这种自由流动、鼓励创新、宽容失败的硅谷文化吸引了全球创新型人才。

美国为了吸引全球创新人才，不仅创造良好的发展平台，还鼓励社会资本、社会力量、社会组织积极参与科技研发投入。社会资本在资助美国科技研发活动中扮演着不可或缺的角色，是国家科技投入的重要组成部分。美国作为市场经济国家，制定政策鼓励社会资本投资科技研发活动，设立科技基金鼓励科研人员科技创新活动，天使基金、风险投资基金投资各种科技创新及其科技成果转化项目。美国天使投资是美国科技创新的重要力量，在某些领域成为核心动力，为美国的产业结构转型升级、获得新经济增长点、增加社会就业等均发挥了不可替代的重要作用。美国在较长时期保持全球竞争力，在很大程度上是靠美国天使投资促进科技创新、创造社会就业机会实现的。美国政府积极鼓励和引导社会资本参与科技研发，美国小企业管理局被定位为政府引导基金（母基金），直接管理 30 亿~35 亿美元的资金，具有政府引导风险投资的管理职能，鼓励科技创新，促进民用科技成果转化。美国自然科学基金会则是从国家高端科技研发和成果转化等方面成为国家天使投资主导机构，给予重大科技项目足额的研发经费。遍及硅谷以及各大城市的天使投资俱乐部，则在吸引社会资本投入科技研发活动方面发挥了重要贡献，美国政府制定了专门税收优惠政策以鼓励社会资本加入天使投资，为美国科技企业创新活动创造良好的科技环境，鼓励各类科技人员从事科技创新活动，大大提升了美国科技创新能力和科技竞争力。如美国 Moore 基金投入 2.5 亿美元巨款资助夏威夷 30 米天文望远镜科技项目。美国某私人基金资助洛杉矶希望城医疗中心的科技研发项目，包括癌症、糖尿病等重大疾病治疗技术和药物研发。美国剑桥创新中心作为重要的风险投资机构，借助临近麻省理工学院等优势吸引了大量的风险投资和创新创业公司，也集聚了大量的来自全球各地的创新型人才，包括各类中小型创新企业、大型公司、跨国企业集团、创业工坊、创投公司等，而每年吸引的风险投资达到 20 亿美元，相当于整个英国的风险投资。这些风险投资机构为美国国家创新体系建设发挥了突出作用。

四　强化高校科技创新，推进产学研互动

高校和科研院所是美国国家创新体系建设的重要组成部分和关键因素。美国各类高校和各类科研院所对科技创新高度重视，培养了大量的科技人才，促进了产学研互动，为美国国家创新体系建设提供了重要的知识、科技和人才支撑。比如，硅谷作为美国科技创新高地，其重要的创新支撑来自周边的斯坦福大学、加州大学伯克利分校、加州大学圣克鲁兹分校等近 20 家名牌大学，还有大量的高科技研发机构和平台。这些名牌大学和研究机构为硅谷科技创新提供了鲜活的创新元素，提供了丰富的科技人才资源、科技信息、科技知识等。而波士顿区域内则分布着哈佛大学、麻省理工学院等一流大学，这么多名牌大学为该地区的科技创新提供了重要的人才和科技支撑。美国的威斯康星大学明确提出了"服务国家需要、服务社会发展"的大学价值理念，重视国家和社会需要，加强科技创新；哈佛大学、麻省理工学院、斯坦福大学等美国一流大学成为美国国家创新体系的关键环节，造就了硅谷、128 公路和三角地带等美国乃至全球科技创新高地。大学和科研院所肩负着国家创新体系建设和发展的重要使命担当，在国家科技创新、科技竞争和产业升级中做出了巨大贡献。各类高校和科研院所是国家基础研究、原始创新、关键技术研发和培养创新人才的主要基地，在解决重大科技问题、实现科技成果转化、推进产学研互动中发挥了重要支撑作用，特别是高校与企业的紧密结合促进了生产力发展。

五　重视低碳科技创新，推进低碳经济发展

随着全球气候变暖不断加剧，美国政府提出开发绿色低碳能源技术，提升低碳技术创新力和市场竞争力，实现低碳发展。2006 年 9 月，美国制定应对气候变化的技术计划与规划，明确提出要加强低碳技术创新，通过捕集、减少以及储存等技术创新手段，进一步发挥科学技术的力量，有效减少温室气体和污染物的排放，有效提升能源利用效率，推进国家低碳

经济发展。2007 年 7 月 11 日，美国参议院提出《低碳经济法案》，将低碳经济作为美国未来经济社会转型发展的重要战略选择。2007 年 11 月美国进步中心发布《抓住能源机遇，创建低碳经济》报告，提出发展低碳经济的十步走计划。2009 年 2 月，美国政府签署并发布美国中期财政预测等文件，提出美国气候战略的基本政策架构，推进美国经济复苏与低碳发展进程。美国将开发低碳新能源、发展低碳经济、加强低碳技术创新作为应对金融危机、振兴美国经济、促进就业、摆脱外国石油依赖和加快经济转型的战略导向。美国加强低碳技术创新和低碳经济发展，形成了低碳经济转型的法律框架。此外，美国还关注天然气水合物的研究，重视加强二氧化碳捕获和封存技术研发等。美国在绿色低碳等领域的研究与创新，为全球绿色低碳技术创新提供了重要的方向标，备受世界其他国家关注。

第二节 英国经验：制定低碳转型计划

英国最先提出了低碳经济概念，强调要加强低碳技术创新，制定低碳能源政策，将英国转型为低碳型国家，引领全球低碳经济发展。2003 年 2 月 24 日，英国首相明确提出对未来能源的发展谋划，构建低碳经济型的国家发展模式。这种新型的国家发展道路，就是要以减少能源消耗和碳排放为长期坚持的基本原则，围绕该原则制定国家能源政策、产业政策、宏观和微观经济政策、市场管理政策等。英国政府还提出了低碳经济发展的未来目标，即到 2050 年建设为低碳型国家。

一 制定低碳转型计划，构建新型低碳国家

英国积极应对气候变化，高度重视低碳发展，制定低碳转型计划，规划建设低碳城市。2008 年 11 月 26 日，英国政府正式实施《气候变化法案》，该法案提出要通过法律手段治理全球气候变化问题，加快推动英国向低碳经济社会转型，制定具有国家法律约束力的全国性减排目标，即以1990 年为基准年，到 2050 年温室气体排放至少减少 80%。围绕该目标，法

案规定了碳预算制度、报告制度、排放交易制度等三种低碳经济发展的配套制度。2009 年 7 月，英国政府出台了国家低碳转型计划，提出更加具体的减排目标，即在 1990 年基础上，到 2020 年将英国的碳排放量减少34%[1]。英国还出台了《减碳技术战略》、《用于化石燃料的碳减排技术发展战略》、《英国可再生能源战略》、《英国低碳工业战略》和《低碳交通战略》等战略规划[2]，可见英国政府对低碳经济发展、低碳社会转型的战略谋划和高度重视。英国政府不仅制定引导低碳技术创新方向的各类重要战略，还强化计划的制定确保战略实施，如制定了"二氧化碳减排计划""清洁煤炭计划""英国低碳转型计划"等。英国低碳转型计划（The UK Low Carbon Transition）包含了工业、交通、住房以及能源转型等诸多领域，其核心目标就是要通过低碳转型、技术水平提升，促使英国转变为更加洁净、更加繁荣、更加绿色的新型低碳国家[3]。英国的 2020 年低碳转型目标，包括整改民宅 700 万户，支持近 200 万户家庭生产和使用上清洁低碳能源，特别是促进太阳能的开发和使用；形成 120 万个绿色低碳就业岗位；鼓励使用绿色低碳能源，国家 40% 的电力消费来源于可再生能源、核能、清洁煤等新型能源；减少天然气的进口量，规定小轿车的碳排放量减少 40% 以上。这些具体的目标为推进英国低碳转型提供了重要的支撑。

二 构建低碳城市，完善低碳发展政策

为响应国家层面的低碳转型计划，英国首都伦敦提出了构建低碳城市蓝图，从环境治理和可持续发展的战略高度推动绿色低碳发展。为改善城市环境，英国国会于 1956 年颁布清洁空气法，制定一系列减少空气污染的措施，在城市村镇设立"烟雾控制区"，强制使用无烟燃料，严控烟筒

---

① 任力、华李成：《英国的"低碳转型计划"及其政策启示》，《城市观察》2010 年第 3 期。

② 李双荣、郗永勤：《英国支持低碳技术创新实践对我国的启示》，《海峡科学》2011 年第 9 期，第 56~57 页。

③ 赵霞：《金融危机背景下探寻新的经济增长点——英国低碳经济实践及经验》，《当代经济》2010 年第 5 期，第 70 页。

高度，禁止烟筒排放黑烟。英国还大幅提高可再生能源的使用比例，加快城市能源结构转型，鼓励天然气发电，实现天然气发电占英国发电量30%的目标。2007年英国皇家污染控制委员会提出建设"低碳城市"，要求英国所有建筑物在2016年实现零排放。2007年，伦敦市长Ken Livingstone发表《今天行动，守候将来》，明确提出要鼓励城市进行清洁生产，减少碳排放，大力发展低碳经济。2007年，伦敦市政府颁布《市长应对气候变化的行动计划》。

英国提出建设低碳城市规划，目的在于促进城市总的碳排放量降低。根据英国政府承诺的2020年全英国二氧化碳排放在1990年水平上降低26%~32%、2050年降低60%的目标，伦敦市行动计划提出将2007~2025年的碳排放量控制在6亿吨之内，每年的碳排放量降低4%。英国提出构建低碳城市，要大力推广可再生能源应用、提高能效和控制能源需求。2012年，英国政府制定新的能源法案，明确支持可再生能源、核能、燃气、碳捕捉和封存技术等发展，促进城市能源转型、降低碳排放强度，破解城市能源困境①。布里斯托市制定《气候保护与可持续能源战略行动计划2004/6》，提出减少不必要能源需求、提高能源利用效率、应用可再生能源等②。

此外，为了推进绿色低碳发展，英国政府制定了低碳政策措施。如英国早在2001年就制定了征收气候税政策。2009年3月，英国商业、企业和管制改革部制定了《低碳产业战略远景》③。2009年4月，英国将低碳目标以法律的形式写进了2009~2010年财政预算报告，支持低碳和先进绿色制造业发展。2002年英国制定碳排放交易制度，在伦敦建立全球碳交易中心，促进低碳经济发展。英国还积极实施可再生能源入网、优先购买义务、强制淘汰高耗能照明设备、建筑物节能标准等政策，通过政策措

---

① 吴丛司：《英国打造低碳城市的样本》，《经济参考报》2016年4月11日。

② 《英国低碳城市规划和行动方案》，http://design.yuanlin.com/Html/Article/2013-6/Yuanlin_Design_11594.html。

③ 陈柳钦：《英国的低碳经济与可持续发展》2010年第5期，第21页。

施培育低碳消费市场，鼓励绿色低碳消费，为低碳技术创新及其产品开发提供市场渠道，从而促进了国家低碳创新发展。

三 重视低碳技术创新，强化低碳科技成果转化

英国政府较早认识到低碳技术创新的重要意义，增加科研投入，强化低碳科技成果转化。英国利用财政、金融、税收等相关政策，投入大量的资金和资源推进低碳技术的创新与成果转化，如计划 2020 年前对可再生能源、低碳减排技术等项目投入 20 亿英镑，用于开发新能源和低碳技术，提升新型能源开发和低碳技术创新水平。特别是英国利用自身海岛优势开发清洁低碳能源和海洋资源，创新绿色低碳技术开发海洋风能、潮汐能、海藻能源等，这些能源技术在全球处于领先地位。为鼓励低碳技术创新，英国政府给予大额的财政支持，不仅包括低碳技术领域的研发投入，还包括低碳科技成果应用与转化、企业低碳技术改造与升级等方面的财政补贴。2011 年 12 月，英国政府出台《以增长为目标的创新与研究战略》，提出要广泛资助"蓝天研究"，即基于好奇心驱动的基础研究，重点投资能够带来最大潜在回报的新兴技术领域，如生命科学、太空技术和创意产业等绿色低碳产业。

2001 年，英国政府出资设立碳基金（CT）。英国碳基金的运作主体是按企业模式运行的非营利组织，基金的资金来源主要是英国政府征收的"气候变化税"。英国要求除居民用电外，其他用电消费均需上缴"气候变化税"，并出台减征措施，对于按时完成减排目标的企业减免 80% 的"气候变化税"。碳基金的设立可有效引导企业加强低碳技术创新和低碳生产模式转变，帮助企业和其他机构提高能源利用效率，减少碳排放，同时也能对具有市场前景的绿色低碳技术进行投资，加快低碳技术创新、低碳技术成果商业化应用。英国政府成立碳基金公司，帮助工商业和公共部门重视低碳技术创新和改进，提高能源利用效率，减少二氧化碳排放。英国政府利用税收和市场化机制加大了低碳科技创新投入力度，推进低碳技术的推广和产业转化。

四　鼓励公众参与低碳创新，发挥新闻媒体监督作用

公众参与低碳技术创新、低碳发展等过程，一定程度上有利于弥补环境治理与低碳发展中的市场失灵和政府失败。公众参与包括公民个人参与和非营利组织参与等不同层次。在环境治理、低碳发展等重大决策过程中，英国政府一般通过非营利组织发挥第三方作用对重大环境治理决策进行前期评估与论证，广泛征集社会意见，依赖第三方权威的科学报告辅助决策。特别是在重大环境问题出现争议时，科学论证报告更加有分量，也是司法部门尊重的重要论据。英国政府鼓励社会公众参与讨论环境污染、生态治理、低碳发展等重大问题，鼓励社会公众积极参与包括绿色低碳技术在内的创新活动，社会公众也为环境治理、产业发展、低碳发展等提供有效对策建议。新闻媒体发挥了较好的社会监督作用，对各种乱排放、污染现象进行曝光和报道，使得许多环境污染问题得到有关部门的重视和及时处理，发挥了重要的监督和引导作用。政府在治理环境问题中存在的疏忽和过失，会在社会公众的监督和质疑下得到处理，新闻媒体积极参与各种问题的监督、评价和讨论①。2012 年 7 月，英国《星期日泰晤士报》组织清洁空气调查报告，与各类社会组织特别是环保组织、社会公众进行合作，共同参与空气问题的讨论和监督。社会公众、新闻媒体、社会组织是推动国家和社会低碳发展的重要力量。

第三节　德国经验：低碳能源转型计划

在西方发达国家中，德国作为制造业强国，其核心技术水平一直居于全球前列，在绿色低碳领域同样如此。德国较早重视节能减排，重视发展低碳技术和低碳经济，并取得显著成效。德国是制造业大国，第二产业是

---

① 《伦敦告别"雾都"：严密法条下全民参与治理》，http：//news. xhby. net/system/2013/01/14/015933946. shtml。

相对高碳产业，但德国重视以低碳技术促进经济转型，提升产业技术水平和能效水平，促使德国在低碳经济发展的同时保持较高的第二产业比重，维持着制造业强国的地位。

一　制定中长期计划，加快低碳经济转型

德国政府重视低碳技术创新，制定了低碳能源转型计划，助推国家实现绿色低碳发展。德国拥有较强的技术创新能力，长期以来重视提升技术水平和能效，开发绿色低碳能源，加快能源结构转型升级。德国政府制定了三个重要的中长期规划，推动经济向绿色低碳方向转型，分别是欧盟气候变化行动计划（ECCP）①、国家能源效率行动计划（EEAP）②、能源与气候一揽子计划（IECP）③。2010年，德国政府提出了"能源转型计划"（Energiewende），旨在促进能源结构向低碳能源转型，加快以化石能源为主导的传统能源结构转型为以可再生能源为主导的新型能源结构体系，使工业生产、建筑、交通等各领域的能源消费更加高效、低碳、绿色，推进

---

① 欧盟于2000年6月启动欧盟气候变化计划，目的在于确保欧盟在其管辖范围内制定最为经济有效的政策措施，减少温室气体排放，实施《京都议定书》确定的各项减排目标。计划整合了欧盟正在实施的各类减排活动，除欧盟委员会牵头外，还发动了行业部门、非政府组织、各国专家等力量。ECCP第一阶段为2000~2004年，由ECCP行动委员会协调，下设11个工作组，处理相关部门和政策事宜，包括：排放权交易机制、联合履约和清洁发展机制、能源供应、能源需求、终端能效和工业流程能效、运输、工业、研究、农业、农业土壤固碳、森林固碳，等等。ECCP第二阶段于2005年开始，重点对碳捕获和储存、将运输部门纳入排放交易体系和适应政策予以关注。在ECCP框架下，欧盟委员会向各领域行动提供一系列资金和政策支持。如智能型能源-欧洲计划、电机挑战方案、马可波罗方案、气候变化纳入欧盟的农村发展政策等。资料来源：http://www.tanpaifang.com/tanguihua/2014/1101/39716.html。
② 德国联邦经济和技术部于2007年9月27日提出国家能源效率行动计划，基本目标是，2008~2016年，德国在欧盟碳排放交易体系（EU ETS）之外的最终能源消耗部门能耗总量下降9%。计划措施被分归到私人房屋、商业、（部分）工业和（包括公共部门在内的）服务业、工业、交通运输、交叉等6类不同能源消耗部门。资料来源：http://de.mofcom.gov.cn/sys/print.shtml？/ztdy/201207/20120708208500。
③ 德国内阁于2007年8月提出能源与气候一揽子计划，目的在于促使2020年相比1990年温室气体排放总量降幅超36%，为实现2020年减排40%的目标做出重要贡献。该计划包括29项关键事项。

以能源为重点的技术创新。德国提出的低碳能源转型计划的目标是：到2050年，二氧化碳排放量比1990年下降95%，可再生能源发电比重增加至80%，能耗比2010年高效50%①。德国政府及其职能部门还制定了气候保护高技术战略等，提出投入10亿欧元支持气候保护技术研发和低碳技术创新，加快面向低碳的国家创新体系建设。

二　加强低碳技术创新，提高能源使用效率

德国作为能源相对紧缺、主要依靠进口的国家，采取措施积极发展低碳的可再生能源。德国为尽快减少对传统能源及其进口的依赖，采取传统能源集约利用和开发可再生能源两个方面的能源政策，鼓励能源领域的低碳技术创新，促进能源生产与消费的可持续发展与低碳转型。德国作为国际舞台上重要的气候保护倡导者，将发展可再生能源作为应对气候变化、保障国家能源安全、促进能源结构多元化发展、减少温室气体排放的战略选择。对此，德国政府于不同阶段分别在应对气候变化、节能减排、发展可再生能源等方面建立机构、制定法律及采取其他有效措施，大大推动了国家新能源发展与低碳技术水平提升，如表5-1所示②。

表5-1　德国应对气候变化与发展新能源行动

时间	主要行动事项
1987年	联邦德国政府成立大气层预防性保护委员会
1990年	联邦德国成立跨部门的"二氧化碳减排"工作组
1991年	德国颁布《电力供应法》，明确提供贷款、补贴等优惠财政政策，促进德国风能利用、太阳能电池等产业发展。
1992年	签署联合国《21世纪议程》等国际保护气候公约
1995年	在柏林举办世界气候框架公约大会

———————————

① 蔡立英、克劳迪亚·肯弗特：《德国必须重塑低碳的未来》，《世界科学》2017年第11期，第34~35页。

② 《德国低碳行动》，http://www.cnchunyuan.com/News/66.html；张剑智、张泽怡、温源远：《德国推进气候治理的战略、目标及影响》，《环境保护》2021年第10期，第67~70页。

续表

时间	主要行动事项
1997 年	签署《京都议定书》
1999 年	德国《生态税改革法》生效
2000 年	出台全世界首部《可再生能源法》,以法律促进可再生能源利用
2002 年	德国生态税开始进入第四阶段,每公升汽油加征生态税
2002 年	施行《节约能源条例》
2002 年	在德国政府"加强可再生能源的利用、提高能源利用效率并大力节约能源"的调整方向下,基于对核废料处理及经济等考虑,《全面禁止核能法案》正式生效。施行《热电联产促进法》,规定热电联产发电比例到 2020 年提升至 25%
2004 年	德国对《可再生能源法》修改,保护收购价,鼓励新能源发电投资
2005 年	德国修订《国家气候保护计划》,增加具体行动计划
2008 年	德国又修订了《可再生能源法》,建立了基于新增容量的固定上网电价调减机制,鼓励自发自用机制。德国实施国家节约能源计划,提出在 2020 年之前削减 40% 的温室气体排放量
2011 年	德国再次修订《可再生能源法》,完善新增容量的固定上网电价调减机制和自发自用激励机制,鼓励可再生能源进入市场
2014 年	德国再次修订《可再生能源法》,明确要控制可再生能源发电补贴。《可再生能源法》的核心制度是上网电价制度,以固定电价、强制入网、全额收购等政策刺激可再生能源发展,但是高额补贴给政府带来了巨大压力
2017 年	德国政府通过《德国可持续发展战略(2016 年)》,目标是形成可持续的发展方式,战略核心是建立一个可持续发展管理体系,在 17 项可持续发展目标的基础上,细化了 63 个关键指标。德国联邦统计局每两年公布一份指标完成报告,以评估指标完成情况
2019 年	德国正式颁布《联邦气候保护法》,明确德国的气候保护目标是:与 1990 年相比,逐步减少温室气体排放量,到 2050 年减少 95% 的排放量
2020 年	德国公布《可再生能源法修正案》,提出德国 2030 年的目标是可再生能源电力将占电力总消费的 65%,在 2050 年前实现德国生产和消费的电力气候中和

资料来源:张剑智、张泽怡、温源远:《德国推进气候治理的战略、目标及影响》,《环境保护》2021 年第 10 期,第 67~70 页。

1987 年，联邦德国政府成立大气层预防性保护委员会，这是其国家层面应对气候变化的重要机构。1990 年，德国成立跨部门的"二氧化碳减排"工作组。1999 年 4 月 1 日起，德国《生态税改革法》生效，旨在提高汽油价格，减少汽油消耗，减少废气排放。2004 年，德国对《可再生能源法》进行修改，规定到 2020 年，德国可再生能源发电量在总发电量中的占比将从 1999 年的 13%提高至 30%。这些行动与法律措施大大推动了德国可再生能源发展，提升了应对气候变化能力，也促进了包括新能源在内的各领域低碳技术的创新与高质量发展。2008 年，德国根据国家节能计划制定的目标，提出实施国家节约能源计划，要求所有的领域都要提高能源效率，促进旧建筑物按照节能标准进行重建，根据汽车二氧化碳排放量制定汽车税等。德国节能计划提出要提高能源效率，要求将现有家电换成节能效率高的电器；提出了提升社会效率倡议，为低收入者在失业保险、育儿津贴等方面降低电费，为其购买节能效率高的大型家电提供能源顾问指导和政府补助①。

德国加大面向绿色低碳领域的技术创新力度，特别是将低碳能源技术开发作为关键领域，如以光伏开发、能源存储、新型电动车和二氧化碳分离与存储等技术为重点方向，将应对气候变化后果、气候预测、气候保护、适应气候变化的方法和相关配套政策等作为重点研究领域，不断提高国家在低碳技术创新领域的技术竞争力和能源利用效率。德国还提出要加强低碳技术创新，提升低碳能源比重，持续广泛地利用可再生能源和生物质能，指出低碳经济是德国经济的稳定器，并将成为振兴未来经济的关键。2006 年 8 月，德国实施了突出低碳技术创新的高科技战略，强化交通、建筑、安全、能源、气候以及通信领域的技术创新活动。为了发展清洁能源，德国计划投资 4000 亿欧元，在广阔的撒哈拉沙漠建设大规模的太阳能电厂，充分利用海上资源建设风力发电站，建成后每年发电量可以满足 5 万家住户的电力需求。同时，德国还鼓励企业加强低碳技术创新与

① 《德国公布国家节约能源计划》，http://news.bjx.com.cn/html/20081028/153143.shtml。

低碳能源管理，积极推广低碳领域的"热电联产"创新技术，实现国家经济的低碳转型。德国重视低碳建筑建设，开发了建筑节能技术，推进建筑低碳改造。德国政府计划年均拨款 7 亿欧元，用于民用建筑的节能改造和低碳技术创新，发展低碳建筑、低碳交通和可再生能源产业，以低碳技术创新为引擎助推德国经济高质量发展。德国开发太阳能住宅区项目，对原居民住宅区外墙、屋顶、地板、窗户的隔热保温系统进行低碳节能改造，采用地源热泵为用户供暖，在采光好的屋顶安装分布式太阳能发电板，对采光差的屋顶进行绿化，缓解热岛效应，进而使整个小区减少超过75%的能耗损失，为用户降低了采暖和用电等费用，实现能源转型与低碳发展。

三 出台低碳创新政策，利用经济手段促进低碳发展

德国非常重视科技创新的重要作用，在应对气候变化、环境保护、生态治理、低碳发展中充分发挥低碳技术创新的引擎作用。早在 20 世纪 70 年代，联邦德国政府就制定了一系列鼓励低碳技术创新与低碳经济发展的政策法律，突出环境保护和生态建设。德国征收生态税，以尽可能减少资源能源消耗和污染排放，通过这些经济和法律手段促进低碳经济转型。德国为推进可再生能源利用，出台《可再生能源发电并网法》等鼓励低碳能源开发和低碳技术创新的相关政策，明确规定可再生能源发电的并网办法，优先使用沼气等新能源，发挥低碳技术对驱动低碳发展的引擎作用，发挥低碳经济对国家经济社会可持续发展的稳定器功能，促进了能源节约、能源结构优化，提高了德国企业的低碳技术创新能力和低碳竞争力。

德国政府为鼓励开发绿色低碳技术和低碳能源，对传统能源如矿物能源、天然气、电力等项目适度征收生态税，对太阳能、水力发电、风能、生物质能等实行税收减免和技术奖励政策。以德国劳斯瓦德天然气发电厂为例，该厂开发了燃气-蒸汽联合循环发电技术，为城市提供智能发电和清洁供热系统，对国家或区域电网进行发电补偿，该发

电厂效率可达 60% 以上，余热回收后用于区域集中供热，总体能源使用效率将提升到 85%。该热电联产技术不但提高能效、减少污染排放，而且为周边居民提供清洁能源供应，降低了生活成本。该厂还采用大数据和智能模式通过网络向社会公布发电厂相关技术流程、设计参数、工地建设进度等，提高社会公众的关注度和支持率，有效推动了低碳技术创新和低碳经济发展进程。再如，诺伊斯市能源管理项目以诺伊斯市公共局为第三方，为用户提供低碳能源信息服务和能源效率提升改造方案等咨询服务，鼓励用户进行分布式光伏发电、清洁供暖、隔热保温等节能改造。

　　德国政府征收生态税，一方面用于鼓励更多的企业参与低碳能源、低碳技术开发和创新，提高国家能源利用效率，减少污染排放，另一方面用于降低工资附加收费，增加国内就业，提升社会生态福利水平。此外，德国政府还通过财政补贴的形式支持国家低碳技术创新与低碳经济发展，为从事清洁生产、低碳技术开发、低碳能源技术应用的企业、研究机构或商业组织提供资金支持、低息或优惠贷款，对出口低碳产品的企业进行税收减免。如表 5-2 所示[1]，德国在低碳节能领域制定政策激励措施，如对工业领域的低碳节能第三方融资进行奖励或补贴。

表 5-2　德国低碳节能激励政策

政策名称	政策类型	领域
支持第三方融资	奖励\补贴	工业
公共建筑第三方融资	奖励\补贴 教育及推广	建筑
再生能源法修正案	奖励\补贴 政策过程	生产
旧车报废计划	奖励\补贴	交通

---

① 杨圣勤、李彬：《德国发展低碳经济对我国的启示》，《对外经贸》2014 年第 6 期，第 33~34 页。

四 普及低碳环保理念，鼓励公众参与低碳行动

德国实施的低碳能源转型与低碳创新发展政策，离不开广大社会公众的认同与大力支持。德国政府积极普及低碳环保理念，长期以来在国家层面高度重视绿色低碳、生态环保、能源安全、技术竞争等国家战略制定与实施，社会公众对低碳环保有广泛的认同和支持。低碳、绿色、环保一直是德国社会的重要文化传统，更多社会公众倾向于购买绿色低碳产品、重视节能减排、关心生态环境问题，这样强大的社会文化基础为德国国家低碳创新体系构建与低碳经济发展提供了重要的社会文化基础。

德国主要政党也都支持和鼓励绿色低碳发展，在转变能源结构、减少环境影响、应对气候变化、推进技术创新、鼓励低碳发展等方面持积极支持立场，提出的政治主张均倾向于在生态环保、绿色低碳等领域采取主动作为，赢得社会公众认可和广泛支持，进而促进各届政府加强绿色低碳方面的政策制定[1]。以德国绿党为例，该政党全名叫"联盟90/绿党"，以绿色为特色提出了立党主张，反映了德国社会公众对绿色低碳理念的广泛认同和心声，成为推动德国低碳转型、低碳发展、应对气候变化的重要力量。20世纪70年代，绿色政治风潮席卷欧洲大陆，德国绿党集聚支持绿色低碳、生态环保的社会公众力量，成为德国政坛"一支不容回避的力量"[2]。德国绿党提出的政治纲领就是"未来是绿色的"，成为促进德国低碳转型、生态治理、低碳发展、环境保护的积极行动者。绿党于2002年3月制定新的施政纲领，主张推动国家生态现代化、经济改革、社会民主、社会公正和环境保护等政策的制定和有效实施。德国提出了包括低碳交通、农业可持续发展、生态治理、社会安全等在内的多项行动纲领，依托广泛的社会公众支持，推动德国向绿色低碳的现代化发展。在绿党以及

---

① 高翔：《德国低碳转型的进展和经验》，《德国研究》2014年第2期，第32~44、125页。
② 《德国政坛的绿党势力》，http：//www.people.com.cn/GB/paper2742/10827/983624.html。

广大社会公众的参与和推动下，德国政府实施了对瓶装饮料收押金政策，引导和鼓励消费者主动回收垃圾，减少环境污染，提高资源能源再利用效率，推进低碳消费和低碳发展。

第四节　意大利经验：绿色证书制度和能源一揽子计划

意大利在构建国家创新体系和推进绿色低碳发展方面具有自己的特色。意大利为应对经济危机和自身资源能源限制，非常重视企业创新能力提升，在科技研发方面加大投入力度，并鼓励企业投资绿色低碳经济特别是绿色环保产业，加快绿色低碳转型。意大利将绿色环保产业作为产业振兴的重要内容，提升绿色生产力和科技竞争力，拉动出口，增加就业，提升意大利在全球制造领域的科技竞争力，推动经济绿色低碳发展。具体而言，主要表现在以下几个方面。

一　制定国家研究计划，完善企业创新政策

意大利因为自身资源匮乏、工业底子薄、企业竞争力不强，"二战"以前，基本以小农经济为主，工业基础相对薄弱。"二战"后，意大利基础设施遭到严重破坏，企业发展长期低迷。意大利素有"中小企业王国"之称，以小企业、大容量，小产品、大市场，小集群、大协作而闻名的产业区，在意大利经济中占有十分重要的地位，提供了意大利制造业70%以上的增加值、80%以上的就业容量、50%以上的出口总额[①]。意大利中小企业的快速发展，与当时意大利采取的有效创新政策密切相关。意大利为加快经济发展，积极制定创新政策和国家研究计划，鼓励中小企业创新发展，加强企业与高校、科研院所的产学研合作，不断提升国家科技竞争力。如表5-3所示，意大利在不同阶段采取了积极有效的政策措施，经

---

① 霍强：《意大利发展中小企业的经验及启示》，《中国工商报》2014年8月16日，第3版。

历了从全面到有选择再到重点扶持的漫长历程,加快了意大利的产业振兴与经济繁荣。1976 年,意大利国家研究委员会实施鼓励科技创新、成果转化应用的创新攻关计划,涉及信息通信、新材料、生物技术等多个技术领域。1989 年,意大利大学委员会组织实施"国家研究计划"。1990 年,意大利政府制定了"国家环境研究计划"。1998 年,大学委员会开展"加强落后地区科技网络计划"建设。意大利于 1998 年制定了"国家空间计划""国家环境研究计划"等,并于 1999 年制定了"2000~2006 年意大利南方科技发展和高等教育实施计划"等[1]。这些国家主导的创新研究计划加快了产学研合作,提升了国家创新竞争力。2011 年,意大利大学科研部发布了 2011~2013 年国家研究计划,该计划涉及地方科技发展、科研基础设施建设、大学和科研机构改革、人才政策、科研国际合作等多个方面,2011~2013 年国家研究计划总预算为 60.89 亿欧元,其中用于支持14 个重大科研专项的资金为 17.72 亿欧元[2]。

表 5-3　意大利不同阶段的创新发展措施

时间	创新政策目标与主要内容
20 世纪 50~60 年代	意大利政府设立"技术创新特别滚动基金",帮助企业筹措更多的研发资金,鼓励企业根据市场变化加强技术和产品创新
20 世纪 70~80 年代	意大利政府制定鼓励企业创新的科技政策,吸引中小企业积极引进国外先进技术,改进企业生产工艺流程,强化工业创新。1976 年,国家研究委员会开始实施攻关计划。1989 年,大学委员会组织实施"国家研究计划",为工业研究提供科技支撑和技术基础
20 世纪 90 年代以后	1990 年意大利制定"国家环境研究计划"。1991 年 10 月 5 日,意大利议会通过第 317/91 号法律,即《扶持中小企业创新与发展法》。1998 年,意大利制定国家空间计划、国家环境研究计划等。1999 年,意大利制定"2000~2006 年意大利南方科技发展和高等教育实施计划"等。意大利政府还制定了鼓励科研机构和企业参与的国际研究计划等

---

① 张寒:《意大利国家创新体系的特点及对我国的启示》,《学理论》2017 年第 11 期,第 110~113 页。

② 中国驻意大利使馆:《意大利发布 2011~2013 国家研究计划》,http://it.chineseembassy.org/chn/kjhz/t823093.htm。

　　20世纪50~60年代，意大利政府为加快经济发展，制定法律和相关政策鼓励中小企业创新发展。意大利中小手工业在好的政策环境下得到快速发展，推动了意大利的工业化进程，被称为意大利的经济奇迹。20世纪70~80年代，意大利改变传统的对中小企业进行普遍扶持的做法，针对重点科技创新领域有选择地实施创新激励措施，如在研发、节能减排、组建联营机构、购买先进技术和进行技术改造、进入国际市场等领域加大了政策扶持力度，积极引导中小企业重视引进和学习国外先进技术，加快生产过程和工艺流程的创新与改进。1991年10月5日，意大利议会通过了第317/91号法律，即《扶持中小企业创新与发展法》，标志着意大利对中小企业的扶持进入制度化阶段。意大利政府针对不同阶段不断出台和完善新的创新政策，大大提升了中小企业的技术实力、创新能力和国际竞争力。如表5-4所示，这些政策主要包括提供资金援助、提供优惠政策、鼓励创新合作、强化创新立法、设立应用研究基金和技术创新基金等[①]。

表5-4　意大利政府鼓励中小企业创新的政策工具

政策工具	创新政策安排
提供资金援助	政府提供必要的资金鼓励企业技术创新,包括引进国外先进技术、租用或购买技术设备、改进工艺等
提供优惠政策	政府对创新的中小企业实行税收减免等优惠政策,降低企业创新成本和风险
鼓励创新合作	政府鼓励中小企业进行产学研创新合作,鼓励各类高校、科研院所和企业研发机构建立合作关系,鼓励各类投资公司、科研机构等参与创新
强化创新立法	为中小企业创新提供法制保障,为企业创新贷款立法,明确创新的中央担保金、具体资助领域等
设立应用研究基金和技术创新基金	为鼓励中小企业创新设立应用研究和技术创新等创新循环基金,并且只要申请均给予支持,鼓励企业加强技术改进和创新成果应用,解决资金短缺和贷款难问题

---

　　① 张寒：《意大利国家创新体系的特点及对我国的启示》，《学理论》2017年第11期，第110~113页。

二 优化中介服务体系，构建协同创新体系

意大利政府为鼓励企业创新，除了建立相对完善的政策支持体系，还建立了相对完善的金融支持、科研服务及其他服务体系，构建了相对完善的国家创新体系。意大利为了解决中小企业创新的融资难问题，建立了中小企业银行，包括合作银行、互助银行、国民银行等，这些银行可以为中小企业提供各种形式的创新贷款。意大利政府还与银行合作，合作建立了意大利中小企业基金，为发展前景较好、风险适中的中小企业提供融资服务。为了鼓励创办新企业或企业并购，意大利政府还建立了企业滚动基金、信贷担保基金等。此外，意大利成立了中小企业协会、手工业协会等，募资建立互助担保基金会，向中小企业提供低息贷款，为中小企业创新提供重要的资金支持。

意大利建立了相对完善的科研服务体系，这是意大利国家创新体系的重要组成部分。意大利有许多科研机构，从不同领域为企业科技创新提供各种服务。意大利有良好的科学传统和较为丰富的创新资源。14～15 世纪，意大利文艺空前繁荣，成为欧洲"文艺复兴"运动的发源地，米开朗琪罗、拉斐尔、伽利略等科学巨匠为人类科技进步做出了巨大贡献。进入 20 世纪，意大利先后有 9 位科学家获得过诺贝尔物理、化学、医学奖，在高新技术领域如空间技术、信息通信、高性能并行计算机、核能等，在国际上具有较强竞争力。意大利的科研机构分为三个部分，即公共科研机构、高等院校和企业研究开发中心。公共科研机构主要从事基础研究和基础应用研究。意大利企业的研究开发力量比较雄厚，并且与公共科研机构及高等院校合作密切。如意大利国际高等研究院位于意大利北部的里雅斯特市，是与比萨高等师范大学、圣安娜高等研究学院齐名的精英大学，也是意大利高级指导性学术研究中心。比萨高等师范大学位于意大利中部比萨市，是为国家培养高级科学研究人才的最高学府，拥有国家纳米科技中心、物理实验室、神经生理实验室、分子生物实验室等。圣安娜高等研究学院也位于比萨市，作为一所研究型的大学，更注重博士生的培养，以满

足科学创新的需求。此外，意大利还有系统分析和信息科学研究所、农业机械化研究所、数学和信息科学应用研究所、系统动力学和生物工程研究所、电极加工研究中心等。意大利许多科研机构注重与企业合作，并在意大利各地建立科研基地，分别从事环境、能源、绿色低碳等领域的新技术、新产业研究，并积极向中小企业推广最新技术成果，与当地企业建立紧密的合作关系，助推企业创新发展。

意大利为中小企业创新提供了完善的中介服务，建立了技术培训、信息、质检、认证等服务机构。如意大利中小企业联合会（CONFAPI）成立于 20 世纪 40 年代，该联合会是适应战后环境变化，为维护中小企业利益而成立的，并先后建立了分布于不同行业和地区的联合分会，会员企业超过 6 万家。该联合会积极参与意大利企业创新活动，在筹措资金、职业培训、财务管理、法律、环保、产品出口、外事接待等方面为会员企业提供必要的服务。

三　设立绿色证书制度，鼓励绿色低碳发展

意大利作为国内资源能源相对匮乏的国家，比较重视绿色低碳经济发展，积极出台节能减排政策，鼓励绿色低碳领域的技术开发与创新。意大利 80%以上的能源需要进口，所以意大利注重能源集约利用和低碳新能源的开发利用。随着《京都议定书》的实施、欧洲总体能源政策的转变，世界能源市场发生了巨大变化，许多国家重视开发可再生能源，这也给意大利带来了市场机遇。意大利长期执行相对严格的节能环保标准，迫使企业重视节能减排技术创新与工艺流程改进，促进意大利经济的绿色低碳发展，以节能环保技术进步提升国家整体竞争力。

意大利政府也鼓励企业加强投资绿色节能技术与绿色低碳创新发展，在 2017～2020 年拨款 13 亿欧元奖励生产力提升。博洛尼亚大学等高校设立竞争力研究中心，为企业提供节能环保、技术创新、人才培训等服务。意大利 Amethyst 公司开发出运用生物技术净化废水的新技术，将该技术推广到葡萄酒制造等农业领域，促进节能减排和资源集约化利

用，引领行业的绿色技术创新。《绿色意大利2017》年度报告显示，2011~2017年，该国有35.5万家企业投资绿色节能技术，占总企业数的27.1%。绿色经济为意大利创造的附加值达2600亿欧元，还为国家提供了290万个"绿色岗位"。发展绿色低碳经济已经成为意大利企业的主流认识，以技术创新不断提升绿色竞争力成为意大利国家战略的重要内容①。

意大利重视落实《京都议定书》所规定的各项义务，不断提高能源利用效率、发展可再生能源，鼓励低碳技术创新，制定了鼓励可再生能源发展的"绿色证书"制度等②。1999年以来，意大利以立法的形式实行"绿色证书"制度，即利用可再生能源向国家电网输送电力并由国家电网管理局认可后颁发证书。该证书对可再生能源开发进行认证，规定了具体的数量标准，每张证书代表5万千瓦时的可再生能源生产量，有效期为8年，年产量或进口量在1亿千瓦时以上的非可再生能源生产企业，须按前一年度实际产量的一定比例向国家电网输送可再生能源。该比例开始为2%，2004年开始逐年递增0.35个百分点，2006年达到2.7%。生产商或进口商可通过自己的可再生能源生产来完成规定指标，也可购买"绿色证书"完成任务。"绿色证书"制度是基于市场的绿色低碳激励机制。此外，意大利为提高能源效率，还制定了"白色证书"制度，也称能源效率证（TEE），政府管理部门根据企业的节能效果给予认证，并确定具体的标准。

依托"绿色证书""白色证书"等制度，意大利引导企业更加注重绿色低碳技术创新，不断提高企业绿色低碳竞争力，在节能、节水、控制有害物质等方面走在行业前列。如意大利纺织机在全球有名，一直注重绿色低碳创新，提高行业技术创新水平，增强行业在环境、经济和社会方面的可持续性。意大利纺织机行业重视绿色低碳技术创新，实现供应链的可追

---

① 韩硕：《意大利提升"绿色竞争力"》，《环境监控与预警》2018年第3期，第62页。
② 姚良军、孙成永：《意大利的低碳经济发展政策》，《中国科技产业》2007年第11期，第58~60页。

溯性，注重产品生命周期的回收再利用。意大利纺织机行业实施可持续技术（Sustainable Technologies）项目，向创新和环保机械颁发的绿色标志达到1000多个。由于采用新技术，2014年纺织行业减少了21.1万吨的二氧化碳排放，相当于3.8万辆汽车一年的二氧化碳排放量①。

四　制定能源一揽子计划，提高能源利用效率

意大利政府为落实《京都议定书》规定的减排目标，制定了能源一揽子行动计划，以加快节能减排和可再生能源发展，提高能源利用效率，促进绿色低碳经济发展。这些财政措施既能履行减排承诺，又能确保意大利产业可持续发展，提升产业优势和市场竞争力②。需求方面，2007年的意大利财政法规定的优惠政策，主要包括建筑物的能源合格认证，涉及减少热量损耗、太阳能装置安装、旧取暖装置的更新等；提高工业能源效率，如购买和安装高效率电机等，鼓励光伏太阳能发电，从技术层面促进光伏设备的技术水平提升；制定其他可持续发展的政策措施，如减轻财政负担，支持建立生态公园，支持建立农业能源系统。供给方面，意大利启动关于能源效率和生态工业的创新计划，对可再生能源，环境影响小、节约能源的新产品，以及降低能耗的新工艺开发等领域的投资予以资助。

意大利制定能源效率行动计划，如对建筑物进行能源认证，减免石油液化气税收，建立生态汽车园以及出台减少污染的激励措施；对农业能源系统实行优惠措施，对高效率工业电机减免税收；对高效率家用电器减免税收；推广高产出的联合发电装置等。意大利政府还规定，从2009年开始，将汽车二氧化碳平均排放量限制在140克/公里，可相应节能23260亿千瓦时/年，占总节能目标的18%。意大利建立了能源效率提升的长效机制，不断提高能源最终用户的效率，以更具有竞争力的能源效率提升和技术创新体系，减少对传统能源依赖，不断提高能源供

---

① 《创新促进意大利纺机行业绿色发展》，《纺织导报》2016年7月18日。
② 姚良军、孙成永：《意大利的低碳经济发展政策》，《中国科技产业》2007年第11期，第58～60页。

应的安全性，有效减少温室气体排放。意大利为提高能源效率，严格控制生产废弃物排放，建立了先进的循环经济体系，每年可回收安全废弃物4700万吨。意大利以每百万欧元商品仅产生42吨废弃物的成就在欧洲五国中独占鳌头①。

此外，意大利政府还重视交通领域的节能减排，加强交通技术创新和能源效率提升。主要包括建立轮胎压力检测系统，生产高效空调，改善润滑油性能，提高生物燃料在交通能源消费结构中的比重，推广绿色低碳的交通驾驶方式。意大利还在交通基础设施领域加强绿色低碳技术应用和节能减排技术改进，如信号灯的动态控制、推广电子停车系统、改善道路表面等，还通过建立汽车共享、存放等机制提高空间利用效率和减少能源消耗。

第五节　日本经验：采取低碳社会行动计划

日本作为资源能源相对稀缺、地域狭小的海岛国家，更加重视技术创新，以创新不断提高能源利用效率，促进国家节能减排和绿色低碳发展。20世纪发生的多次环境公害事件促使日本重视环境保护和生态改善，加强绿色低碳领域的技术创新，完善低碳创新政策，有效解决了日本生态环境问题，推进低碳发展。日本的低碳创新经验值得我国借鉴。根据日本经济产业省统计的数据，1973～2013年，日本单位GDP能耗降低了40%，这说明日本所采取的一系列节能环保政策和低碳创新战略是有效的。主要做法包括以下几个方面。

一　发挥企业主体作用和强化技术驱动

日本重视发挥企业在技术创新中的主体作用，鼓励企业加强节能环保、绿色低碳领域的技术研发和关键性技术创新，不断提升日本城市的智

---

① 陈晓晨：《意大利引领世界绿色经济发展》，《光明日报》2016年11月20日。

能化、集约化、生态化水平，推进城市绿色低碳发展。如以日立、三菱等为代表的高技术企业重视低碳技术创新，加强与大学、科研院所合作，注重应用技术创新与基础研究的紧密结合，打造面向绿色低碳的产学研联盟。

日本以企业为主体，推动"母工厂"模式，加强低碳技术创新，发展低碳装备精细制造，推动节能减排、资源综合利用、绿色低碳发展的高度统一。日本设立"母工厂"模式，该"母工厂"不是仅从事生产的普通工厂，而是承担着技术支援、开发试制、先进制造技术应用和满足高端市场需求功能的战略单元。20 世纪 80 年代中期，受日元升值的影响，很多日本企业开始到国外投资建厂，如何处理国内部门与海外工厂的关系，成为企业战略决策的重要课题。日本企业选择国外与国内合理分工，鼓励在日本国内的企业加强技术创新，特别是在节能减排降耗等方面推进技术和装备的改进，如松下公司对国内工厂的功能进行了调整，在国内新建了生产高附加值产品的工厂；还有企业将国内工厂指定为国外工厂的样板，由该工厂负责向国外提供工厂的设备、工艺、员工培训以及适合当地的技术等，有利于加强"母工厂"与"子工厂"或分公司在技术上的分工与合作，提升企业主体的技术创新能力。这种将国内工厂作为国外子公司的技术依托和国内技术创新的种子基地的做法，被称为"母工厂"模式①。"母工厂"模式为加强本国企业的技术创新能力以及对国外业务的技术控制提供了重要保障，也在一定程度上为加强企业自身的技术创新能力提供了良好的制度基础。该模式值得我国在推进绿色低碳科技创新、构建低碳科技创新共同体方面借鉴。

二　以举国体制实施低碳社会行动计划

日本从 1980 年至 2008 年，采取有效措施不断提高技术水平，开发

---

① 贺俊：《中国低碳技术创新面临的新问题与政策调整》，《中国能源》2014 年第 3 期，第 20~23、34 页。

新能源，能源效率提升 38%，居世界第一，从能耗大国转变为新能源大国。日本除了受自身资源匮乏等条件限制，还受气候变暖影响较大，与多数发达国家相比，更加积极主动地采取技术创新措施，实施环境立国战略和低碳社会行动计划，推动绿色低碳创新发展[①]。2005 年的《京都议定书》要求发达国家积极履行减排承诺，实现到 2010 年温室气体排放量比 1990 年减少 5.2%，日本的减排目标是相对 1990 年减少 6%。而实际上，日本的减排任务并没有完成，至 2006 年碳排放不减反增 11.3%，如表 5-5 所示[②]。可见，日本实现节能减排的任务尤为艰巨，加快低碳技术创新意义重大。

表 5-5　1990~2006 年日本国内二氧化碳排放量变化

单位：百万 t，%

项目	1990 年	1995 年	2000 年	2001 年	2002 年	2003 年	2004 年	2005 年	2006 年
CO_2总排放量	1144.2	1228.1	1256.7	1240.7	1278.6	1286.2	1284.4	1290.6	1273.6
比前期	—	1.12	1.7	-1.3	3.1	0.6	-0.1	0.5	-1.3
比 1990 年	—	7.3	9.8	8.4	11.7	12.4	12.3	12.8	11.3

基于以上背景，日本前首相福田康夫在 2008 年提出"为低碳社会的日本而努力"的号召，明确提出了构建低碳社会的"福田蓝图"。日本计划投资约 300 亿美元，用于超燃烧等五大领域的创新战略实施，制定配套政策，分担创新成本，如表 5-6 所示[③]。

三　制定低碳技术创新路线图与政策目标

日本为落实和推进以上领域的创新战略，制定和完善低碳技术创新的

---

① 周观明：《日本应对气候变化的"举国体制"》，《环境》2013 年第 11 期，第 52~54 页。

② 陈志恒：《日本构建低碳社会行动及其主要进展》，《现代日本经济》2009 年第 6 期，第 1~5 页。

③ 孙超骥、郭兴方：《日本低碳经济战略对我国经济发展的启示》，《价格月刊》2011 年第 9 期，第 42~46 页。

表 5-6　日本低碳技术创新的五大领域

技术类型	技术领域
超燃烧系统技术	为提高能源利用效率,日本重视对传统燃烧技术的改造与提升,重视传统高能耗产业如石油化工、钢铁、金属等领域的超燃烧系统的技术创新,加强反应控制型燃烧等技术攻关,提高能源利用效率,实现节能减排
超时空能源利用技术	针对不同的能源形态,创新出新型能源利用技术,加强能源的回收再利用,提高能源储藏和运输的技术水平,减少能耗,创新能源需求与供给的预测和控制技术,最大限度减少碳排放
节能型信息生活空间技术	加强居民生活空间的能源利用技术创新,依托家电和办公设备的"领跑者计划",减少家庭能源消耗,提高生活能源利用效率,重视新光源技术创新,开发和推广大容量高速通信设备等低碳技术创新
低碳型交通技术	加强纯电动、混合动力等新型电动汽车及其发动机的低碳技术创新,开发车辆间通信技术,加快交通控制系统等 ITS 高度化技术创新,促进私用车向公交、绿色出行转变,以低碳型交通技术减少碳排放
节能半导体元器件技术	加强半导体元器件的能源技术创新,加强 SIC 元器件技术、GON 元器件技术等技术创新,制定节能半导体元器件的国际标准,加快节能半导体元器件及相关技术的全面创新

战略路线图,并整合各级政府、企业、服务中心等各类资源,构建四级低碳节能管理体系,加快构建国家低碳创新体系,积极推动低碳技术创新,如表 5-7 所示。日本低碳技术创新战略及其实施路线图,主要包括国家目标图,即制定低碳技术的国家创新目标,完善推动低碳技术创新、降低创新成本、实现低碳技术标准化等配套政策;技术目标图,规定实现创新战略的具体技术体系及其路线,确保低碳技术创新的有序推进;技术开发路线图。

表 5-7　日本四级低碳节能管理体系

层级	机构	低碳节能管理内容
第一级	以首相为主的国家节能领导机构	在日本国家层面,制定低碳节能的宏观政策和战略规划,提出国家低碳节能的总体目标,规划低碳社会愿景
第二级	以经济产业省及其下属的资源能源厅、各县的经济产业局为主的领导机关	具体负责低碳节能方案的落实,管理低碳能源开发创新工作,制定低碳节能政策法规。环境省、国土交通省等部门强化节能方案执行与管理
第三级	受政府委托的近30家节能中心	负责实施并推进低碳节能措施,对低碳节能情况进行检测评价和整改,为低碳节能提供服务
第四级	重点耗能单位及低碳产品的生产商和经销商	负责对节能方案、节能措施的贯彻执行,积极进行低碳技术创新,积极生产低碳节能产品,降低碳排放

　　为实现日本低碳技术创新战略,日本政府明确了创新政策,加快低碳技术革新,推进绿色低碳发展,构建绿色低碳世界。日本提出低碳技术创新的具体政策目标,如表5-8所示[1]。日本还提出要加强低碳新能源技术创新,加快石油替代性低碳新能源开发,制定了《关于促进石油替代能源开发与普及法》等具体的政策法规,以确保低碳技术创新战略实施和各项政策目标实现。

表 5-8　日本低碳技术创新的政策目标

技术领域	创新政策目标
低碳能源	至2020年,与最终能源消费相比,引入可再生能源20%;太阳能发电增加20倍;全面实施分布式光伏发电,积极为学校、医院、商场等建筑物屋顶安装光伏设备,提高太阳能发电占全国发电比重,积极开发和推广低碳能源

----

[1]　董立延:《新世纪日本绿色经济发展战略——日本低碳政策与启示》,《自然辩证法研究》2012年第11期,第65~71页。

续表

技术领域	创新政策目标
环保车	至 2020 年,环保车占新车销售的 50%;2020 年,下一代环保车辆市场规模约 5 兆日元。研发机构积极研发下一代蓄电池等低碳技术,实现下一代车辆的低碳化、规格化、标准化。政府对节能环保车给予补贴支出,推动环保车的普及
低碳交通	低碳交通工具的开发与普及;聚焦低碳交通基础设施;提升公共交通工具特别是低碳型交通技术创新水平,构建低碳交通体系和低碳型城市
资源大国	重视废物的回收再利用,强调垃圾是放错地方的资源,重视垃圾分类回收和资源化利用;加强原子能等新型发电技术创新,构建低碳新型资源大国

日本以政府为主导力量倡导低碳社会建设,不断完善节能政策,加强低碳技术创新的政策制定和落实,不断出台鼓励低碳技术创新的重大政策。日本政府还通过改革税制,鼓励企业节约能源,大力开发和使用节能新产品。企业如果达到节能标准或采用节能产品,可以享受一定的税收优惠①。日本还制定了《循环型社会形成基本法》《再生资源利用促进法》《建筑材料循环利用法》《绿色采购法》等一系列节能和低碳政策,推进和保障日本节能环保与绿色低碳发展。

四 构建低碳创新成本分担机制

日本政府围绕低碳技术创新与转化的全过程,从资金、人才、信息、市场等方面构建有效的成本分担机制。日本根据低碳技术创新领域和产业方向,提升低碳产品需求潜力,设计出培育低碳市场的多项制度,有效分担和降低企业创新的市场成本,如表 5-9 所示。

---

① 王新、李志国:《日本低碳社会建设实践对我国的启示》,《特区经济》2010 年第 10 期,第 96~98 页。

表 5-9　日本低碳技术创新的市场培育制度

制度	具体内容
环保积分制度	消费者在规定的时间内购买标有环保积分的环保产品可以获得相应积分,根据积分的多少得到价格的优惠。当地政府还推出了"住宅节能积分制度"
环保节能补贴等制度	制定节能汽车补贴、税收减免政策,鼓励市民更换和购买节能汽车。支持下一代电池和燃料电池技术创新,增加充气站、充电桩的配套建设
住宅用太阳能发电系统补贴制度	政府部门和当地太阳能协会为市民建立分布式光伏发电系统提供资金支持和必要保障,制定住宅用太阳能补贴制度等。积极培育低碳电力市场需求
碳足迹制度和碳排放可视化制度	实施碳足迹制度和碳排放可视化制度,让社会公众在消费的同时,了解自身的碳排放情况,引导消费者理性消费、鼓励绿色低碳消费,也鼓励和引导企业生产绿色低碳产品,培育低碳市场

五　鼓励社会参与低碳创新,开展低碳环保教育

日本国民素质比较高,日本政府在低碳技术创新、节能环保等方面鼓励社会公众积极参与,广泛开展低碳环保教育,发挥中介服务机构、社会组织、学校等各部门在低碳环保教育、低碳技术创新等方面的积极作用。日本对小孩加强低碳环保教育,孩子们从小就建立了绿色低碳、生态循环意识,小学第一课即为垃圾分类,强调循环利用、低碳节能。日本在公共空间、公共服务等方面重视绿色低碳设计,强调绿色低碳理念。

第六节　发达国家低碳创新经验对中国的启示

低碳创新与发展是一项重大的系统工程,利国利民。西方发达国家尽管没有明确提出国家低碳创新体系,但围绕着国家创新体系、低碳发展等开展了一系列工作,制定了相关的国家战略、规划、政策措施,高校、企业、社会组织、社会公众等主体围绕绿色低碳发展、技术创新加强合作,促使国家实现绿色低碳发展,这些经验为中国加快构建国家低碳创新体

系、实施创新驱动战略、推进生态文明建设与低碳发展提供了重要的政策启示。

一 制定国家低碳创新战略，推进绿色低碳发展

借鉴发达国家低碳创新经验，要加快制定国家低碳创新战略与发展规划。要提高对国家创新体系、低碳创新战略意义的认识，并在国家宏观政策和法律层面鼓励和支持低碳创新与发展。如美国联邦政府在创造需求、满足需求、增加供给等多个方面极大地推动了国家创新体系建设进程。英国政府提出国家层面的低碳转型计划，加快构建新型低碳国家与城市。日本绿色低碳创新的持续推进离不开从中央到地方各级政府的政策推动和精细管理。日本从国家层面制定了低碳技术创新战略，明确低碳技术创新战略实施的国家目标与路线图。日本高度重视低碳技术创新，制定低碳创新与低碳社会建设的国家战略和发展蓝图，并从资金、人才、信息、市场等方面分担低碳技术创新成本，引导和激励企业、科研机构、社会组织等积极参与低碳技术创新与低碳社会建设。我国大力推进生态文明建设和绿色低碳发展，实施创新驱动战略，提出建设美丽中国的伟大构想。在此基础上，借鉴西方发达国家经验，中国加快推进生态文明建设和低碳发展，实施创新驱动战略，迫切需要进一步明确战略方向，制定国家低碳创新战略，出台国家低碳创新规划，以"绿水青山就是金山银山"为发展理念，强调创新驱动与低碳发展的协同推进，加快低碳创新步伐，进而推进实现经济与环境协同发展的国家高质量发展格局。

二 完善国家低碳创新政策，降低低碳创新成本

围绕国家低碳创新战略，构建并完善国家低碳创新体系的相关政策措施和法律法规。如美国提出了一系列支持低碳经济发展的政策，被称为"绿色新政"。借鉴西方发达国家经验，我国以生态文明建设和低碳发展为战略目标，加快建立和完善低碳技术创新与低碳发展的配套政策法规，明确低碳技术创新的重点、路线图、实施方案等，加快构建中央领导牵

头、省部级领导部署、基层政府及其职能部门负责实施、企业和研究机构积极参与的国家低碳创新治理体系，引导全社会力量参与低碳技术创新，降低企业或科研院所从事低碳技术创新的成本，促进低碳技术创新能力提升，实现国家绿色低碳发展。

一是要制定国家低碳创新的人力资源政策，降低人才成本。借鉴日本经验，要重视高素质人才的培育和再教育，面向低碳技术创新领域，吸引更多的人才参与低碳创新及其产业化进程。实施国家低碳创新人才培育工程，在低碳科技基础研究、应用研究、社会公益研究等低碳科技领域培养低碳创新能力强的学科带头人，形成中国低碳创新人才群体和低碳创新团队。要结合低碳科技重大项目的研发和实施加强对低碳技术创新人才的培育，制定低碳技术创新人才培养规划[1]。加强低碳技术领域的知识产权保护，完善低碳技术人才考核评价制度，鼓励高校和科研院所人才以兼职、联合攻关等多种形式参与低碳技术创新项目，为企业低碳技术创新和节能减排提供智力服务，降低企业低碳技术创新的人才成本。

二是构建低碳创新体系和信息共享平台，降低信息成本。日本有关部门积极搭建由政府部门、企业、科研院所等构成的国家低碳创新体系，构建低碳创新信息共享平台，有效降低创新的各类信息成本[2]。借鉴日本经验，应加快构建面向低碳发展的产学研合作的协同创新体系，整合政府、产业界、学术界的创新优势，形成创新合力，推动低碳领域的重大技术创新，加快低碳技术的创新共同体建设。由政府出资构建中国低碳技术创新平台，特别是要重视低碳环保领域的通用技术开发，吸引企业、社会组织、高校、研究机构加盟，共享资源、信息、技术与服务等，并为低碳技术转化和相关企业提供必要的通用技术服务、低碳技术试验等便利条件，降低企业低碳技术开发与技术应用的信息成本。建立低碳创新信息系统，

---

[1] 陆小成：《技术预见对区域低碳创新系统的作用及其路径选择》，《科学学与科学技术管理》2009 年第 2 期，第 61~65 页。

[2] 蓝虹：《日本构建低碳社会战略的政策与技术创新及其启示》，《生态经济》2012 年第 10 期，第 72~77、92 页。

加快低碳技术大数据平台建设，实现低碳技术、低碳市场、低碳服务、低碳产品等信息集成与更新，促进低碳环保领域的信息公开与数据共享，为有效开展低碳环保技术攻关、低碳产品生产、低碳技术应用提供完善而系统的低碳创新信息服务，构建低碳环保数据共享与创新服务体系。

三是加强低碳创新制度供给侧改革，降低市场成本。加强供给侧结构性改革，关键在于形成有利于创新的制度体系，重视低碳创新制度供给侧改革，降低市场交易成本。要加快完善低碳法律法规，加强低碳创新制度供给侧改革，避免政策交叉、打架、缺失等问题，为低碳技术创新提供必要的制度保障，降低市场交易成本。要避免从实验室到市场的技术"死亡之谷"现象，积极培育低碳技术市场需求，化解光伏等过剩产能，加强低碳产品的市场推广。如日本先后制定并实施了"阳光计划""月光计划"等，降低低碳创新的市场交易成本，重视新能源、新材料等低碳领域的技术创新与低碳消费市场扶持[①]。借鉴日本经验，中国应出台培育低碳市场的一系列政策，如鼓励家庭购买和安装分布式光伏发电系统，鼓励企业、工厂、农村等安装光伏发电、风力发电设备，畅通光电、风电入网渠道，有效化解过剩光伏、风电产能。要加快制定中国低碳领跑者计划和低碳可视化制度。要建立符合中国实际情况的低碳技术领跑者标准，引导社会公众积极购买低碳产品，培育低碳消费理念和市场需求。出台和完善扶持国内低碳技术企业和产业"走出去"的相关政策，加快实施低碳技术创新与海外推广，多措并举降低和分担中国低碳技术创新与应用的各项成本，积极推进低碳技术创新驱动，加快推进生态文明建设和美丽中国梦的实现。

三　加大低碳技术创新投入，发挥创新引擎作用

西方发达国家经验表明，技术竞争力是一个国家核心竞争力的重要组

---

① 王新、李志国：《日本低碳社会建设实践对我国的启示》，《特区经济》2010年第10期，第96~98页。

成部分。应对全球气候变暖以及环境污染问题，国家要高度重视低碳技术的创新能力和核心竞争力提升，这是抢占未来世界经济制高点的重大战略要求。低碳不仅是经济问题和发展问题，也是未来世界经济竞争和国际政治话语权的重要筹码，更是应对资源能源瓶颈性制约问题的关键。

英国加大低碳技术研发投入，2002~2008 年英国政府投入 5 亿英镑用于可再生能源的技术研发，并设立了"环境变革基金"直接支持可再生能源及相关技术设施的开发，并加快绿色低碳技术的产业应用和市场推广，制定了优先支持低碳技术的发明专利权，还征收气候变化税，设立碳基金支持低碳技术研发、低碳人才培养、低碳技术产业化等①。

美国政府一直鼓励技术研发，重视基础研究，在绿色低碳领域更加舍得投入，如在 2010 年度预算中列支 60 亿美元用于低碳技术创新支出。在总投入中，清洁能源技术投入占 30%，节能技术投入占 17%，技术研究投入占 23%，碳回收技术投入占 30%。美国政府还对从事低碳技术研发的高校、研究机构加大投入力度，对企业从事低碳技术创新实行税收减免和创新补助等政策②。

日本政府设立"竞争型研发资金"，对高校、企业、科研机构的创新研发活动给予资金支持。日本把基础研究、技术进步作为实现国家振兴与绿色低碳发展的重要途径。日本文部科学省正式启动研究开发与实践相结合的综合战略项目，成立"低碳研究推进中心"，加大低碳技术创新和经费投入力度，不断开发和创新低碳技术。2008 年日本提出"环境能源革新技术开发计划"和"低碳技术计划"，鼓励超燃烧系统技术等五大重点技术领域的创新③。日本政府还制定了低碳社会建设的"技术战略图"。2008 年 7 月，日本内阁会议通过了"实现低碳社会行动计划"，而达到这

---

① 王承云、秦健：《低碳技术研发的国际经验及启示》，《中国软科学》2010 年第 S1 期，第 277~282 页。
② 王承云、秦健：《低碳技术研发的国际经验及启示》，《中国软科学》2010 年第 S1 期，第 277~282 页。
③ 邵冰：《日本低碳经济发展战略及对我国的启示》，《北方观察》2010 年第 4 期，第 27 页。

一计划所涉及的具体目标，既要依靠大力推广使用日本现有的先进技术，更要依赖节能减排技术的不断创新。

借鉴西方发达国家经验，我国要加大对绿色低碳技术创新的投入和支持力度。国家应高度重视绿色低碳技术创新，优先开发新型高效的低碳技术，发挥低碳创新在实现经济高质量发展中的引擎作用①。由于低碳技术创新具有高投入、高风险、长周期等特点，国家需要加大低碳技术创新的资金投入，设立国家低碳技术创新基金，对从事低碳技术的研发人员给予相应补贴。各级政府、企业、金融机构、社会资本、社会组织积极参与国家低碳创新战略及其投融资，为低碳创新提供必要的资金支持。降低和分担企业低碳技术创新的资金成本，引导和鼓励更多的企业和研究机构从事低碳技术创新，迫切需要从中央到地方各级政府制定和完善相关的投融资政策，不断降低企业低碳技术创新的资金压力及其成本风险。低碳技术创新的投融资政策应该包括低碳技术创新、低碳技术产业化等过程。要建立低碳技术创新专项基金，发布低碳技术创新目录，为企业和研究机构提供低碳科技领域基础研究和应用研究等的经费支持。要制定国家低碳技术创新转化的直接补贴制度，为企业生产低碳环保产品、低碳技术开发、低碳技术推广与应用等提供必要的财政补贴。要为企业或者相关机构低碳技术创新与产业化提供贷款优惠。要进一步完善低碳金融政策，扩大商业银行低碳信贷业务，建立节能减排贷款绿色通道，引进机构投资者和风险投资促进低碳金融发展②。要加强低碳投资产品及金融服务创新，积极吸引民间投资低碳技术项目。

四　优化整合创新资源，推动构建低碳创新共同体

构建国家低碳创新体系离不开各方面资源的整合。西方发达国家注重"官产学"等资源整合，形成完善的创新共同体，加快低碳创新发展。如

---

① 吕俊杰：《低碳经济发展概况对中国经济的启示》，《科技与生活》2010 年第 13 期。
② 任卫峰：《低碳经济与环境金融创新》，《上海经济研究》2008 年第 3 期，第 38~42 页。

美国斯坦福科技园就是创新资源整合、产学研合作形成创新共同体的成功案例。斯坦福大学兴建、政府推动、相关企业大力支持和配合，形成了独具美国特色的"官产学"合作创新共同体的硅谷模式。斯坦福大学和研究机构鼓励具有创新能力的师生创新创业，重视和鼓励在绿色低碳领域进行技术攻关和创新，吸纳电子、计算机、微信息处理等绿色低碳技术领域的产业进入，整合相关创新资源，重点发展绿色低碳技术，将低碳科学研究、低碳技术开发、低碳技术人才培养、低碳企业经营等有机集合，促成"官产学"的低碳创新合作，不断提升低碳技术创新能力。斯坦福大学主要支持电子工程、计算机科学、化学和物理学等学科建设和发展，培养了大量绿色低碳技术创新人才，为园区电子信息等绿色低碳产业发展提供源源不断的技术发明成果和高科技人才，使斯坦福科技园成为世界最高水平的电子信息产业研发中心和绿色低碳制造中心[①]。剑桥科学园也是"官产学"合作创新的产物。该科学园最初由剑桥大学发起建立，政府积极跟进，企业积极参与并不断主导科学园的创新与发展过程。剑桥科学园积极整合企业资源，3500 多家企业主要从事高新技术、信息服务等绿色低碳领域的产业；剑桥大学中具有创新精神的科学家积极参与绿色低碳技术创新，并注重技术产业化应用与商业化实践；剑桥大学制定鼓励绿色低碳创新与产业实践的一系列政策，如更加宽松的教师创新创业兼职条件、相对宽容的知识产权制度、鼓励技术成果向园区转移的政策等；政府在大学和企业合作方面加大扶持力度。

日本政府鼓励绿色低碳领域的技术创新，形成了以政府为主导的"官产学"相结合的国家技术创新体系。素有"日本硅谷"之称的筑波科学城，从 1963 年兴建到 1980 年建成历时 17 年，后经过 30 余年的发展已集中 31 个国家级科研机构、2 所大学、260 多所私人研究所、2 万多名研究人员，代表了日本最尖端科学研发水平，其研究领域包括教育、建筑、

---

① 赵东霞、郭书男、周维：《国外大学科技园"官产学"协同创新模式比较研究——三螺旋理论的视角》，《中国高教研究》2016 年第 11 期，第 89~94 页。

物理科学、生物、农业、环境、安全等诸多绿色低碳领域。筑波科学城是典型的政府主导、大学和科研机构进入、企业参与的合作产物。借鉴西方发达国家经验，构建国家低碳创新体系，要整合各类绿色低碳创新资源，聚焦若干个绿色低碳技术领域，鼓励和引导企业、大学、科研机构、政府构建创新共同体，提升绿色低碳领域的自主创新能力。我国拥有集中力量办大事的政治优势，科技资源主要集中在国家研究机构和高校中，要加快形成绿色低碳创新的"国家队"，充分发挥和整合绿色低碳技术创新的科研"国家队"力量，优先发展清洁煤技术、节能技术和提高能源效率技术等，要通过构建产学研合作的创新共同体，不断增强国家的绿色低碳竞争力和在国际上的绿色低碳领域话语权。

要鼓励社会组织、社会公众积极参与绿色低碳创新，为绿色低碳创新共同体构建贡献力量。如日本鼓励社会公众积极参与低碳技术创新、节能环保等，广泛开展低碳环保教育，发挥中介服务机构、社会组织、学校等各部门在低碳环保教育、低碳技术创新等方面的积极作用。英国鼓励公众购买绿色低碳产品、选择绿色低碳生活，为绿色低碳创新提供广大的消费市场。德国商会和各类社会组织积极搜集各种低碳技术资料和信息，联合科研院所举办各种低碳创新研讨会、学习班等促进低碳技术创新。借鉴国外经验，构建国家低碳创新体系要积极发挥社会公众的参与作用，公众不仅要成为绿色低碳发展的重要消费者，也要成为绿色低碳的重要创新者、参与者、支持者。要充分发挥社会组织、社会中介的信息服务和中介桥梁作用，积极组织各类有关低碳创新与低碳发展的研讨会、博览会、学习班等，引导更多的企业家、科研人员、社会力量参与低碳技术创新，掌握低碳经济发展动态，积极参与低碳贸易与低碳经济发展，主动学习低碳技术，开发出适应市场需求的低碳产品，提升低碳竞争力。特别是在中美贸易摩擦等背景下，要鼓励国家各部门、各机构、各商会协会等积极为出口企业提供政策咨询、法律服务，提高国际话语权，帮助出口企业采取应对措施，加快低碳技术创新，提升国际技术竞争力。

本章小结

本章通过比较研究法研究和探讨美国、英国、德国、意大利、日本等国家面向低碳发展是如何加快构建国家创新体系的，是如何提升低碳绿色科技创新能力的，有哪些政策和经验值得我国借鉴，总结和比较国外典型的国家低碳创新体系建设模式及其对中国的主要启示。如美国经验表现为杂糅了尊重企业主体地位、发挥政府关键作用、鼓励社会资本参与、推进产学研互动、推进低碳经济发展等。英国经验主要表现为制定低碳转型计划、完善低碳发展政策、重视低碳技术创新、鼓励公众参与低碳创新等。德国经验主要表现为制定低碳能源转型计划、加大低碳技术创新力度、利用经济手段促进低碳发展、鼓励公众参与低碳行动等。意大利经验主要表现为制定国家研究计划，完善企业创新政策，优化中介服务体系，构建协同创新体系，设立绿色证书制度，鼓励绿色低碳发展，制定能源一揽子计划，提高能源利用效率等。日本经验主要表现为发挥企业主体作用和强化技术驱动、提出低碳社会行动计划、制定低碳技术创新路线图、构建低碳创新成本分担机制、开展低碳环保教育等。发达国家低碳创新经验对中国的启示主要有：制定国家低碳创新战略，推进绿色低碳发展；完善国家低碳创新政策，降低低碳创新成本；加大低碳技术创新投入，发挥低碳创新的引擎作用；整合低碳创新资源，加快构建低碳创新共同体。

第六章　国家低碳创新体系建设的主要问题

推进生态文明建设，推动绿色低碳发展，实现人与自然和谐共生的现代化，迫切需要加快构建国家低碳创新体系。需要更多地依靠面向绿色低碳的技术创新，切实推动国家绿色低碳发展，助推碳达峰碳中和目标的实现。我国加快创新驱动与低碳发展步伐，但还存在一些深层次的创新难题与实践问题亟待解决。基于创新主体的多元性，从企业、政府、大学与科研院所、中介服务机构、社会公众等多主体层面进行分析，问题主要表现在以下几个方面。

第一节　企业层面：创新主动性不强，低碳创新能力不足

企业是创新的核心主体，是面向市场需求、面向经济发展的第一线。企业的低碳创新动力不足，必然影响到整个国家的低碳创新能力建设。

一是企业低碳创新的主体地位缺失。目前，因多方面的原因，我国许多企业特别是中小微企业还没有成为真正参与自主创新的重要主体，传统代加工模式就是重要体现。许多省区市的传统制造领域中小型企业多，主营配件生产加工等，终端产品制造以及创新设计较少，还有部分企业是小作坊式的装配型企业，创新意识不强，求稳怕风险，缺乏技术创新的意愿

与能力。我国许多中小企业处于产业链低端，在研发机构设置、研发投入、研发技术竞争力等方面严重缺失，创新主体地位没有得到充分体现。而大型企业特别是跨国公司依托其雄厚的技术、资金、品牌、规模等优势成为行业垄断者，往往具有引领整个行业乃至全球产业链的创新能力，可占领整个创新链产业链的高端环节，占有更多全球性的垄断利益。其他中小企业仅仅是其产业链中的一环，主要利润均被这些跨国公司或大型企业所控制。在低碳技术创新领域，我国企业的创新能力不强，大多数企业缺乏低碳创新的主体地位。应对全球气候变化和节能减排的强大压力，同时面临激烈的全球化市场竞争，企业必须加强低碳技术创新，但许多企业往往自身改革、技术创新滞后，特别是面向绿色低碳领域的技术创新缺乏需求拉动，低碳技术创新组织机制不够完善，难以成为国家低碳技术创新的核心主体。

二是企业低碳创新的意识不强，主动性差。国家低碳创新体系构建的目标是依托低碳技术创新实现国家经济效益、生态环保效益、社会效益等的高度统一，将绿色低碳指标纳入整个国家经济社会运行体系，包括企业生产经营管理等各个环节，要求企业必须重视低碳技术创新，减少能耗和污染排放强度，实现绿色低碳生产，开发出低碳型产品。但这一过程环保要求高、技术突破难度大。由于低碳技术创新的投入高、周期长、成本高、风险也大，且缺乏足够的低碳生产政策进行激励和引导，一般企业进行低碳创新、低碳化生产的积极性不高、主动性不强[1]。根据 2016 年全国环保产业重点企业调查，我国环保企业研发经费占营收比重为 2.06%，低于高新技术企业认定条件的 3%[2]。企业面向绿色低碳的自主创新激励机制尚未形成，缺乏通过自主创新做强、做大企业并实现绿色低碳发展的内在动力。部分企业采用的是传统落后技术，工艺流程简单、技术基础薄

---

① 李德祥、彭继玉：《我国绿色技术创新中存在的问题及对策》，《湖南财政经济学院学报》2018 年第 5 期，第 75~81 页。

② 赵云皓、叶子仪、辛璐、卢静：《构建市场导向的绿色技术创新体系》，《环境与可持续发展》2018 年第 5 期，第 5~8 页。

弱，对节能减排方面缺乏足够重视，许多企业对什么是低碳技术、为什么要加强低碳技术创新等问题缺乏基本认识。在我国许多污染比较严重的老工业区，大部分企业属于传统的高能耗、高污染、高排放企业，主要依靠传统能源消耗和资源从事加工型生产，主要依靠资金、人力、物力、资源、能源等传统生产要素的大量投入来获得微薄利润，在市场上缺乏竞争力。特别是外向型的资源型产品加工业，很多缺乏技术含量，处在产业链低端，消耗的是资源能源，排放的是废气废水废物，产出的是廉价的商品。许多企业主缺乏环保意识，缺乏低碳理念，缺乏创新意识，对低碳技术创新、低碳技术应用、低碳产品生产缺乏足够认识和实际行动。

三是企业低碳创新能力弱，核心技术缺乏。我国许多企业缺乏研发环节，在国际竞争中未能掌握更多的核心技术和知识产权，以"市场换技术"未能达到预期效果。目前，少数发达国家掌控着全世界 90% 以上的发明专利与核心技术，牢牢占据产业链高端，获取了大量超额利润。

在节能环保、绿色低碳等领域，我国企业缺乏核心技术话语权。低碳创新体系要求企业加强低碳技术研发，将绿色工艺、低碳技术更多地应用于生产各个环节，并从整个企业运行系统加强节能减排和低碳改造，实现资源的集约利用和经济的绿色低碳发展，这种创新是集生产、生态、生活各个环节于一体的低碳化发展。低碳技术创新难度大、产生经济效益较慢，甚至创新或改造可能对企业原有的沉没成本产生强烈冲击，加上大多数企业自身技术创新能力弱，或者基本没有技术研发部门，采取的是代加工模式，基本看不到低碳技术创新所带来的巨大发展潜力和综合效益，导致企业不愿意在研发和应用低碳技术上投入更多的时间和精力，技术创新能力始终难以提升，在应对外部风险、推进低碳发展中动力和能力均不足。

我国企业研发机构数量少，对产学研结合缺乏主动性，许多企业重生产轻研发、重引进轻消化吸收、重模仿轻创新。尽管我国低碳经济发展迅速，但整体上低碳技术创新能力不强。与发达国家相比，在许多核心技术领域我国的低碳技术创新稳定性不强，我国的创新多集中于一些外围技术，以节能减排、生态环保为目标的关键性技术缺乏，技术基础薄弱，在重大低碳技术领域缺乏独立的自主研发和创新能力。企业家对创新人才不够重视，许多企业不了解低碳技术进步与企业生存、长远发展的紧密关系，没有认识到低碳创新人才是企业的核心竞争力要素和企业创新发展的关键所在。不少企业在福利待遇、地位、荣誉等方面，将技术创新人才等同于一般企业员工或可有可无的非生产部门，导致科技人才收入不如销售人员、待遇不如管理人员，严重挫伤了科技人才的创新积极性，企业低碳技术创新能力难以提升。

以中关村国家自主创新示范区为例，中关村国家自主创新示范区是中国高科技产业中心，是中国第一个国家级高新技术产业开发区、第一个国家自主创新示范区、第一个国家级人才特区，是我国体制机制创新的试验田。尽管中关村相对全国其他地区而言创新能力比较强，但其在绿色低碳技术领域的创新能力还不强大，特别是示范区的企业在产学研互动等方面能力不足，关键性低碳技术缺乏，低碳技术基础相对薄弱。中关村具有自主知识产权的核心技术数量较少，与世界前沿相比存在较大的差距，在原创性技术、颠覆性技术、关键核心技术等领域研发投入不够、前瞻性引领不够。"硬科技"少、"软技术"多，颠覆性技术少、一般性技术多，原创性技术少、商业模式应用性技术多，这种情况在低碳创新领域更加突出。

四是企业低碳创新投入少，高科技人才缺乏。企业对研发投入重视不够，舍不得在低碳核心技术领域加大投入，低碳技术研发投入机制不完善，对政府、社会资本等资源整合不够，资金筹措困难。我国企业研发经费投入少，研发机构、创新人才少，在创新体系建设中企业处于从属地位，重生产轻创新、重引进轻研发、重模仿轻创新。因对创新投入少，重视创新不够，不少企业处于有"制造"无"创造"、有"贴牌"无"品牌"的状态。我国企业的科技人才严重不足，研发、技术人员比重低，围绕企业节能减排、绿色低碳发展的创新人才更是缺乏，许多企业没有设立研发部、研究院等科研机构，难以吸引更多高学历、高技术人才。低碳科技人才不足严重制约企业低碳创新能力提升，也制约国家低碳创新体系建设。

第二节　政府层面：低碳创新政策不完善，
体制机制有缺陷

　　低碳技术创新是面向生态文明建设和生态环境改善的重要技术创新活动，外部性和公益性比较强，仅靠企业单一力量进行技术创新很难。加上我国市场成熟程度还不能完全满足实际需要，市场上劣币驱逐良币现象还比较普遍，如低价的高碳产品比相对高价的低碳产品更有市场竞争力，严重制约了企业的低碳技术创新动力。因此，必须依靠政府发挥"看得见的手"的作用加强低碳创新引导。但各级政府在鼓励低碳技术创新等方面政策还不够完善，政策之间联动性不强，低碳政策执行力度不够，这些不足严重制约了低碳技术创新与国家低碳创新体系的构建。

　　一是低碳创新的体制障碍突出。国家低碳创新体系构建需要完善的创新体制机制提供保障，但我国目前体制不完善，没有形成有效推进自主创新的良好环境，没有形成公平竞争和讲究诚信的创新环境。知识产权保护制度不够完善，未建立起有利于自主知识产权产生和转移的法制环境。国家高度重视科技创新，希望充分发挥科学技术作为第一生产力的作用，但部分地方政府和职能部门并没有从体制机制上打通科技创新各个环节，没有充分发挥科研人员的创新积极性和主动性，适应社会主义市场经济体制、经济与科技相互促进的新型科技体制和运行机制还有待建立和完善[1]。完善的体制机制是国家低碳创新体系构建和发展的重要前提。从美国、日本、英国、韩国等国家构建创新体系的经验来看，其均重视营造鼓励创新的良好政策、市场、人才、服务、法制等环境来实现创新驱动与跨

---

　　[1]　杨大玮：《自主创新理论研究——构建中国特色国家创新体系》，西南财经大学硕士学位论文，2007，第39～44页。

越发展。我国长期以来重视技术创新，但在体制、制度等方面创新不够，如对知识产权保护和私有财产保护不够、没有建立良好的创新投入机制激发更多的人参与创新，在低碳技术创新领域更是如此，没有充分调动全社会力量参与国家低碳创新体系建设。而创新体制机制、创新制度和利益机制不健全，导致企业生产的短视行为，如以牺牲资源和环境为代价追求经济利益、政府对这种短视行为缺乏足够的监管和惩罚力度。企业缺乏足够的动力加强节能减排和低碳创新。在国家层面，没有建立重视低碳创新的制度环境，大多数企业重当前、轻长远，重经济利益、轻生态效益，在体制机制设置上缺乏对低碳技术创新的足够重视，缺乏完善的体制保障。

二是低碳创新的政府投入少。低碳技术创新需要大量的资金投入，政府缺乏支持低碳技术创新的专项计划和基金扶持，难以为低碳技术创新提供必要的资金支持。从研发投入角度看，中国是仅次于美国的世界第二大研发经费投入国家。科技部的数据显示，2016 年全社会研究与试验发展（R&D）支出超过 1.5 万亿元，占 GDP 比重为 2.1%，但政府和社会对基础研究的投入还不充足，研发过程中只有 5% 的经费用于高校、科研院所的基础研究中，而发达国家在基础研究等领域的经费投入占比达到了25%[1]。根据国家统计局网站公开数据，2017 年我国 R&D 经费支出 17500 亿元，比 2016 年增长 11.6%，占 GDP 比重为 2.12%，其中基础研究经费 920 亿元[2]。

国家统计局数据显示，2020 年，我国 R&D 经费投入继续保持较快增长，投入强度持续提升，全国共投入 R&D 经费 24393.1 亿元，比上年增加 2249.5 亿元，增长 10.2%，增速比上年回落 2.3 个百分点；R&D 经费投入强度为 2.40%，比上年提高 0.16 个百分点，但投入增速有所回落，国家财政科技支出比上年下降[3]。如表 6-1 所示，2020 年，国家财政科学

---

① 相惠莲：《激发科技创新政府投入很重要但还不够》，《财经》2017 年 8 月 23 日。
② 国家统计局，http://www.stats.gov.cn/tjsj/zxfb/201802/t20180228_1585631.html。
③ 国家统计局，http://www.stats.gov.cn/sj/tjgb/rdpcgb/qgkjjftrtjgb/202302/t20230206_1902130.html。

技术支出 10095.0 亿元，比上年减少 622.4 亿元，下降 5.8%。其中，中央财政科学技术支出 3758.2 亿元，下降 9.9%，占财政科学技术支出的比重为 37.2%；地方财政科学技术支出 6336.8 亿元，下降 3.2%，占比为 62.8%[①]。

表 6-1　2020 年国家财政科学技术支出情况

单位：亿元，%

类　别	支出值	同比增速	占比
合　计	10095.0	-5.8	—
其中：科学技术支出	9018.3	-4.8	89.3
其他功能支出中用于科学技术的支出	1076.7	-13.6	10.7
其中：中央	3758.2	-9.9	37.2
地方	6336.8	-3.2	62.8

注：本表中财政科学技术支出的统计范围为公共财政支出安排的科技项目。

国家统计局数据显示，2022 年，我国全社会 R&D 经费继续保持两位数增长，R&D 经费投入强度较快提升，跃上 2.5% 的新高度。初步测算，2022 年我国 R&D 经费投入达 30870 亿元，首次突破 3 万亿元大关，比上年增长 10.4%，自"十三五"以来已连续 7 年保持两位数增长。但从国际比较来看，我国基础科学领域投入非常少，美国历年来占比一直在 17% 左右，俄罗斯占比也在 15% 以上。现代科学主要由基础科学、技术科学和应用科学等组成，如物理、化学、生物、材料学、生命科学等是最基础的科学，对基础科学研究重视不够、投入不足，难以为技术科学、应用科学等提供强大的研究支撑。从近些年中国科技创新的状况来看，更多地重视模式、管理、服务等创新，如手机支付、共享经济、电子商务等业态创新，但美国等发达国家更多地重视真正技术层面的创

①　国家统计局，http：//www.stats.gov.cn/sj/tjgb/rdpcgb/qgkjjftrtjgb/202302/t20230206_1902130.html.

新，如芯片、操作系统等新科技产品创新。在绿色低碳领域的科技创新投入更少，严重制约了我国低碳创新能力提升。推进国家绿色低碳发展需要发达的低碳科技作为支撑，如甲烷的回收利用、氧化亚氮的分解、碳收集储存技术等，但我国整体技术水平落后、创新能力不足，不得不主要依靠商业渠道引进。但从国外引进技术需要巨额资金投入，而且不一定能引进真正的先进技术。

三是低碳创新的政策供给不足。我国关于低碳技术创新的相关政策供给严重不足，政策体系不完善，如关于低碳创新的相关优惠政策、低碳产业促进政策、低碳消费促进政策、低碳产品推广政策、低碳产品采购政策等存在许多缺陷。有关低碳创新的知识产权保护制度不够完善，技术垄断、不正当竞争、模仿制造、假冒伪劣产品、知识产权侵害等现象时有发生，严重制约了低碳技术创新的积极性和主动性；有关法律条文和规范不尽如人意，有法不依、执法不严、违法不究等问题严重阻碍了低碳技术创新发展。特别是知识产权等制度还不够完善，对低碳技术创新等缺乏长久的激励机制，未能形成保护企业利润、保护创新成果的政策机制和规则，管理制度和利益机制不健全，引发企业短期行为，制约低碳技术创新能力提升。

四是低碳创新的资源整合能力不强。国家低碳创新体系整体效能的发挥，需要整合从中央到地方各级政府、各行业、各部门、各组织的资源与力量，需要发挥新型举国体制优势。但现实中，无论是在政府层面，还是在行业、企业以及各社会组织等层面，对低碳创新资源的整合能力不够，特别是不少地方政府及其职能部门对绿色低碳发展、"双碳"目标、低碳创新还缺乏足够的认识，有的仅仅停留在概念、口号、文件层面，缺乏深刻理解及贯彻落实，对各方面资源的整合不够，制约了低碳创新进程。以北京为例，尽管北京在整合创新资源方面走在全国前列，各方面的优质创新资源丰富，但实际上，由于多方面原因存在，科技创新资源整合还不够，创新体系整体效能还不高，比如国家实验室与国家重点实验室、新型研发机构及各类创新平台之间的关系不够清晰，与中国科学院、国家级科研机构的优势互补和相互促进发展机制有待进一步完善①。从全国来看，各级政府部门对创新资源的整合、对协同创新能力的提升均存在不足。党的二十大报告提出要积极稳妥推进碳达峰碳中和，这就需要发挥低碳科技创新的引擎作用，加快低碳创新步伐。各级政府部门对如何整合资源加快低碳创新缺乏足够的认识，缺乏对创新资源的配置与整合能力。

此外，从产业、能源等领域结构与政策来看，传统产业和传统能源占一定比重，影响国家绿色低碳发展，相关产业政策、能源政策不够完善，制约了产业结构、能源结构的优化升级，进而制约了低碳创新能力的提升。从产业结构看，如表 6-2 所示，全国三次产业结构从 2008 年的 10.2∶47.0∶42.9 转变为 2021 年的 7.3∶39.4∶53.5。多年来，第一、第二产业比重均有所下降，第三产业比重有所提升。目前，中国经济的主体是第三产业，但第二产业比重也较大，决定了能源消费的主要部门是工业，特别是重化工业。我国知识密集型、技术密集型产业少，产业结构还不够合理，迫切需要加强绿色低碳产业的政策调整和创新，改变传统不合理的产业结构，加快制定鼓励绿色低碳发展的产业政策。

表 6-2　2008~2021 年全国三次产业结构

单位：%

年份	第一产业	第二产业	第三产业
2008	10.2	47.0	42.9
2009	9.6	46.0	44.4
2010	9.3	46.5	44.2
2011	9.2	46.5	44.3
2012	9.1	45.4	45.5
2013	8.9	44.2	46.9
2014	8.6	43.1	48.3
2015	8.4	40.8	50.8
2016	8.1	39.6	52.4

---

① 郭隆：《以新型举国体制助力重大科技创新》，《北京观察》2021 年第 12 期，第 24~25 页。

续表

年份	第一产业	第二产业	第三产业
2017	7.5	39.9	52.7
2018	7.0	39.7	53.3
2019	7.1	38.6	54.3
2020	7.7	37.8	54.5
2021	7.3	39.4	53.5

资料来源：国家统计局，http：//www.stats.gov.cn/tjsj/ndsj/2022/indexch.htm。

从能源消费结构看，如表 6-3 所示，中国能源消费总量从 2008 年的 320611 万吨标准煤逐渐增加到 2021 年的 524000 万吨标准煤，其中煤炭消费尽管呈现逐年下降趋势，但仍然占主体，2021 年占比为 56.0%，石油占 18.5%，天然气占 8.9%，一次电力及其他能源占 16.6%。据计算，每燃烧 1 吨煤炭会产生 4.12 吨的二氧化碳，比石油和天然气每吨多 30% 和 70%。由于煤炭消费比重大，碳排放强度高，我国在应对气候变化和环境污染治理中任务艰巨。在能源政策方面，我国迫切需要重视绿色低碳的新能源政策制定，鼓励绿色可再生能源生产与消费，加快能源生产结构与消费结构调整。

表 6-3 2008~2021 年能源消费总量及构成

单位：万吨标准煤，%

年份	能源消费总量	占能源消费总量的比重			
		煤炭	石油	天然气	一次电力及其他能源
2008	320611	71.5	16.7	3.4	8.4
2009	336126	71.6	16.4	3.5	8.5
2010	360648	69.2	17.4	4.0	9.4
2011	387043	70.2	16.8	4.6	8.4
2012	402138	68.5	17.0	4.8	9.7
2013	416913	67.4	17.1	5.3	10.2
2014	428334	65.8	17.3	5.6	11.3

续表

年份	能源消费总量	占能源消费总量的比重			
		煤炭	石油	天然气	一次电力及其他能源
2015	434113	63.8	18.4	5.8	12.0
2016	441492	62.2	18.7	6.1	13.0
2017	455827	60.6	18.9	6.9	13.6
2018	471925	59.0	18.9	7.6	14.5
2019	487488	57.7	19.0	8.0	15.3
2020	498314	56.9	18.8	8.4	15.9
2021	524000	56.0	18.5	8.9	16.6

资料来源：国家统计局，http：//www.stats.gov.cn/tjsj/ndsj/2022/indexch.htm。

第三节　大学与科研院所层面：低碳知识创新能力弱

　　低碳创新不仅仅是技术层面的创新，更需要低碳领域的基础理论、基础科学的积累和创新。科技与知识的原始创新能力关系到国家安全和经济安全。从大学和科研院所层面来看，有关碳达峰碳中和的低碳知识、低碳科技的原始创新能力比较弱，未能形成重大关键性低碳科技基础理论突破和重大低碳科技知识的理论创新。

　　一是低碳知识创新人才少、能力弱。经过几十年的发展，我国的科技队伍实力不断壮大，但高水平的科技带头人少，面向绿色低碳领域的科技人才更少，在低碳科技、低碳基础理论研究、低碳知识创新等方面能力薄弱，严重制约了低碳技术创新进程。大学和科研院所的科研人员基于科研考核压力，更多从事于短平快的科研项目，缺乏长期性、战略性、持续性的科研目标，围绕绿色低碳领域的知识创新更少。现有面向绿色低碳的技术创新平台的综合性、交叉性、集成性以及国际化程度较低，对绿色低碳的市场需求和规律把握不够，绿色低碳知识创新转化为生产力存在较大不足。低碳知识创新能力比较弱，缺乏引领性和竞争力。

二是大学和科研院所从事低碳知识生产、低碳科技创新的项目少、成果少。一方面，绿色低碳科技概念提出较晚、发展时间短，很多人并不认识或认同该概念，许多大学和科研院所并没有设置这方面的课程或专业。尽管有的高校有相关专业如生态环境、能源等，但并没有从减少碳排放、节能减排等角度高度重视这方面的课程或专业设置，也没有重视这方面的绿色低碳知识生产和低碳科技创新。另一方面，许多大学和科研院所对科研人员的考核重视短平快的项目、重视论文生产，导致对低碳知识等基础领域研究的动力不足，缺乏持续性、长久性、战略性的研究。

三是大学与企业联系不够紧密，产学研严重脱节。作为低碳知识生产者与传播者的大学和科研院所，同作为低碳知识使用者和应用者的企业之间严重脱节，大学与企业之间联系少，许多课程的设置没有面向企业需求，不能紧跟企业和市场需求开发低碳创新方面的课程，导致低碳知识生产、传播、应用、推广等各个环节缺乏联动性和协调性，制约了国家低碳创新体系建设。产学研严重脱节制约国家自主创新能力提升，企业与大学、科研机构的技术合作以短期项目或委托研发协议为主，缺乏持续性、长久性、战略性的低碳科技研发计划，很少以知识产权、技术标准等为重要纽带促进在全球低碳技术领域的话语权提升。产学研脱节也导致了低水平、低层次的重复建设与同质化竞争。科技资源整合不力，在重大关键性的低碳技术领域就难以突破，就难以对全球低碳技术创新形成引领。由于企业与大学、科研院所联系不够紧密，许多企业对大学和科研院所的科研成果认可度低，对科研成果的市场化、产业化发展产生怀疑，对大学科技开发项目不愿意投资，更多地选择短平快的科研项目，对科技含量高、长久性的重大科技项目缺乏耐心和战略眼光，制约了低碳科技创新能力提升。大学受到体制机制等制约，科研人员注重发表论文，轻实际成果转化，对市场需求关照不够，缺乏市场推广动力，与企业联系不够紧密，制约了产学研互动。

以中关村国家自主创新示范区为例，中关村周边尽管聚集了大量的科研院所，但这种优势的边际效益正呈现递减趋势，科技人员的积极性不高，科技成果的转化、应用渠道还不畅通。目前，中关村新型研发机构数量偏少，面向低碳创新领域的专门研究机构更少，政府关于低碳创新领域的政策支持力度也不够。中关村科学城范围内已成立和正在组建的新型研发机构有全球健康药物研发中心、北京量子信息科学研究院、北京大数据研究院、北京石墨烯研究院、中国科技大学北京研究院、北京协同创新研究院等，但针对绿色低碳领域的关键性核心技术研发与创新，没有建立更多专门的低碳技术创新机构或研究院。同时，中关村也缺乏专门针对新型研发机构特别是低碳研发机构的相关法律法规和支持政策，有关低碳科技创新的产学研严重脱节，中关村在京津冀环境污染联防联控、雾霾治理、水体污染治理等方面的创新引擎作用还不够突出。

第四节　中介服务机构层面：创新服务链缺环严重

中介服务机构是国家低碳创新体系的重要服务主体和组织载体。围绕低碳技术创新与转化全过程的活动，需要中介服务机构为各低碳创新主体提供信息、法律、科技、金融、人才等多方面的服务，这些服务的有机联系、嫁接形成了国家低碳创新体系的重要服务链条。中介服务机构是实现低碳创新链与低碳创新成果转化、低碳产品生产链有机对接的重要制度安排。部分创新服务的缺失或缺环，将导致低碳创新活动停滞或延缓，进而阻碍低碳创新过程的持续推进与转化应用。

最近几年，我国从中央到地方各级政府越来越重视中介服务机构发展，重视培育社会组织。各类科技、生态和环境保护等中介服务机构呈现蓬勃发展态势，在推进政府职能转变、提供市场化和社会化服务等方面的能力不断提升，但还存在诸多体制机制障碍，如科技中介机构服务体系不完善、服务能力不强等①。中介服务机构在国家低碳创新体系中成为最薄弱环节，绿色低碳领域的相关科技信息服务、创新推广、中介桥梁等作用

---

① 李建忠：《构建新型国家创新体系研究》，《西南民族大学学报（自然科学版）》2019年第5期，第545~550页。

没有充分发挥，直接影响我国低碳科技创新进程。我国中介组织虽然在整合创新要素资源、协调科技创新力量等方面发挥了重要作用，但因多方面原因的存在，部分中介组织功能的缺位、错位和不到位等问题亟待破解[①]。中介组织围绕绿色低碳发展、低碳技术创新、低碳科技服务等方面的功能还没有充分彰显，所发挥的作用还不够强大，服务链还不够完善，缺环现象还较为突出，具体而言，主要表现在以下几个方面。

第一，中介服务机构发展滞后，相关体制机制不够完善。由于我国大部分中介服务机构或社会组织主要脱胎于计划经济体制，其机构设置带有官方、半官方色彩，依附性强、独立性不够，在开展社会化服务过程中缺乏独立地位。政府职能转变不到位，管得过多、管得过死的现象在某些地方还一定程度存在。随着市场经济体制不断完善，市场经济不断发展壮大，但政府职能还没有彻底转变，放松管制、优化营商环境还没有完全做到位，导致中介服务机构缺乏足够的自由度和社会独立地位，对政府的依赖性还较强，有的中介服务机构主要是承接政府委托或购买的项目，一旦失去这些资源，这些中介服务机构不得不停摆。在绿色低碳创新体系建设过程中，中介服务机构也主要联系政府、科研机构，离不开这些部门的项目委托，真正面向市场、面向社会、实现自我造血的中介服务机构还不多。此外，在管理体制机制层面，部分地方的中介服务机构条块分割现象还一定程度存在，信息共享、资源共享还不够充分，体制机制还不够活，对推动国家低碳创新体系建设、推动国家低碳发展的作用发挥不够。

第二，中介服务机构人才缺失，面向低碳创新的各类人才资源严重不足。低碳技术创新是一项复杂的系统工程，涉及复杂的专业知识、专业技术、专业人才的协调与互动。不仅从事创新的人才需要对绿色低碳领域具有一定的知识储备和专业技术积累，服务低碳创新的各类人才也要有一定的专业素养，这为一般性的中介服务机构人员进入设置了一定的门槛。低

---

① 曹洋、陈士俊、王雪平：《科技中介组织在国家创新系统中的功能定位及其运行机制研究》，《科学学与科学技术管理》2007 年第 4 期，第 20~24 页。

碳技术创新对中介服务要求更高，中介服务人员的知识储备和技术积累、服务意识、服务理念等均会影响低碳创新体系的建设与完善，影响低碳技术创新及其成果转化的质量和效益。一方面，较多的中介服务机构发展滞后，人才不足，中介服务人员的专业背景、技术水平、工作能力等难以适应科技创新服务要求，技术服务能力水平低，在激烈的市场经济竞争背景下，缺乏市场意识、缺乏专业的服务理念和能力，难以适应市场经济条件下的低碳创新体系建设。许多中介服务人员缺乏跨学科、跨领域的实力。另一方面，中介服务人员工资比较低、工作不稳定、流动性大，对中介服务人员的专业素质和绩效缺乏科学的评价机制，难以激发中介服务人员的内在潜力和创造性。

第三，中介服务机构缺乏足够的资金保障。在传统的科技创新服务体系中，许多功能主要由附属于政府机构的企事业单位来完成，如科技情报机构、生产力促进中心、科技协会、科技研究机构等，这些单位的资金主要来自财政支持，资金有限。同时，随着政府职能转变和机构改革，许多企事业单位走向社会、面向市场，缺乏自我造血功能严重制约其中介服务功能的发挥。许多中介服务机构缺乏足够的市场开发能力，在促进科技创新、推进科技成果转化等方面能力不足，导致难以推进科技与经济紧密结合，难以实现科技成果与市场有效对接，制约了低碳科技创新及其成果转化进程，也限制了中介服务机构自身的发展空间。加上中介服务机构在资金筹措、资金使用、投资等方面缺乏可持续发展能力，难以满足科技服务的多元化市场需求，导致在低碳科技创新链条中出现"缺位""缺环""断裂"等问题，难以吸引更多的风险投资机构、金融机构等进入复杂的低碳创新体系中。

第四，服务体系不够完善，创新服务意识不强。服务于国家低碳创新体系的各类中介服务机构本身也需要创新。由于我国较多的中介服务机构缺乏专业的创新意识、市场开发意识和服务能力，对自身的市场价值和功能定位不够清晰，将中介服务机构的功能简单等同于传统的"低价买信息—高价卖信息"过程，很多中介服务机构靠"欺诈""欺骗"消费者获利，缺乏对信息自身价值的挖掘，缺乏市场意识、服务意识、诚信意识。许多中介服务机构在国家低碳创新体系建设中，缺乏完善的服务体系进行市场对接，自我创新能力比较差，不能积极主动地找市场、找资源、找项目，更不会努力去开发市场，为市场创造价值，服务模式、服务方式、服务手段均缺乏创新意识，存在传统的"等、靠、要"思想。如有的中介服务机构主要靠接政府项目而存活，业务范围主要限于信息提供、科技成果展示、交易谈判、人才提供、法律咨询等层面，在科技创新咨询、科技信息服务、科技成果转化、科技市场挖掘等方面缺乏创新性和开拓性，难以与法律咨询、品牌营销、市场拓展、风险投资、运营管理等服务更好地结合起来，无法有效参与低碳技术创新、产品设计、产品中试、规模生产等全过程，导致许多好的可有效改善生态环境的创意、创业项目难以落地，好的科技创新成果难以转化，严重制约了国家低碳创新体系建设进程。

以北京中关村为例，中关村面向低碳科技、低碳创新的金融服务需要提升，面向低碳创新领域的企业融资难等问题依然存在。目前，中关村从事科技保险、科技担保、知识产权质押等科技金融服务和科学技术普及服务的服务企业比较多，但这些领域尚未被纳入《国家重点支持的高新技术领域》规定的高技术服务范畴，缺少相应政策支持。此外，在创新人才引进与服务等方面，相关机构作用没有充分发挥，人工智能、大数据、云计算、低碳等新兴技术领域人才积累较少，受北京人才引进和落户政策的限制，部分企业面临人才流失的较大压力。关于低碳技术人才引进、培训、服务等方面的组织和机构相对缺失。

第五节　社会公众层面：低碳创新参与不足

社会公众在构建国家低碳创新体系中具有至关重要的战略地位。国家低碳创新体系需要社会公众的参与和支持。但不少社会公众仅仅是国家低碳创新体系构建的旁观者，既缺乏低碳意识，也缺乏创新思维，自认为低碳、创新与个人关系不大，因此在思想、意识、行动等各个方面都对低碳技术创新活动参与不足。意识是行动的先导。低碳经济、低碳创新、低碳发展、碳达峰碳中和等都是比较新颖的概念，从提出到全面认识、理解、接受等还有一个较为漫长的过程。面向社会公众的低碳科技知识宣传教育滞后，导致在社会公众层面还存在思想落后、认识不清、参与不足等问题。不少社会公众在观念、思想、理念等层面没有认识到低碳创新的重要意义，没有真正树立绿色低碳的发展和消费意识，其他创新系统的实施也就无从谈起。

一方面，缺乏创新意识，导致"安于现状""知足常乐"被奉为美德。我国自主创新能力不足，在科技与知识方面过多强调以市场换技术，拥有自主知识产权的科技较少，低碳等领域的核心技术缺乏，导致被"卡脖子"现象突出。

另一方面，破解环境污染与经济发展难题，缺乏更强的绿色低碳意识，缺乏面向低碳的创新理念。社会公众在低碳创新、低碳生产、低碳生活、低碳消费中没有发挥重要的引导作用。社会公众是低碳产品消费的主体，因而也是引导低碳科技创新、低碳产品生产的重要力量。当越来越多的消费者偏爱绿色低碳产品，就能形成良好的价格和产品信号，传导或影响到企业生产者。

消费是拉动经济增长的"三驾马车"之一。绿色低碳消费更加强调对绿色低碳产品的使用与消费，在生产、消费以及回收物处置的整个产业链价值链中强调绿色低碳理念，强调资源能源集约利用和低碳循环利用，注重对资源和生态环境保护，是践行习近平生态文明思想、推进生态文明建设、促进绿色低碳发展的现代新型消费模式。当前，国家鼓励绿色低碳消费，也出台了《关于促进绿色消费的指导意见》等多项法律法规和政策措施。但不可否认，绿色低碳消费仅在少部分群体中得到体现，不少社会公众、社会组织、企业等对绿色低碳消费重视不够，存在低碳消费意识不强、低碳产品供求不匹配、低碳消费标准不统一等难题。社会公众对绿色低碳产品的偏爱与消费潜力还没有被充分挖掘出来，不少社会公众并不关心和主动参与低碳发展、低碳生产、低碳生活以及低碳技术创新过程。低碳创新意识薄弱、低碳创新观念不强严重制约了低碳创新体系建设，制约了低碳创新能力提升。

本章小结

本章基于创新主体的多元性，从企业、政府、大学与科研院所、中介服务机构、社会公众等层面剖析国家低碳创新体系构建存在的主要问题。在企业层面，低碳创新的主体地位缺失，低碳创新的意识不强、主动性差，低碳创新能力弱、核心技术缺乏，低碳创新投入少、高科技人才缺乏。在政府层面，低碳创新的体制障碍突出，政府投入少，政策供给不足。在大学与科研院所层面，低碳知识创新人才少、能力弱，从事低碳知识生产、低碳科技创新的项目少、成果少，大学与企业联系不够紧密，产学研严重脱节。在中介服务机构层面，服务链还不够完善，缺环现象还较为突出，表现为中介服务机构发展滞后、服务人才缺失、缺乏足够的资金保障、缺乏创新意识等。在社会公众层面，缺乏创新意识，在低碳创新和低碳消费中没有发挥重要作用。

第七章 基于生态文明的国家低碳创新体系建设路径

推进生态文明建设和低碳发展，实施国家创新驱动战略，加快实现中华民族伟大复兴的中国梦，迫切需要发挥低碳创新的引擎作用，加快建设国家低碳创新体系。当前，我国许多关键性技术仍处于"卡脖子"状态，一些核心技术受制于人，许多产业缺乏技术竞争力，仍处于全球产业价值链的中低端，在绿色低碳能源技术、低碳产业技术等科技前沿和高技术领域处于落后地位。推动我国传统产业转型升级、传统能源消费转型、引领未来低碳发展的低碳科技创新亟待加强。国家低碳创新体系不应停留在理念或概念中，应结合生态文明建设、低碳发展、创新驱动、构建以市场为导向的绿色技术创新体系等重大国家战略要求，加快构建国家低碳创新体系。针对国家低碳创新体系建设过程中存在的诸多问题，应采取有效建设路径和对策措施，要更加强调转变发展方式，改变传统"GDP 至上"的政绩考核制度，以低碳创新为抓手建立生态文明政绩考核体系，要构建政府、企业、社会等参与的低碳创新的良好文化环境。应从加强国家低碳创新的顶层设计与战略规划、建立低碳创新与生态文明政绩考核机制、提高低碳创新能力、加强低碳制度创新和低碳创新试点、构建低碳产业体系、实施低碳文化和低碳消费创新等层面提出相关政策建议，具体如图 7-1 所示。

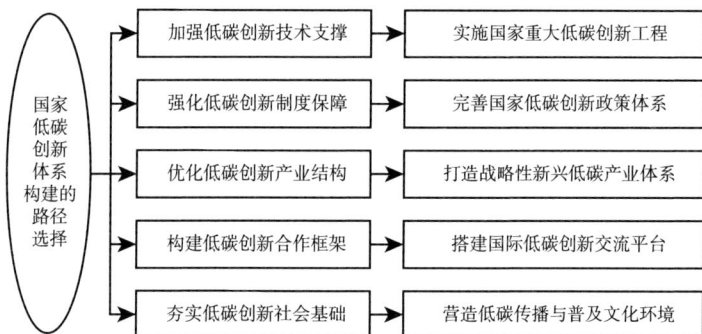

图 7-1 国家低碳创新体系构建的路径选择

第一节 政府层面：发挥举国体制优势，
实施国家低碳创新工程

一 发挥新型举国体制优势，加强国家重大低碳科技战略布局

习近平总书记在党的二十大报告中强调，要完善科技创新体系，健全新型举国体制，提升国家创新体系整体效能。在科技创新领域，举国体制是依托社会主义制度优势，发挥政府集中决策和主导推动作用，面向国家重大科技创新任务需求，动员国家战略科技力量和稀缺资源向目标领域配置，并开展组织化协同攻关的一种制度安排①。当今世界，科技进步日新月异，正面临百年未有之大变局，新一轮科技革命和产业革命蓄势待发，重大科技创新成为全球政治经济格局改变的关键动力。同时，现代科技创新面临跨领域、跨行业、跨学科的综合性问题，不再是单一领域的突破，需要建立科学有效的科研资源优化配置、统筹协调机制和创新利益分配机制。构建国家低碳创新体系，需要加快吸引和集聚多领域、多专业、跨学

---

① 刘戒骄、方莹莹、王文娜：《科技创新新型举国体制：实践逻辑与关键要义》，《北京工业大学学报（社会科学版）》2021 年第 5 期，第 89~101 页。

科的优质科技资源进行联合攻关，这方面一般的企业也难以完成，需要国家和各级政府的主导。即使资金雄厚的跨国企业也难以有动力、有能力去实施人类社会重大科技创新，难以形成突破性创新成果①。应发挥新型举国体制优势，推动国家重大科技创新。

　　举国体制以举国之力量与资源进行全面动员而著称，并非中国独创。"二战"结束以后，美国曼哈顿计划采取举国体制，实现科技创新的重大突破与成功，为全球科技创新模式注入了丰富内涵、提供了重要经验。在一些关键领域、关键环节，我国存在被"卡脖子""技术封锁"等难题，暴露出我国诸多领域科技发展的短板，也彰显全球科技竞争的严峻态势和复杂环境。重大关键核心技术的突破，离不开国家科技力量的主动参与，单一创新主体难以应对现代复杂巨系统中科技创新的基本需求。借助举国体制"集中力量办大事"的优势，我国实现了较多科技领域的跨越式发展与突破，充分彰显了举国体制的强大社会凝聚力、强劲的创新推动力、强烈的国家认同感等优势②。

　　对于我国而言，举国体制可以发挥"集中力量办大事"的体制优势，集中科研力量中的精兵强将，以相对较快的速度实现关键核心技术、重大科研项目突破。改革开放40多年来，中国实施市场换技术、引进代加工的产业开放模式，成为"世界工厂"，尽管有不少的产业或技术达到国际先进水平，但部分产业仍处于全球产业链的生产制造等低端环节，自主创新能力不足，严重制约科技强国战略目标实现。与此同时，我国存在资源能源消耗强度大、环境污染较为严重、缺乏核心技术、经济粗放增长、以较高的环境代价换取相对微薄的产业利润等问题。以汽车产业及其科技创新为例，中国的汽车产业自主品牌少，核心技术创新能力不强，高端轿车基本上为外国品牌，如发动机、变速箱等均为外国技术所垄断。要改变这种状况，必须增加科研力量和资源投入，完善科技创新举国体制，集中优

<hr>

① 《构建关键核心技术攻关新型举国体制》，《21世纪经济报道》2019年11月15日，第1版。

② 黄涛、郭恺茗：《科技创新举国体制的反思与重建》，《长沙理工大学学报（社会科学版）》2018年第4期，第35~40、117页。

势资源攻克重大科研项目，推动中国进入创新型国家行列。我国的"两弹一星"、载人航天、探月工程等均是依靠举国体制完成的。回顾中国70多年的科技攻关历程，科技创新的举国体制发挥了关键性的重要作用，举国体制一直贯穿于国家科技攻关的全过程，在不同的发展阶段展现不同的形式与作用①（见表7-1）。

表7-1　我国科技创新举国体制的攻关历程

阶段	历史使命	呈现方式	科技成果
1949~1977年	服务工业、农业和国防建设	政府主导、举全国之力、重点突破的科技发展模式	"两弹一星"、第一架国产飞机、人工合成牛胰岛素、第一艘核潜艇下水、培育杂交水稻
1978~1984年	贯彻"面向、依靠"方针	863计划、火炬计划、星火计划、国家自然科学基金等重大科技计划	汉字激光照排系统、人工合成转移核糖核酸、第一台"银河"巨型机
1985~1997年	实施"科教兴国"战略	973计划、八五纲要、攀登计划、"九五"全国技术创新纲要	第一座高能加速器、第一座核电站、正式接入互联网、每秒百亿次超级计算机、猪瘟兔化弱毒疫苗
1998~2005年	建设国家创新体系	知识创新工程、985工程、国家自然科学基金杰出青年项目等国家重大科技计划	国产歼-10型飞机试飞成功、首颗北斗导航试验卫星发射成功、首枚高性能通用微处理芯片
2006~2011年	建设创新型国家，提升自主创新能力	以重大技术突破和重大需求为基础，培育发展战略性新兴产业等重点任务	"嫦娥一号"探月卫星发射、"神舟五号"飞船载人发射、"神舟七号"载人飞船发射
2012~2019年	创新驱动发展，创新引领发展	发布《国家创新驱动发展战略纲要》，进行全方位顶层设计和系统谋划	第一艘航母、超级计算机、射电望远镜、首台量子计算机、国产大飞机C919、港珠澳大桥、大兴国际机场

---

① 刘戒骄、方莹莹、王文娜：《科技创新新型举国体制：实践逻辑与关键要义》，《北京工业大学学报（社会科学版）》2021年第5期，第89~101页。

续表

阶段	历史使命	呈现方式	科技成果
2020年至今	形成"双循环"新发展格局,科技自立自强	推动重点领域一体化配置,实施具有前瞻性、战略性的国家重大科技项目	北斗导航全面覆盖、火星探测任务、"嫦娥五号"月球挖土、"奋斗者"下海、鸿蒙操作系统、新冠肺炎疫苗

资料来源:刘戒骄、方莹莹、王文娜:《科技创新新型举国体制:实践逻辑与关键要义》,《北京工业大学学报(社会科学版)》2021年第5期,第89~101页。

进入新时代,加快重大关键性科技创新不仅是我国建设科技强国、实现科技自立自强的关键引擎,也是推动经济高质量发展和现代化建设的重要保障。因此,应集聚"国家队"科研力量,构建和完善社会主义市场经济条件下国家重大科技创新的新型举国体制。我国的科技创新举国体制,倾全国之力、集中全国科技资源,将有限的资源、科研资金向国家战略目标领域进行动员和集中,进而在较短时间内解决国家重大科技难题,完成国家重大科技课题①。构建新型举国体制是国家创新体系的题中应有之义,是创新驱动战略的必由之路,也是科技体制改革的自然选择②。新型举国体制将政府与市场"两只手"的作用同社会主义制度优越性有机结合起来,能有效聚集人力、财力、物力③。有专家从资源配置主体、创新目标、组织方式、创新成果等四个方面,阐释了科技创新中新型举国体制的科学内涵,如表7-2所示④。

---

① 黄涛:《构建新型科技创新举国体制应把握好三个均衡》,《学习时报》2018年10月31日,第6版。
② 殷忠勇:《论科技创新新型举国体制的构建——时代背景、理论基础和制度体系》,《人民论坛·学术前沿》2017年第13期,第80~83页。
③ 任平:《新型举国体制助力重大科技创新》,《人民日报》2016年1月26日,第7版。
④ 闫瑞峰:《科技创新新型举国体制:理论、经验与实践》,《经济学家》2022年第6期,第68~77页。

表 7-2　科技创新中的新型举国体制与传统举国体制比较

"新"变化	传统举国体制	新型举国体制
资源配置主体关系的新变化	更多应用于计划经济制度背景下,并在改革开放之后的社会主义市场经济体制下得到发展,这两种情形分别强调市场在资源配置中的"从属作用"和基础性作用	更加注重市场的决定性作用,同时更好地发挥政府作用。注重运用市场手段来提高资源配置效率,打造有为政府,为市场主体提供更加公平的市场环境和科学的政策,统筹和发挥好政府和市场的最优双向效能
科技创新目标特征的新变化	不同阶段的技术攻关目标的重点呈现较大差别,过去强调追跑和跟跑,这类技术具有清晰的技术路线,通过超范围集中配置优质创新资源进行集中攻关,实现创新目标	进入并跑和领跑的关键时期。针对原创型的、面向未来的或颠覆性的技术,攻关目标由单一性向多元化转变。既要在面向世界科技前沿、经济主战场、国家重大需求中兼顾国家利益和其他利益,也要兼顾效率与公平
科技创新组织方式的新变化	传统科研组织模式在信息化、数字化、网络化方面相对滞后,比不上当今社会的新型科研组织模式	信息化、网络化、数字化助推科研范式变革。新型举国体制基于数字技术和信息平台,决策更加精准化、管理更加科学化。信息共享更加便捷化,资源配置效率更高
科技创新成果的市场化新变化	在计划经济体制下运行,注重举国体制在攻克科技目标上的效率,更多以产品为目标,用于满足国防建设和国家安全领域的刚性需求,产品缺乏高度市场化的应用空间,成果在市场化方面较为欠缺	不仅要满足国防建设和国家安全需求,也要满足产业共性技术、国际竞争、颠覆性技术探索等需要,攻关成果要面对市场,接受市场检验。更加强调产品转化要迎合市场经济发展的刚性需求,适应市场经济发展要求,推动经济高质量发展

　　面向碳达峰碳中和目标以及生态文明建设的战略需求,发挥新型举国体制优势,加强绿色低碳的重大关键性科技攻关。党中央、国务院高度重视绿色低碳发展,但低碳科技的支撑作用还不够明显。面对全球科技激烈竞争以及国内经济社会转型发展对科技创新的强烈需求,我国亟须进一步加快科技创新体制变革,充分发挥社会主义集中力量办大事的制度优势,

加快建立和完善科技创新新型举国体制，加快释放科技创新的内在活力①。进一步强化集中力量办大事、团结一致搞创新的制度优势，进一步强化中国庞大的人口基数所带来的超大规模的市场优势和消费潜力，发挥好市场在资源配置中的决定性作用，以建立国家低碳科技创新实验室为重要支撑，建立跨学科、跨专业、跨领域的低碳创新合作平台，增强国家战略科技力量。发挥新型举国体制的制度优势和组织优势，把重大低碳科技攻关、关键性低碳技术创新作为实现绿色低碳转型发展、实现碳达峰碳中和目标的重要战略性部署。构建国家低碳创新体系，应发挥新型举国体制优势，加快抢占全球低碳科技竞争制高点，提升国家低碳创新体系能力，实现低碳科技自立自强。

一是要发挥新型举国体制优势，加强国家低碳创新体系构建的顶层设计，统一低碳创新战略规划。应集中国家科技力量，围绕重大关键技术进行联合攻关，以尽快突破我国急需的关键低碳技术②。尽快组织高层次、多学科的发展低碳科技战略研究，制定科学的、整合地方和部门利益与资源的低碳技术创新路线。

二是高度重视重大低碳科技的基础研究和战略性低碳高技术研究，提升国家低碳科技的自主创新能力。党的十八大以来，党中央把基础研究、原始创新提到了至关重要的战略位置。习近平总书记强调，基础研究是整个科学体系的源头，是所有技术问题的总机关。加强基础研究是实现高水平科技自立自强的迫切要求，是建设世界科技强国的必由之路。抢占全球低碳科技发展的制高点，发挥新型举国体制优势，发挥"国家队"科研作用，加强面向生态文明建设、绿色低碳发展、污染治理与环境保护等领域的基础性科学研究和重大技术研发。构建和完善重大科技创新的新型举国体制，发挥国家力量作用和集中优势办大事的制度优势，整合资本、技术与人才资源，攻关关键核心技术，推进以企业为主导的技术应用与商业

---

① 闫瑞峰：《科技创新新型举国体制：理论、经验与实践》，《经济学家》2022年第6期，第68~77页。

② 费维扬：《低碳技术发展须科学布局》，《中国科学报》2012年6月15日。

开发，实现国家低碳技术跨越式发展。

三是面向环境污染、绿色低碳转型发展等重大现实问题，在国家层面建立低碳技术创新联盟与合作平台、国家低碳创新实验室。建议由科技部等中央部门牵头建立国家绿色低碳科技创新联盟，建设国家低碳创新实验室，推动绿色低碳领域的重大科技创新与突破，缩小与发达国家在绿色低碳领域的经济和科技差距，抢占全球绿色低碳的科技新制高点，形成新的高科技产业链，培育新的经济增长点，实现国家绿色低碳的高质量发展。国家实验室是国家为提高基础研究水平、提升国家创新能力和科技竞争力而投资建设及直接和间接管理的国家级科学研究基地。国家实验室集中国家资源优势，集中了一支高素质的科研队伍，拥有一批先进的仪器设备，承担了各类重大科研项目，成为国家基础研究队伍的核心力量，为国民经济与社会发展提供了强有力的技术支撑和知识背景[①]。在面向生态文明建设、推动绿色低碳发展、实现碳达峰碳中和目标等重大国家战略背景下，加快建设国家低碳创新实验室，是推动国家关键性核心技术创新的重要支撑，也是国家低碳创新体系构建的重要组成部分。发挥举国体制优势，加快建设国家低碳创新实验室、国家低碳创新战略联盟，也有利于解决绿色低碳科技创新本身的公共性、公益性所带来的非排他性难题，解决绿色低碳科技创新需要的巨额成本不足问题。

二 发挥政府主导作用，增加国家低碳科技创新投入

从全球来看，许多发达国家加大绿色低碳领域的科研经费投入，促进节能减排技术、新能源技术、清洁能源技术等的攻关与转化应用，抢占全球低碳经济发展的制高点。截至 2013 年，欧盟计划投资 1050 亿欧元用于绿色经济；美国能源部投资 31 亿美元用于碳捕获及封存技术研发；英国公布了低碳产业战略，投入巨额资金用于低碳技术创新。推进绿色低碳发展，

---

① 张琦、万君康、庄越：《国家重点实验室创新能力及其运行绩效的内涵研究》，《科技与经济》2005 年第 1 期，第 15~17、53 页。

技术创新是关键，资金投入是保障，应加大绿色低碳等领域的基础科学研究和重大技术攻关项目的经费投入。充足的研发经费是推进低碳科技创新的重要因素，应进一步提高我国研发投入比重，特别是增加面向绿色低碳发展的科技研发投入，设立国家重大低碳科技基础研究项目，加大面向低碳领域的科技预算和拨款力度，充分发挥政府资金的杠杆作用，拓宽融资渠道，建立低碳科技研发专项基金。

加强低碳科技的原始创新和自主创新，建立低碳科技自主创新的专项基金和政策扶持计划。主要研究领域包括：攻克主要耗能领域的节能关键技术，积极发展建筑节能技术；提高能源利用效率和终端用能效率，提高油气开发利用及水电技术水平，促进煤炭的清洁高效利用，加强对能源装备引进技术的消化、吸收和再创新，提高能源区域优化配置的技术水平，推进节能环保和资源循环利用等；通过国家科技计划不断增加对气候变化的科研投入，开展全球环境监测、气候变化趋势前景预测和评估等多项重大课题研究，提升应对气候变化能力。通过国家重大低碳科技创新工程的实施，消化吸收一批先进低碳技术，攻克一批事关国家战略利益的关键低碳技术，研制一批具有自主知识产权的重大低碳科技装备和低碳技术关键产品。由于低碳技术具有研发周期长、高风险、投入大等特点，需要政府给予必要的创新经费支持，进一步提高国家研发投入占 GDP 比重，特别是增加对低碳技术领域的研发经费投入，鼓励企业与科研院所进行合作创新，共同申请国家重大低碳科技创新项目，进而提升国家低碳创新能力。

三 加快低碳科技成果转化布局，培育和打造一批国家级低碳科技园区和产业集群

在政府层面，不仅要注重对低碳科技创新的投入、引导和扶持，更重要的是面向经济主战场，加快低碳科技创新成果转化与产业应用，以低碳科技园区、低碳产业集群的培育与扶持推动低碳科技创新向纵深发展。要制定系统、前瞻的低碳技术与低碳产业发展规划，灵活运用财政、税收、

政府采购等手段加强对低碳技术研发、推广、产业转化、产业应用等方面的支持①。在重点区域特别是环境污染比较严重、资源能源耗竭区域布局低碳科技园区，加快低碳产业的培育和集群化发展，促进各类低碳科技成果孵化与产业化应用。我国许多老工业基地、资源型工业区为中国经济社会发展做出了巨大贡献，形成了中国城市化的原始工业基础积累，但面对全球市场竞争、资源能源耗竭、生态环境污染等多重压力，迫切需要加快产业转型升级。要解决这些问题，关键在于发挥创新的驱动与引擎作用，特别是加强面向绿色低碳领域的重大技术创新，以低碳技术创新为突破口实现技术追赶、转型升级与跨越式发展，加快发展低碳产业，培育和打造一批国家级低碳科技园区和低碳产业集群。

一是加快制定低碳产业规划，发挥规划引领作用。加快制定面向低碳技术创新发展的相关产业规划，把应对气候变化和控制温室气体排放行动目标纳入产业发展规划，提升低碳型产业占 GDP 的比重，加快构建以低碳排放、低碳创新为特征的新型产业结构体系。低碳产业是一个较为宽泛的概念，并非指某一类产业，其区别于传统的高能耗、高污染、高排放的粗放型产业，是低能耗、低污染、低排放的集约型、低碳型产业。在全球气候变化的背景下，低碳经济、低碳技术、低碳产业日益受到世界各国的关注。低碳产业是以绿色低碳为主要特征的产业，包括低碳农业、低碳工业、低碳服务业、低碳建筑业、低碳能源业、低碳交通业等。构建国家低碳创新体系，应加快低碳技术的产业化应用与转化，以低碳技术创新为支撑推动产业结构转型升级，进而形成低碳型的产业体系或产业结构。各级政府应当充分重视低碳产业发展的战略意义，要从产业规划和战略制定的高度，加强低碳科技创新，引导和培育低碳产业发展。比如在战略规划和顶层设计上，将光伏风力发电产业、新能源汽车产业、生物质能产业、地热能产业、储能产业、氢能产业等绿色低碳产业纳入地方或区域的战略性

① 蔡益泉：《我国低碳产业的发展现状与对策思考》，《华东经济管理》2013 年第 4 期，第 32~35 页。

新兴产业，制定传统产业低碳转型升级计划和现代低碳产业发展规划，以低碳技术创新为引擎，以低碳产业发展为支撑，加快推动低碳产学研协同，推动国家低碳创新体系建设，进而实现绿色低碳转型发展。以低碳技术创新和低碳产业的规划引领"双碳"目标实现。

二是制定并完善低碳产业政策，强化产业政策的引导与扶持。围绕低碳创新链、产业链、价值链融合发展，加快制定低碳创新产业政策，打造战略性新兴低碳产业体系。围绕低碳科技成果转化进行相关低碳产业集群规划，重视政府在促进低碳科技创新、成果转化、产业应用等过程中的引导与扶持作用，为低碳科技创新与成果转化提供良好的政策环境。依托低碳产业政策的扶持与引导，推动传统工业园区转型升级，加快构建绿色低碳的科技园区，形成低碳产业集群。

三是加快传统能源的转型升级，大力培育低碳新能源及其产业。实现碳达峰碳中和目标，关键是要从源头上节能减排，降低碳排放强度。而以传统能源为主的能源生产和消费结构制约了"双碳"目标的实现。构建国家低碳创新体系，离不开低碳能源的支撑。要制定有效的政策措施，加快对低碳新能源及其相关产业的培育与发展，加快能源转型与替代，加快发展绿色低碳的新型能源结构。低碳能源是对传统化石能源等高碳能源的替代与转型，是指二氧化碳等温室气体排放量低或者零排放的能源产品，主要包括核能、风能、太阳能、地热能和生物质能等绿色低碳能源。应牢固树立"绿水青山就是金山银山"理念，以新发展理念的深刻变革引领发展境界跃升，将低碳新能源的转型发展摆在全局突出位置，站在人与自然和谐共生的高度加强国家能源结构的全局性谋划，展开低碳新能源的战略性布局。加快传统能源消费结构的转型、替代、技术升级，不断降低传统能源如煤炭、石油等在能源消费结构中的比重，大力规划和布局低碳能源产业，特别是全面开发和发展太阳能、风能、地热能等多种低碳新能源，以低碳科技创新不断提高能源利用效率，降低能源碳排放强度，助力"双碳"目标实现。

四 加强低碳科技创新治理，优化低碳科技创新的激励政策

构建国家低碳创新体系是长期的不断实践提升的过程，需要优化低碳科技创新的各类政策，加强低碳科技创新治理，突破传统粗放发展的路径依赖性，不断完善低碳科技创新与成果转化的基础设施。进一步建立和完善面向绿色低碳科技的现代化创新治理体系，提升低碳科技创新与制度创新的适配力和治理能力，依靠政策创新、制度创新和良好的政策运行环境，充分激活各类创新主体的活力和动力，促进各类创新要素的顺畅流动和创新资源的高效配置，为国家低碳科技创新提供坚强保障，支撑绿色低碳科技领域的原始创新能力、核心技术攻关能力、技术产业化能力等能力提升，保障高水平低碳科技成果产出。要统筹发挥好各级政府的重大科技创新组织者作用、市场配置资源的决定性作用和科学共同体的自治作用，协同构建国家低碳科技创新能力体系和政策体系。政府加强职能转变和治理能力提升，切实尊重市场，坚持依法行政，发挥市场激发创新的原动力作用，为各类低碳科技的创新主体提供公平、公正、普惠、精准、平等、包容、开放的低碳创新政策与制度环境，加快形成创新友好、尊重创新的外部环境和营商环境。进一步优化对企业低碳科技创新以及其他微观主体的创新治理，加强市场监管和知识产权保护，重视低碳科技创新及其成果保护，加快构建以使命、责任、包容、公平为基础的低碳科技创新生态。

应持续深化绿色低碳科技创新的相关体制机制改革，营造有利于低碳创新的政策环境。制定优先支持低碳产业技术人才发展的财政金融政策；不断建立和完善低碳技术人才引导资金、发展资金、种子基金、创业投资和银行信贷等多层次、专业化的人才发展创新投融资体系；完善低碳技术知识产权质押融资、创业贷款等办法，进一步完善低碳技术知识产权作为资本参股的措施；实施扶持低碳技术创业风险投资基金、促进科研成果转化和技术转移的税收和贴息等优惠政策。要创新财政、税收、金融等政策工具，健全我国低碳产业发展的激励制度载体，通过创新低碳财政制度、低碳税收制度、低碳金融制度构建支持低碳产业发展的政策激励制度，推

广排污权交易制度，建立碳汇制度，推动排污权、碳排放权交易，为节能减排、低碳发展的企业构建利益转化的市场激励制度，如表7-3所示①。

表7-3　低碳产业发展的激励制度体系

制度类型	制度内容	制度功能	制度手段
政策激励制度	低碳财政制度	财政支持	财政补贴、低碳采购、转移支付、政府奖励
	低碳税收制度	税收引导	环境税、资源税、消费税、税收优惠
	低碳金融制度	融资支持	低碳信贷、低碳保险、低碳证券、低碳基金
市场激励制度	排污权交易制度	利益转化机制	排污监管、排污权交易
	碳汇交易制度	利益转化机制	碳汇管理及交易

建议国家发改委联合科技部、生态环境部等中央有关部门成立国家低碳创新办公室，协调低碳技术创新等政策法规制定，鼓励国家重大核心攻关领域的低碳技术研发与转化应用。特别是针对中小企业融资难等问题，应制定扶持中小企业低碳技术创新的税收优惠和投融资政策，建立多元化的低碳科技投入制度保障体系，采用多种制度措施保障高校与企业在低碳创新方面加快形成战略联盟，包括低碳创新与合作税收优惠、与企业分担投入高校的科研经费、支持大学低碳科技园和低碳科技孵化器建设等。国家要制定企业低碳技术创新的激励机制，如企业积极承担低碳责任，主动进行节能减排和低碳生产经营活动，应该给予其一定的税收减免或者补贴，特别是在低碳技术创新方面给予研发经费支持。对于减排不到位、高能耗、高污染的企业要征收排放税，特别是碳税等，避免道德风险和劣币驱逐良币现象发生，促使企业重视低碳化生产与发展。制定低碳采购政策，鼓励企业加强低碳技术创新，实施低碳清洁生产，重视低碳营销，有

---

① 蔡益泉：《我国低碳产业的发展现状与对策思考》，《华东经济管理》2013年第4期，第32~35页。

效引导企业低碳发展。通过建立和完善低碳的税收、采购、研发资助等相关政策，形成对企业低碳行为的奖惩机制。完善与国际接轨的碳交易市场机制，重视低碳风险投资机构和配套体系建设。建立促进企业从事低碳技术研发、低碳新能源开发、低碳产品市场开发等风险投资机制，调动企业低碳技术研发和低碳生产的积极性和主动性，对企业低碳投资和低碳技术改造项目在贷款的额度、利率、还贷条件等方面给予优惠，降低企业低碳投资风险，鼓励企业主动承担低碳责任。

依托政府的政策扶持作用，进一步强化面向低碳科技成果、低碳科技产品的政府采购制度，制定低碳产品采购目录，完善强制采购和优先采购制度，逐步提高节能环保产品比重，发布政府采购环境服务清单；鼓励社会资本投资低碳企业和重大低碳科技创新项目，培育一批具有国际竞争力的大型低碳企业与环保品牌；完善金融机构低碳信贷制度，对高排放、高污染的企业和项目进行信贷控制，对清洁能源、清洁生产以及污染防治改造项目进行信贷倾斜；加强配套政策与相关措施的完善，加强知识产权保护；完善企业的低碳财税金融政策；要加强国际合作与交流，制定更加科学的鼓励低碳科技企业"走出去"战略与相关政策体系。

五　加强"四位一体"同步推进，强化低碳科技领域的新型基础设施建设

所谓"四位一体"，即基础技术、重大装备、示范工程和创新平台协同推进[1]。加强面向低碳科技领域的基础技术、重大装备、示范工程和创新平台建设，特别是低碳科技实验室、低碳科技信息库、低碳成果项目库等，在税收、技术创新、基础设施、用地保障、行政审批等方面给予优惠政策，推动低碳科技领域的新型基础设施建设。

---

[1]　杨博、赵建军：《绿色浪潮下的低碳技术与新能源革命》，《齐鲁学刊》2017 年第 1 期，第 89～96 页。

2018年12月19~21日，中央经济工作会议界定了新型基础设施的内涵，即5G网络、人工智能、工业互联网、物联网等新一代信息技术及其相关设施。2020年3月，中共中央政治局常务委员会召开会议强调，要加快5G网络、数据中心等新型基础设施建设进度。2020年4月20日，国家发改委在新闻发布会上表示，新基建包括信息基础设施、融合基础设施和创新基础设施等方面①。加强国家低碳创新体系构建，需要从"四位一体"的战略高度加强低碳科技领域的新型基础设施建设，为提升国家低碳科技创新能力提供强大支撑。

一是要加强低碳科技领域的信息基础设施建设。主要是指基于新一代信息技术的基础设施，如以5G网络、物联网、工业互联网、卫星互联网为代表的通信网络基础设施，以人工智能、云计算、区块链等为代表的新技术基础设施，以数据中心、智能计算中心为代表的算力基础设施等。新型的信息基础设施建设，可以为低碳科技创新提供更加高效、智能的信息服务平台，为节能减排降耗等领域的科技创新提供更强大的信息服务和数据支撑。

二是要加强低碳科技领域的融合基础设施建设。主要是指深度应用互联网、大数据、人工智能等技术，支撑传统基础设施转型升级，进而形成的融合基础设施。融合基础设施建设本身也是低碳科技创新的重要方面，将互联网、大数据、人工智能等低碳技术应用于基础设施的转型升级，大大提高了资源能源利用效率，这本身也是实现了低碳科技创新；通过这种融合基础设施建设，如智能交通基础设施、智慧能源基础设施等建设，为国家低碳科技创新提供更加便捷、高效、智能、低碳的基础设施，降低国家低碳科技创新成本。

三是加强低碳科技创新本身的相关创新基础设施建设。这是服务于低碳科技创新最为直接的基础设施，是支撑低碳科学研究、低碳技术开发、

---

① 《"新基建"都有啥　官方解释来了》，http：//www.xinhuanet.com/2020-04-20/c_112 5880271.htm。

低碳产品研制的具有公益属性的基础设施，如重大低碳科技基础设施、低碳科教基础设施、低碳产业技术创新基础设施等。加强面向低碳科技领域的新型基础设施建设，特别是加强低碳科技领域的基础技术、重大装备建设，融入大数据、5G 网络、物联网、云计算、人工智能等新一代信息技术及信息基础设施、融合基础设施、创新基础设施建设，为加快国家低碳创新体系构建提供重要的基础保障。各级政府应该高度重视和推进国家低碳创新体系的基础设施建设，还要加强基于新型基础设施的低碳科技创新平台、低碳科技示范工程建设。

第二节　企业层面：夯实创新主体地位，提升低碳创新能力

国家低碳创新体系构建是国家力量和市场力量高度融合与协同推进的过程。既离不开中央政府及地方各级政府的高度重视与大力扶持，又离不开微观层面的市场主体的积极参与和创新主体作用的发挥。在国家低碳创新体系中，企业应发挥创新主体作用，不断提升低碳自主创新能力。企业应展现低碳创新的社会责任担当，响应国家低碳发展战略部署，争取低碳技术创新与低碳产业发展的政策支持，加强企业低碳技术创新、低碳技术应用、低碳产品生产、低碳治理与营销，构建低碳型企业形象，提升企业的低碳创新能力与竞争力。国家应把企业放在低碳创新的主体地位上，激发企业的低碳技术创新动力，使企业在低碳创新支出、低碳创新活动以及低碳发展收益分配方面均成为名副其实的创新主体。企业积极构建研发、中试、生产、推广等低碳技术价值链和产学研结合的低碳创新体系，应对全球气候变化、能源耗竭、环境污染等压力，加强低碳技术创新与低碳发展转型，以当前国家转变发展方式、去产能等为契机，淘汰落后产能和高碳产业项目，加快技术改造和产业升级，以低碳技术创新为主导引领自身低碳转型和创新驱动发展。

一　企业要改变传统的代加工模式，重视低碳自主创新与竞争力提升

低碳领域的科技创新符合国家生态文明建设要求，是具有市场竞争力的蓝海。随着国家环保要求提高和应对全球气候变化的需求更加迫切，加强企业低碳科技创新，不仅可以提高企业自身的资源能源利用率，降低企业成本，也可以使企业在未来竞争中获得更高的筹码和绿色市场份额。企业要尽可能增加低碳技术领域的研发投入，提高低碳技术创新能力，提升低碳产品的市场竞争力。如在高效锅炉领域，积极推进清洁高效燃烧与余热余压利用技术创新，开发蓄热式低氮燃烧装备、新型高效锅炉系统设备，重视高炉工艺改进和技术创新，提高能源利用效率。又如加强节能电机领域的技术创新，不断提高高效电机设计水平，以及关键材料和装备、特大功率高压变频、无功补偿控制系统的技术水平。企业要改变传统加工模式，加强先进节能技术、信息控制技术与传统生产工艺的集成优化运用，不断提高能源利用效率，发展智能控制和能量回收等新型低碳技术。

企业应不断加强节能减排等领域的低碳技术创新，不断提升企业低碳技术创新能力，但低碳科技创新的资金需求大、周期长、风险高，对企业很难具有吸引力。一方面，要夯实企业在创新投入中的主体地位，鼓励企业加大研发投入。据统计，2022 年我国企业研发投入占全社会研发投入比重已超过 3/4。企业作为科技创新的重要主体，是建设科技强国的必然要求。我国高新技术企业从 2012 年的 3.9 万家增长至 2022 年的 40 万家，中小型科技企业达到了 50 万家，贡献了全国企业 68% 的研发投入，762 家企业进入全球企业研发投入 2500 强。应出台政策鼓励企业重视低碳科技创新，加大研发投入，继续加大企业研发费用加计扣除等政策落实力度[①]。企业应该重视自身低碳技术水平提升，增加低碳技术领域的研发投入，只有增加

---

① 《"四个强化"提高企业科技创新主体地位》，《中国中小企业》2023 年第 2 期，第 11~15 页。

创新投入，提高低碳技术水平，进一步实现节能减排，才能提高企业自身的技术竞争力，进而形成低碳品牌和低碳竞争力。另一方面，要整合社会资本等金融资源与力量，加快完善金融支持企业创新的长效机制，打通科技、产业、金融的链条，推动产学研金协同创新。应整合各方面的金融资源，创新投融资机制，吸引各类社会资本和金融机构参与低碳技术创新，增加低碳创新的投入。应积极引导企业发挥技术创新的主导作用，加大金融机构的支持力度，推动金融机构与企业合作，充分借助碳金融、碳信贷等金融工具，提高科技资金的投入效率，多渠道、多方式畅通资金来源，提升低碳创新动力。

二　加快低碳技术人才的培养，提高企业低碳技术人才地位

人才是第一资源，是技术创新的主要推动力，是企业创新发展的主力军。企业应该更加重视技术创新人才的吸引、培养，设立企业低碳技术研发中心，建立面向企业发展的低碳技术人才激励机制和人才引进机制，充分调动企业技术人才的创新积极性，完善企业在人才培养、使用、流动、竞争和评价等方面的有效机制，鼓励低碳技术研发，进而不断提升企业低碳技术水平和低碳创新能力。要加强企业内部专业技术人才的培养和低碳知识培训，提升低碳知识素养，鼓励企业技术人员在低碳技术领域进行研究和创新，依靠企业内部力量加强低碳技术改造和产业升级，如鼓励工程师加强工艺流程再造，降低能耗，简化流程，提升工艺水平。鼓励企业专业技术人才结合企业自身特点和产品特点，提高能源利用效率，鼓励使用低碳新型能源。加强企业外部人才的交流、引进、合作，在低碳技术领域建立高等学校、科研机构、企业高层次人才的双向交流制度，建立以企业为主体、多种形式的产学研战略联盟。从国家层面考察，应该出台鼓励低碳技术人才交流与合作的扶持政策，特别是鼓励高校和科研院所的专业技术人才以挂职、兼职、柔性引进等多种方式参与企业低碳创新和低碳产业发展，整合低碳技术人才资源。

三　鼓励企业加强低碳技术引进、消化、吸收再创新

改革开放40多年来，中国企业具有较强的技术学习能力。由于企业自身低碳技术基础薄弱，缺乏技术储备和积累，应重视通过低碳技术转让、学习、复制、模仿、消化吸收的过程，实现企业低碳技术再创新。鼓励企业特别是中小企业与外资企业等进行低碳技术合作，充分学习和消化发达国家或者外资企业在低碳技术领域的成功经验，通过学习、消化、吸收的技术路径，不断筑牢企业技术基础，进而为再创新提供技术储备和学习能力。各级政府应该通过完善政策，鼓励企业加强低碳技术引进，构建低碳技术成果的推广转移机制，加强企业与其他企业，特别是发达地区企业和外资企业的合作与交流，促进低碳技术水平提升，为企业低碳发展提供强大基础。

四　加快构建市场导向的低碳技术创新体系

党的十九大报告指出，构建市场导向的绿色技术创新体系，发展绿色金融，壮大节能环保产业、清洁生产产业、清洁能源产业。企业要面向市场需求，加快绿色低碳、生态环保、资源节约等领域的技术创新、技术供给、商业模式创新，支撑节能环保、清洁生产、清洁能源等产业发展。

一是建议加快调整国家科技计划实施机制，鼓励更多企业参与国家科技计划，特别是国家应面向中小企业，提供绿色低碳领域的企业创新政策、创新项目、创新平台支持。中小企业规模小、抗风险能力差，在低碳技术创新领域缺乏足够资金，但具有专业化的团队，在某些细分的技术领域具有自己的独特优势。吸引这些有特色的中小企业参与国家低碳科技计划，能发挥企业的差异化创新优势，发挥创新协同作用，实现在整个低碳创新链上的优势互补、协同作战。要加快建立国家与企业的信息互动和沟通协调机制，国家科技计划要能够有效反映企业、产业绿色低碳发展的实际需求，制定面向绿色低碳方向的科技创新计划，项目评审要更多地吸纳企业同行参与。要吸引更多的企业参与国家低碳科技计划项目实施，支持

有条件的企业集团、企业联盟牵头承担重大国家低碳技术创新项目，加快构建以企业为主体、产学研结合的低碳技术创新机制。

二是加快制定企业"低碳技术创新引导工程"，支持企业建立和完善面向绿色低碳领域的技术研发新机构，建立新型企业低碳技术中心。2005年12月，科学技术部、国务院国资委、中华全国总工会三个部门联合实施技术创新引导工程。2009年6月，科技部、财政部、教育部、国务院国资委、全国总工会、国家开发银行共同组织实施技术创新工程并出台了总体实施方案。国家技术创新工程是集成相关科技计划资源，引导和支持创新要素向企业集聚，加快以企业为主体、市场为导向、产学研相结合的技术创新体系建设的系统工程。构建面向绿色低碳领域的国家低碳技术创新引导工程，是加快推进生态文明建设，实施国家创新驱动战略、建设低碳创新型国家、推动国家绿色低碳高质量发展的战略需要。加快构建国家层面的企业低碳技术创新和产业化平台，形成集低碳科技研发、低碳技术创新、低碳产品设计、低碳产品生产、低碳技术服务于一体的大型低碳企业集团，提升在国际绿色低碳领域的技术竞争力，提升中国企业绿色低碳技术创新能力，抢占全球绿色低碳技术话语权和创新制高点。深化低碳技术类科研机构企业化转制改革，鼓励和支持其在行业共性关键技术研究开发和应用推广中发挥骨干作用。布局企业低碳技术创新引导工程、国家级低碳技术创新基地和国家级低碳创新园区建设，吸引企业参与国家重大低碳科技创新。

三是广泛开展低碳技术创新型企业试点，形成一批有特色的低碳创新企业集群，推进中国特色国家低碳创新体系建设。鼓励企业与科研院所、高等院校联合，加强低碳领域的工程实验室、工程中心、低碳技术中心、低碳技术联盟建设，加强现有研究开发基地与企业的结合，建立企业低碳技术创新的基础支撑平台，整合低碳科技资源为企业低碳技术创新服务。重视和发挥民营科技企业在低碳技术创新、低碳技术产业发展中的生力军作用，要加大对低碳型中小企业的支持力度，建立适应中小型企业创新需要的投融资机制，营造扶持企业低碳技术创新的良好环境。

　　四是鼓励企业参与低碳新能源技术开发与应用，大力发展低碳新能源产业。习近平总书记在党的二十大报告中指出，立足我国能源资源禀赋，有计划分步骤实施碳达峰行动，深入推进能源革命，加强煤炭清洁高效利用，加快规划建设新型能源体系。加快推动能源革命与低碳转型，从能源消耗源头上减少碳排放，是推进生态文明建设、实现碳达峰碳中和的关键举措。应鼓励企业加快能源结构转型，积极参与和推进氢能、先进储能、智慧能源系统等领域减排降碳关键技术研发攻关，特别是要加强大功率风电、高转化率太阳能电池、高安全长寿命低成本储能等绿色低碳技术创新，提高绿色低碳能源开发与利用水平，改变以化石能源为主导的传统能源结构。低碳新能源及其产业发展是推进生态文明建设、实现碳达峰碳中和目标的关键支撑，应鼓励企业以绿色低碳技术创新为突破口，大力开发和应用低碳新能源，实现低碳能源转型，形成低碳新能源产业的高附加值价值链，从以化石能源为主转向以低碳新能源为主。各类企业应树立低碳新能源发展理念，积极参与低碳新能源技术开发与应用，重视发展光伏、风电等低碳新能源产业，充分利用荒山荒漠、闲置空地、建筑屋顶等空间，大面积建设光伏发电、风力发电、地热能等新能源开发基地，增强绿色能源设施供应能力，补齐储能短板，系统推进能源绿色革命，加快打造智慧韧性、绿色低碳的新型能源产业体系。

第三节　大学和科研院所层面：完善科研体制，
激发创新活力

　　大学和科研院所是知识生产和科技创新的动力源。大学和科研院所肩负着知识生产与人才培养的神圣使命。应对全球气候变暖、生态恶化、环境污染、全球性重大突发公共卫生安全事件、生态生物安全等问题，大学和科研院所要主动承担知识生产与创新的重大责任。面对气候趋于恶化等重大问题，现代大学要坚守科学研究、人才培养、社会服务等重要使命，积极开展多种形式的知识传授，加强多方面的创新合作与科学研究，培养勇担社会责任的高端人才，加快促进全球气候变化等重大问题的解决①。要积极发挥大学、科研院所在低碳领域的知识生产作用，加强低碳科技教育与低碳科技知识普及，提升低碳科技基础研究和应用研究的积极性。大学和科研院所要构建高效的知识生产组织机制，主动瞄准绿色低碳领域的知识创新与基础研究，积极鼓励大学从事高水平的绿色低碳基础研究，培养一大批高端基础研究人才。低碳技术创新是应对全球气候变化和破解资源能源危机与生态环境恶化问题的根本出路，是国家提升低碳竞争力和国际低碳话语权的重要支撑。低碳技术一旦物化和作用于低碳经济的生产过程就成为直接生产力，成为低碳经济发展最为重要的物质基础，成为低碳经济发展强大的推动力。科研院所是低碳知识生产、低碳科技创新、低碳技术传播的重要源泉和载体。离开科研院所的作用，低碳科技创新与低碳产业发展就失去重要力量，低碳产业政策的执行也会受到影响。要进一步优化和提升科研院所的功能，创新科研管理体制机制，激活低碳科技创新动力，构建产学研协同的低碳创新体系。

一　构建鼓励低碳创新的高校科研体制机制，促进低碳知识生产

低碳科技创新不同于其他科技领域的创新，是面向生态环境改善、节能减排的科技创新，具有外部性强、投资大、周期性强、风险大等特点，一般企业或组织不愿意参与。因此，作为公益性强的大学和科研院所应承担低碳科技创新的重任，需要进一步构建鼓励低碳科技创新的体制机制。如建立面向低碳科技创新的成果评价体系，坚持以社会化、市场化、低碳化为导向，鼓励大学、科研院所与企业等进行低碳科技合作研发，促进低碳科技成果转化与产业化应用。要建立创新收益回报机制，改变传统的以论文数量和级别定义成果水平高低的单一评价体系，建立既重视基础理论研究也重视应用研究的综合型科研绩效评价机制。低碳科技成果转化和应

① 黄巨臣：《大学在应对气候变化过程中的责任》，《潍坊工程职业学院学报》2017年第5期，第18~21页。

用应在职称评定、科研成果评价中占一定的比重，通过创新低碳科研的体制机制，促进低碳知识生产与发展。

二 设立低碳科技专项经费，布局重大低碳项目研究

鼓励科研院所参与低碳创新。重视科研院所关键性低碳技术的创新，设立低碳科技专项经费，加强科研院所与企业合作，共同攻关重大低碳科技项目，打破关键技术瓶颈。特别是联合产业部门对高能耗、高污染、高碳排放的煤炭、石油、化工、建筑、电力等传统工业部门进行技术改造和优化升级。重视低碳可再生能源技术创新与低碳新能源的利用，不断提高低碳新能源利用技术水平，提高能源利用效率，降低碳排放强度。加快实施国家低碳科技重大专项，统筹推进低碳领域的关键共性技术、前沿引领技术、现代工程技术、颠覆性技术突破，运用低碳新技术推进传统高能耗产业转型升级，加大低碳能源技术攻关力度，助推传统能源结构转型。要充分发挥大学、科研院所在低碳科技创新、低碳知识生产方面的使命担当，依托重大低碳科技突破实现产业与能源两大结构的根本性调整，真正从源头上减少污染物排放，破解中国粗放型经济增长难题，破解国家经济发展与环境污染的内在困境，实现国家高质量发展。

三 鼓励低碳创新的产学研协同，构建国家低碳科学共同体

共同体是基于特定的共同价值导向、共同利益驱使形成的具有某种共同规范的群体或社团。科学共同体（Scientific Community）是科学家的组织和团体。科学共同体的概念最早是在 1940 年代，由物理化学家和科学哲学家波拉尼（M. Polanyi）提出的。他在《科学的自治》一文中指出，科学家不能孤立地实践他的使命，需要不同专业领域的科学家形成研究集团或组织体系，形成科学共同体。进入 20 世纪，"小科学"逐渐被"大科学"所取代，科学知识生产的方式发生了根本性的变革，科学共同体的组成形态与结构功能也随之改变。现代科学创新很多涉及跨学科、跨专业、跨行业的交叉综合创新，离不开更多创新主体的共同参与。吉登斯

（Giddens）等指出，"大科学"更具有网络化、应用化、公开化、非组织化的特征，更加强调多元化的社会需求、合作协同科学技术对社会的应用和影响①。绿色低碳科技领域，同样离不开科学共同体的协同创新。低碳科学共同体是面向低碳科技创新、低碳知识生产的学术共同体。这一共同体具有共同的课题或共同的研究方向，有共同的科学语言和话语体系，信奉共同的研究范式（paradigm），同时也遵循共同的行为规范。科学家们结为共同体，其研究动力和科研使命即为揭示某些领域的自然奥秘，创造新的知识，推动科学理论与实践发展。当今，新一轮科技革命、产业革命蓄势待发，面向绿色低碳、生态环保的重大科学问题的原创性突破、颠覆性技术创新、关键性技术创新创造出新科技、新产业、新业态、新模式，更加体现了前沿性、交叉性、综合性等特点，需要不同学科、不同专业、不同领域进行对话与协作，形成面向低碳科技创新的产学研协同与科学共同体。

大学和科研院所是知识创新的重要主体，在面向重大低碳科技创新问题方面，需要构建国家级低碳科学共同体，提升国家低碳创新体系整体效能。比如，加快发挥北京大学、清华大学、中国科学院等科研"国家队"在重大低碳科技创新中的主体地位。建立国家低碳科学共同体，形成促进低碳科技创新的重要平台、话语体系、标准体系，推动国家低碳创新体系构建。加快国家低碳科学共同体建设，要构建跨专业、跨领域、跨部门的科学家低碳创新平台，组织开展低碳协同创新，抢占低碳能源、低碳材料、低碳制造、生物信息、低碳交通等领域核心技术制高点，推进大数据、人工智能、互联网和实体经济深度融合的技术与产业创新，支撑国家共享经济、数字经济、平台经济、智能经济、创新创业服务等领域形成新的增长点，加快构建低碳的现代化经济体系，推动中国低碳经济高质量发展。

---

① 张思光、周建中、肖尤丹：《新时代科学共同体的科普责任——基于科普法治的视角》，《科普研究》2022年第2期，第29~38、99~100页。

第四节 中介服务机构层面：完善低碳创新服务

中介服务机构是国家低碳创新体系建设中不可或缺的重要组成部分。中介服务机构弥补了低碳创新链中的"缺环"问题，实现了低碳创新过程中价值链、产业链的整合，能为不同主体参与低碳创新过程提供必要的技术、信息、知识、法律、政策咨询、技术转化等多方面的服务，发挥了中介和桥梁的重要作用。加快构建国家低碳创新体系，要进一步培育和发展各类低碳创新相关的社会组织和中介服务机构，进一步优化和完善低碳创新中介服务，促进低碳创新的信息交流、知识膨胀、需求对接、资源配置、技术服务等，实现低碳创新体系中各要素、各环节间的有效互动与服务对接①。

一 从服务内容考察，完善低碳创新服务，要注重优化三大环节

一是加快优化低碳创新的信息咨询服务。在网络经济时代，信息是低碳创新的重要资源，要通过更加完善的信息服务，为低碳知识积累、低碳知识扩散、低碳知识交流、低碳知识生产、低碳技术创新及其成果转化提供整体化解决方案。如建立生产力促进中心、创办信息咨询公司和低碳科技服务中心等平台，强化各类信息整合与供需对接，为国家低碳创新体系构建提供完善、及时的信息咨询服务，包括低碳技术、创新人才、创新资金、市场前景、消费市场、政策法律、低碳管理等一系列信息资源。

二是加快优化低碳创新创业孵化服务，构建低碳科技领域的众创空间。低碳创新创业孵化服务主要是围绕低碳科技创新及其成果转化提供的基本服务，如为低碳科技领域的创业者、中小企业提供基本的办公、研发、生产、经营的场地和共享设施，为创新创业者提供网络、通信、数据

---

① 陆小成：《基于区域低碳创新系统的生产性服务业集群模式》，知识产权出版社，2010，第50~61页。

库、低碳科技信息等共享设施，提供低碳科技创新的政务、融资、法律、市场推广等一系列信息和服务支持，降低低碳创新创业风险和成本。在低碳创新创业孵化的中介服务功能中，中介服务机构面向低碳创新创业，整合高校、各级政府、企业、社会组织等资源和力量，构建低碳科技众创空间。

三是完善低碳科技投融资服务。低碳创新具有投资大、周期长、风险高、外部性强等特征，导致许多企业特别是中小企业不愿意进行低碳创新投资，企业在低碳科技创新、低碳科技产业发展中的融资贵、融资难等问题突出。加快构建国家低碳创新体系，需要加快完善低碳科技创新的投融资服务，培育低碳科技创新与产业发展的金融中介机构。要加强低碳产业投融资的政府扶持和基础设施建设，为低碳科技创新、低碳产业发展提供碳金融投资、税收、信贷等相关配套政策，鼓励金融机构参与低碳减排投融资活动，搭建低碳产业的投融资交易平台，发展碳金融中介市场。

二　从服务转型考察，完善低碳创新服务要注重三个转变

一是从低增值服务向高增值服务转变[1]。随着科技创新的提速，全球化科技竞争激烈，更多的创新企业将许多非核心业务外包，以集中更加优质的资源强化科技创新，提升竞争力。在低碳创新过程中，低碳科技企业、科研院所等创新主体需要更加多元的创新服务，传统的中介服务机构仅仅提供某一方面的单要素的创新服务显然难以满足现代创新需求。而更多企业将服务外包为中介服务机构提供了更加广泛的服务市场需求，因此，完善低碳创新服务，需要中介服务机构拓展自身的业务领域，加快向多要素、高附加值的创新服务转变，聚焦国家低碳创新体系中各环节的实际需求，加强专业化、集成化服务能力建设，完善中介服务链条，为低碳科技创新提供多元化、个性化、高增值的创新服务。

---

[1]　宋敏：《科技中介服务链、创新链和产业链的融合互动发展研究——基于科技中介服务的视角》，《企业科技与发展》2014 年第 24 期，第 1~3 页。

二是从综合性服务向专业化、品牌化服务转变。低碳科技创新过程既要体现专业性领域的科技水平，也要体现多领域、跨专业的整合优势，因此完善低碳创新服务，需要中介服务机构加强从综合性服务向专业化、品牌化方向转变，在专业技术、科技推广、市场营销等各个领域提供更加专业化、品牌化的服务，加快低碳科技与经济发展、政府与企业、企业与社会等多方面的供需对接。中介服务机构应充分运用现代社会信息化、网络化的高效快捷优势，广泛搜集高校、科研院所、创新企业、科学家等创新信息与资源，开展更加专业化、品牌化的服务，构建高效对接的信息直通车，构建品牌化创新服务平台。

三是从单项服务向服务链转变。完善低碳创新服务，要求中介服务机构从传统的单项服务向围绕低碳创新体系的整个价值链进行资源整合与服务配套，加快向低碳创新的服务链转变，对低碳创新过程进行全生命周期管理，及时了解低碳科技动态需求，实现低碳创新服务的链式整合，不断帮助创新主体向研发、设计等上游环节拓展，向市场营销、品牌建设、渠道创新等下游环节延伸。加快面向国家低碳创新的中介服务链建设，坚持专业化分工与网络化服务协作相结合，促进低碳科技成果转化，强化低碳创新服务环节建设，加快构建社会化、网络化、链条式的低碳创新中介服务体系。

三 从服务体制考察，完善低碳创新服务要注重四大特性

一是在自身经营管理上，更加体现独立性。中介服务机构脱胎于传统计划经济体制下的行政附属机构或事业单位，其后逐步脱离政府部门，完成企业改制成为具有独立法人资格的社会服务机构，主要按照市场经济规律进行经营管理。因此推进国家低碳创新体系建设，要进一步强化独立地位和自我造血功能，为社会特别是创新企业提供更加优质高效的中介服务，为低碳科技创新提供第三方完善服务，以独立化的服务推进低碳创新及其产业化发展。

二是从中介服务功能上，更加体现多样性。面向低碳科技创新活动，

中介服务机构应该在体现专业性的同时，更加重视科技与市场的对接，注重围绕市场开发更多的服务项目，拓展服务领域，为低碳市场发展和低碳经济社会建设提供更加多样、丰富的中介服务。如采取更加主动上门的服务方式，注重为各级政府、科技企业、各类大学、从事低碳科技创新的研究机构、银行等多个部门提供服务，拓展信息来源、服务深度，进而在促进中介服务机构自身发展的同时，能够为国家低碳创新体系构建提供更加多样化、及时性、全方位的服务。中介服务机构要面向低碳科技创新及其成果转化，提供信息咨询、技术转移、创业孵化、品牌策划、营销管理、售后服务、风险投资、资金运营、知识产权、法律服务等多样性、"一条龙"式的中介服务。更加多样性的中介服务能够有效地满足各类科技创新企业在从事绿色低碳创新过程中多元化、综合性、链条式的服务需求。

三是从服务能力上，更加体现专业性。面向绿色低碳创新过程的中介服务，要更加体现中介服务人员在低碳技术、中介服务等两个层面的专业特长和服务能力。一方面，针对低碳技术创新，从事创新服务的工作人员应具有一定的低碳技术知识和专业素养，要对从业人员进行专业性的低碳技术辅导和系统培训。另一方面，中介服务机构要与高校和科研机构建立密切联系，建立专家库，抓好技术经纪人、高技术专利代理人、咨询师等培训工作[①]。要对中介服务人员进行中介服务方面的法律知识、管理知识、会计知识、服务意识、诚信意识等系统培训，提升中介服务人员的理论水平、职业水准、道德操守、政策知识水平等。

四是从行业准则上，更加体现规范性。没有规矩不成方圆。促进中介服务机构建设与发展，要建立完善的行业准则和规章制度，要进一步规范中介服务市场，为国家低碳创新体系建设提供更加制度化的中介服务。一方面，要加强中介服务机构的信用管理和职业资格管理，对其专业技术、服务业绩、服务态度、服务质量、职业道德、社会认知度等方面建立星级评价标准，定

---

① 曹洋、陈士俊、王雪平：《科技中介组织在国家创新系统中的功能定位及其运行机制研究》，《科学学与科学技术管理》2007 年第 4 期，第 20~24 页。

期向社会和客户提供综合测评结果，强化行业协会监管。另一方面，要加强中介服务机构自身的规范化管理，建立完善的现代企业制度。

第五节　社会公众层面：鼓励公众监督，提升创新参与能力

社会公众是国家低碳创新体系的重要参与力量和强大社会基础。社会公众既是低碳创新产品的消费者、使用者、评价者、监督者，也是低碳创新过程的参与者、需求者，还是生活消费中污染排放的重要参与者。因此，构建国家低碳创新体系，推进生态文明建设，离不开广大社会公众广泛和有序的参与。

一　提升社会公众的低碳科技素养和低碳创新意识

要鼓励社会公众积极参与一般性的创新活动，更要围绕生态文明建设、低碳科技创新、低碳经济发展鼓励社会公众的常态化参与，提升社会公众的低碳发展意识、低碳创新精神，加快实施全民低碳科学素质行动计划。要通过大学、科研院所的合作广泛开展低碳科技传播、低碳科学普及等，弘扬低碳科学精神，积极宣传生态文明和低碳科学思想，积极推广各类低碳科学方法和低碳技术。要充分利用"互联网+"、新媒体、广播电视、报纸期刊等传播媒介广泛开展生态文明、低碳科技创新等方面的宣传教育，特别是各大学、科研院所、企业所形成的低碳科技设想、低碳科技需求、低碳技术项目等，增强社会公众对低碳创新的认知，同时提升其主动参与意识，使其积极融入大学、科研院所、企业以及其他社会组织的低碳创新活动。

二　加强低碳创新领域的人才教育与低碳科技知识培训

国家低碳创新体系的构建离不开丰富的人力资源，离不开众多高水平的专业性科技人才。发挥党中央统揽全局、协调各方的作用，打通教育、

科技、人才链条，强化国家创新体系建设的基础性、战略性支撑①。加快推进生态文明建设与绿色低碳发展，加快实施创新驱动战略，加快建设科技强国迫切需要加强人才培养，围绕绿色低碳领域的科技创新，进一步强化专业人才教育、低碳科技培训。

面向并服务于创新型国家建设和推动生态文明建设，进一步加强教育体制改革，加快现代教育体系与低碳科技人才需求的紧密衔接与有机互动，创造性地构建全过程、贯通式、产学研对接的现代低碳科学教育模式。切实面向国家绿色低碳发展、"双碳"目标实现的战略需求，进一步完善和深入实施科教融汇、产教融合战略，加强面向绿色低碳科技创新的人才培养与队伍建设。在建立高水平研究型大学、国家科研机构和高层次创新人才队伍过程中，加快面向绿色低碳科技领域的专业对接、人才对接、项目对接，积极主动地承担国家面向"双碳"工作的重大低碳科技任务，并形成优秀低碳科技人才引领重大低碳科技创新、重大低碳科技任务造就优秀低碳人才的良性循环和多赢效应。在构建国家低碳创新体系过程中，要加快推动高端低碳科技人才引进，精准服务国家重大低碳科技创新，建立健全能有效吸引、留住、用好海外低碳科技人才的制度体系，营造服务环境。此外，面向全社会，要加强低碳科技领域的人才培训和低碳科技知识教育，举办各类低碳发展、低碳创新相关的职业培训班或开设技能培训课程，提升广大社会公众的低碳创新能力和水平。要依托重大低碳科研和低碳科技建设项目、重点学科和低碳科研基地等加快低碳科技学科带头人和低碳科技创新人才的培养，构建有利于低碳创新人才成长的社会文化环境。

三 鼓励社会公众积极参与低碳创新的全过程

传统创新过程更多重视企业、政府、科研院所的作用，但忽视了公

① 贺德方、汤富强、陈涛、罗仙凤、杨芳娟：《国家创新体系的发展演进分析与若干思考》，《中国科学院院刊》2023 年第 2 期，第 241～254 页。

众、社会组织的作用。要让社会公众在政府、企业、科研院所的三方创新关系中体现参与创新的价值，为低碳创新提供更有价值的低碳需求和创新创意信息。低碳创新离不开广泛的社会认同和低碳共识。一方面，作为公民个体，要加强低碳科普工作，可以通过生活需求和本职工作要求提升低碳发展需求和环保意识，向有关部门提供重要的低碳创新需求信息、低碳创新创意设想，为引导企业和科研人员开发或提升某些低碳技术提供重要思路，同时举报环境污染事件和行为，提出低碳发展和环保建议，促进相关部门和企业重视环境保护和低碳发展，提升低碳创新动力和积极性。另一方面，公民个体通过参与各类环保低碳组织，整合各类低碳创新资源，为推进低碳创新积累知识、集中力量、集聚智慧。如各类全国性或区域性的低碳环保组织或低碳发展协会，集聚了全国低碳科技工作者、环境工程技术人员、低碳教育工作者和低碳管理者等，形成了跨领域、跨部门、跨区域、跨行业的广泛联系，更有利于低碳创新知识的传播与碰撞，进而推进低碳创新过程，加快国家低碳创新体系的构建。

四　提升广大社会公众的低碳消费意识

低碳创新离不开低碳消费，低碳消费为低碳创新提供了产品需求方向和技术创新市场。低碳消费倡导广大社会公众在消费过程中主动选择绿色低碳产品，拒绝高碳排放产品；倡导在消费过程中尽可能减少废弃物和垃圾产生，尽可能重视资源的再利用和垃圾减量化，减少对环境的污染；倡导在消费过程中创新生活方式和消费技术，构建绿色低碳生活，实现可持续消费；倡导广大社会公众重视新领域消费，如转向绿色低碳能源消费，不购买燃油车，尽可能选择低碳交通和电动车，鼓励开发和使用低碳技术，拓展新的低碳消费领域，培育低碳市场，进而引导和鼓励低碳创新和低碳产品生产。倡导绿色低碳消费方式，培育绿色低碳社会组织，鼓励企业、社会组织、社会公众积极参与绿色低碳创新发展，积极投资绿色低碳项目，加快形成绿色低碳新风尚。探索建立适应"双碳"目标、体现碳汇价值的生态补偿机制，吸引社会资本、社会组织参与生态补偿与绿色发展，推进生态补偿制度建设与碳达峰碳中和目标实现的有机衔接，完善绿色低碳发展制度体系，有序推进碳达峰碳中和同绿色高质量发展齐头并进，为构建具有中国特色的国家低碳创新体系、建设人与自然和谐共生的中国式现代化谱写低碳发展新篇章。

本章小结

本章主要研究国家低碳创新体系构建的路径选择。一是在政府层面，完善低碳创新政策，实施国家重大低碳创新工程，设立低碳科技基础研究项目，增加低碳科技创新投入，布局低碳科技园区和产业集群，加快低碳科技成果转化，优化低碳科技创新的激励政策。建议国家发改委联合科技部等成立国家低碳创新办公室，协调制定低碳技术创新等政策法规，鼓励低碳技术研发与转化应用，特别是针对中小企业融资难等问题，应制定扶持中小企业低碳技术创新的税收优惠和投融资政策，建立多元化的低碳科技投入制度保障体系，采用多种制度措施保障高校与企业在低碳创新方面加快形成战略联盟，包括低碳创新与合作税收优惠、与企业分担投入高校的科研经费、支持大学低碳科技园和低碳科技孵化器建设等，强化低碳科技创新及其成果转化、产业应用的配套设施建设。

二是在企业层面，要夯实低碳创新主体地位，提升低碳创新能力，要改变传统的代加工模式，增加低碳技术领域的研发投入，提升低碳产品的市场竞争力，加快低碳技术人才的培养，加强低碳技术引进、消化、吸收、再创新，加快构建市场导向的低碳技术创新体系，调整国家科技计划实施机制，鼓励更多企业参与国家科技计划，制定企业"低碳技术创新引导工程"，广泛开展低碳技术创新型企业试点，形成一批有特色的低碳创新企业集群。

三是在大学和科研院所层面，要完善科研体制，激发创新活力，优化和提升科研院所的功能，创新科研管理体制机制，激活低碳科技创新的动力，构建产学研协同创新的低碳创新体系，促进低碳知识生产，设立低碳科技专项经费，布局重大低碳研究项目，鼓励低碳创新的产学研协同，构建国家低碳科学共同体。

四是在中介服务机构层面，培育和发展各类低碳创新相关的社会组织和中介服务机构，进一步优化和完善低碳创新中介服务。从服务内容考察，完善低碳创新服务要注重优化低碳创新的信息咨询服务、创新创业孵化服务、科技投融资服务等三大环节。从服务转型考察，完善低碳创新服务要注重从低增值服务向高增值服务转变，从综合性服务向专业化、品牌化服务转变，从单项服务向服务链转变等三个转变。从服务体制考察，完善低碳创新服务要注重自身经营管理更加体现独立性、中介服务功能更加体现多样性、服务能力更加体现专业性、行业准则更加体现规范性等四大特性。

五是在社会公众层面，要鼓励公众参与和监督，提升其低碳创新参与能力。社会公众既是低碳创新产品的消费者、使用者、评价者、监督者，也是低碳创新过程的参与者、需求者，还是生活消费中污染排放的重要参与者。要提升社会公众的低碳科技素养和低碳创新意识，加强低碳创新人才教育与低碳科学技术培训，鼓励社会公众积极参与低碳创新过程，提升广大社会公众的低碳消费意识。

第八章　结论与展望

第一节　基本结论

党的十九大报告指出，建设生态文明是中华民族永续发展的千年大计，强调要推进绿色发展，构建市场导向的绿色技术创新体系。党的二十大报告指出，坚持"绿水青山就是金山银山"的理念，生态文明制度体系更加健全，绿色、循环、低碳发展迈出坚实步伐，生态环境保护发生历史性、转折性、全局性变化，我们的祖国天更蓝、山更绿、水更清。实现高水平科技自立自强，进入创新型国家前列。当前，我国正处于建设创新型国家的决定性阶段。面对资源约束趋紧、环境污染严重、生态系统退化的严峻形势，高投入、高污染、高排放的粗放型经济增长模式难以为继。如何破解经济增长与环境污染的两难困境？推进新时代美丽中国建设，推进中国生态文明建设，必须加快构建国家低碳创新体系。本书理论和实践相结合，探讨创新驱动、生态文明的内在关联，提出国家低碳创新体系概念，系统建构国家低碳创新体系的理论分析框架，比较分析国外实践经验，从企业、政府、大学和科研院所、中介服务机构、社会公众等多主体的视角深入考察国家低碳创新体系建设存在的主要问题，最后提出相应的政策建议。主要研究内容和创新点表现在以下几个方面。

　　第一，国家低碳创新体系的相关理论基础。国家低碳创新体系是基于生态文明、生态经济、低碳经济、国家创新体系等理论提出来的。创新体系理论与生态文明、低碳经济、生态经济等理论的交叉与关联，构成了国家低碳创新体系的理论基石。综合现有学者研究成果，本书探索性地提出我国国家创新战略的演化大体上可以分为五个阶段，即初步形成阶段（1949~1977年）、计划主导阶段（1978~1994年）、技术创新阶段（1995~1996年）、知识创新阶段（1997~2011年）、高质量发展阶段（2012年至今）。2012年以来，推进经济高质量发展，国家创新体系需要承担新时代的重要责任和使命担当，更加强调原始创新、更加强调体制改革、更加强调"国家队"、更加强调协同创新、更加强调全面创新、更加强调生态文明。

　　第二，国家低碳创新体系的内涵阐释与战略意义。低碳创新是生态文明建设的题中之义。推进生态文明建设，必须树立低碳发展理念，实施创新驱动战略，加强低碳技术攻关，选择低碳创新道路。本书以习近平新时代中国特色社会主义思想和党的十九大、二十大精神为统领，结合我国生态文明建设的最新理论进展和实践成果，深刻领会党中央关于生态文明建设和创新驱动战略的决策部署，提出国家低碳创新体系的概念及其理论分析框架。国家低碳创新体系是指国家层面的企业、政府、大学和科研机构、中介服务机构、社会公众等主体相互作用而形成的低碳创新网络。构建国家低碳创新体系具有重要的战略意义，是承担国际减排责任、转变发展方式的需要，是掌握大国重器、提升绿色竞争力的需要，是推进生态文明建设、建设低碳创新型国家的需要，是发展低碳生产力、构建人类命运共同体的需要。

　　第三，国家低碳创新体系的结构要素与动力机制。国家低碳创新体系是以低碳技术创新为主导的多要素创新网络。国家低碳创新体系结构与功能存在互动关联，结构要素是功能运行与实现的载体，功能是结构要素存在的依据和发展方向。国家低碳创新体系的结构要素主要包括创新主体、创新资源、创新政策、市场环境、国际联系等。国家低碳创新体系的基本框架主要包括低碳知识创新、低碳技术创新、低碳制度与文化创新、低碳治理与服务创新等子系统。国家低碳创新体系的构建是国家创新驱动战略与低碳发展战略的高度耦合，从而形成低碳技术创新的内在逻辑与动力机制。国家低碳创新体系的动力机制主要包括三点：一是由低碳意识提升与低碳消费偏好引发的市场动力机制；二是承担国际减排责任和国内环保压力驱使的政策动力机制；三是低碳创新的核心竞争力提升形成的技术动力机制。

第四，国家低碳创新体系建设的国际经验比较研究。本部分主要分析美国、英国、德国、意大利、日本等发达国家面向低碳发展是如何加快构建国家创新体系的，是如何提升低碳绿色科技创新能力的，有哪些政策和经验值得我国借鉴，总结和比较国外典型的国家低碳创新体系建设模式及其对中国的主要启示。发达国家低碳创新经验对中国的启示主要为：制定国家低碳创新战略，推进绿色低碳发展；完善国家低碳创新政策，降低低碳创新成本；加大低碳技术创新投入，发挥低碳创新的引擎作用；整合低碳创新资源，加快构建低碳创新共同体。

第五，国家低碳创新体系建设的问题研究。本部分主要从企业、政府、大学和科研院所、中介服务机构、社会公众等多主体维度对国家低碳创新体系建设中存在的问题及其成因进行分析。在企业层面，低碳创新的主体地位缺失，低碳创新的意识不强，主动性差，低碳创新能力弱，核心技术缺乏，低碳创新投入少，高科技人才缺乏。在政府层面，低碳创新的体制障碍突出，政府投入少，政策供给不足。在大学和科研院所层面，低碳知识创新人才少、能力弱，从事低碳知识生产、低碳科技创新的项目少、成果少，大学与企业联系不够紧密，产学研严重脱节。在中介服务机构层面，服务链还不够完善，缺环现象还较为突出，表现为中介服务机构发展滞后、服务人才缺失、缺乏足够的资金保障、缺乏创新意识等。在社会公众层面，表现为社会公众缺乏创新意识，在参与低碳创新和低碳消费中没有发挥重要作用。

第六，基于生态文明的国家低碳创新体系建设的路径选择。结合问题分析，主要从企业、政府、大学和科研院所、中介服务机构、社会公众等主体维度提出构建国家低碳创新体系的路径选择。

一是在政府层面，完善低碳创新政策，加快实施国家低碳科技创新工程。将以企业为主体、市场为导向、产学研结合的低碳创新体系作为突破口，深化低碳科技体制改革，在全国范围内将现有的国家级工业园区或高新区改造和提升为国家低碳创新示范区，全面推进国家低碳创新体系建设，使中国大部分省区市的工业园区、城市空间不再是环境污染和雾霾天气的发生源，而是雾霾防控、环境修复、生态治理的净化器和"绿肺"，建设美丽中国的伟大梦想不再遥远。

建议加快设立国家低碳科技基础研究项目，增加低碳科技创新投入，布局更多的低碳科技园区和产业集群，加快低碳科技成果转化，优化低碳科技创新的激励政策。建议国家发改委联合科技部等部门成立国家低碳创新办公室，协调制定低碳技术创新等政策法规，鼓励低碳技术研发与转化应用。特别是针对中小企业融资难等问题，应制定低碳技术创新的税收优惠和投融资政策，建立多元化的低碳科技投入制度保障体系。采用多种制度措施保障高校与企业在低碳创新方面加快形成战略联盟，包括低碳创新与合作税收优惠、与企业分担投入高校的科研经费、支持大学低碳科技园和低碳科技孵化器建设等，强化低碳科技创新及其成果转化、产业应用的配套设施建设。

二是在企业层面，要夯实低碳创新主体地位，提升低碳创新能力。要改变传统的代加工模式，增加低碳技术领域的研发投入，提升低碳产品的市场竞争力，加快低碳技术人才的培养，加强低碳技术引进、消化、吸收、再创新，加快构建市场导向的低碳技术创新体系，调整国家科技计划实施机制，鼓励更多企业参与国家科技计划，制定企业"低碳技术创新引导工程"，广泛开展低碳技术创新型企业试点，形成一批有特色的低碳创新企业集群。

三是在大学和科研院所层面，要完善科研体制，激发创新活力。优化和提升科研院所的功能，创新科研管理体制机制，激活低碳科技创新的动力，构建产学研协同创新的低碳创新体系，促进低碳知识生产，设立低碳科技专项经费，布局重大低碳研究项目，鼓励低碳创新的产学研协同，构建国家低碳创新科学共同体。

四是在中介服务机构层面，培育和发展各类低碳创新相关的服务机构，优化低碳创新中介服务。从服务内容考察，完善低碳创新服务，要注重优化低碳创新的信息咨询服务、创新创业孵化服务、科技投融资服务等。从服务转型考察，完善低碳创新服务要注重从低增值服务向高增值服务转变、从综合性服务向专业化和品牌化服务转变、从单项服务向服务链转变等三个转变。从服务体制考察，完善低碳创新服务要注重自身经营管理更加体现独立性、中介服务功能更加体现多样性、服务能力更加体现专业性、行业准则更加体现规范性等四大特性。

五是在社会公众层面，要鼓励公众参与和监督，提升低碳创新参与能力。社会公众既是低碳创新产品的消费者、使用者、评价者、监督者，也是低碳创新过程的参与者、需求者，还是生活消费中污染排放的重要参与者。要提升社会公众的低碳科技素养和低碳创新意识；加强低碳创新人才教育与低碳科学技术培训；鼓励社会公众积极参与低碳创新过程，提升社会公众的低碳消费意识。

第二节　研究展望

目前我国创新研究不足主要表现为以下问题。

一　对国家低碳创新体系的各要素之间的关系分析不够

本书限于篇幅和研究侧重点的选择，没有对国家低碳创新各要素如知识创新、技术创新、创新服务、创新文化等子系统之间的内在关联进行深入研究。实际上各子系统可以再进一步细分，关系复杂，其对低碳创新影响，需要做进一步的研究。对国家低碳创新资源配置模式和运行机制没有进一步展开研究。特别是创新资源配置结合不同区域特点，应该会表现出不同模式，本书没有进一步展开研究。

二　从经济、政治、社会、生态、文化等"五位一体"的视角研究国家低碳创新体系问题还不够深入系统

国家低碳创新体系的建设与完善不仅涉及技术层面或经济层面，还涉及经济、政治、文化、生态、文化等多个领域的协同创新与全面发展，仅仅从技术层面或经济层面很难真正有效建构国家低碳创新体系。国家低碳创新体系是更加突出面向绿色低碳发展的国家创新体系的拓展，不是概念上的简单阐释，需要落实到低碳经济发展、国家政治与政策引导、低碳社会建设、生态环境治理、低碳文化环境营造等各个方面。本书对这些方面没有进行专门的系统研究，这为下一步研究提供了重要方向。

三　从产业优化升级和能源结构转型的视角研究如何构建国家低碳创新体系不够深入

中国的生态环境问题很大程度上与中国的现有产业结构和能源结构紧密关联，尤其是传统的高能耗、高污染、高排放的产业结构以及以煤炭石油为主导的能源消费结构。无论是技术创新还是经济政策创新都必须针对产业结构问题和能源结构问题提出。可以说，解决了中国的产业结构问题与能源消耗问题，对生态环境治理与低碳发展问题的解决就做出了关键性的重要贡献。加快传统产业的转型升级、淘汰整顿，加快传统能源消费的转型升级，特别是以低碳技术创新、低碳技术应用为突破口加快低碳产业发展，以低碳新能源技术开发和应用加快低碳新能源消费，逐步提高低碳新能源在能源结构中的比重，是大力推进生态文明建设、推进绿色低碳发展、推进美丽中国建设的关键支撑。这方面的实证分析与政策研究还需要深入拓展。

四 基于国家低碳创新体系建设的研究，进一步深入研究全球低碳创新体系建设是未来继续研究的重要方向

中国要积极融入全球创新网络，在绿色低碳技术领域迎来先机和战略突破口。随着经济全球化日益深入，应对全球气候变暖问题日益凸显，创新要素和资源的跨国流动越发活跃，趋势不可阻挡，任何逆全球化行为都难以改变全球经济一体化的发展趋势。因此，进入新时代，要具有新的全球视野和国际眼光，要站在巨人的肩膀上推进低碳科技创新，要在参与国际创新中搞"大循环"，要充分学习借鉴国际上绿色低碳技术领域的先进经验，闭关锁国、故步自封都不可能持续发展。要发挥中国在绿色低碳领域的后发优势，选准绿色低碳领域的主攻方向，整合全球科技创新资源，加快构建面向全球的低碳创新体系。开展并深化全球低碳创新体系的理论与实践研究，积极提出并牵头组织国际绿色低碳的大科学计划和工程，整合全球低碳创新资源，加快构建全球低碳创新体系，提升我国低碳科技创新的国际话语权和全球影响力，助推中国参与全球生态环境治理，加快建成人类命运共同体，这些都是值得深入研究的重要课题。

参考文献

[1] A. M. Forster, S. Fernie, K. Carter, P. Walker, D. , "Thomson. Innovation in low carbon construction technologies". *Structural Survey*, 2015.

[2] Alexandra Mallett, "Recasting 'truisms' of Low Carbon Technology Cooperation through Innovation Systems: Insights from the Developing World", *Innovation and Development*, 2015.

[3] Aurélien Bruel, Jakub Kronenberg, Nadège Troussier, Bertrand Guillaume, "Linking Industrial Ecology and Ecological Economics: A Theoretical and Empirical Foundation for the Circular Economy", *Journal of Industrial Ecology*, 2019.

[4] Beijia Huang, Ping Jiang, Shaoping Wang, Juan Zhao, Luchao Wu, "Low carbon innovation and practice in Caohejing High-Tech Industrial Park of Shanghai", *International Journal of Production Economics*, 2016.

[5] Bengt-Ake Lundvall. Introduction in Bengt-Ake Lundvall, ed., "National Systems of Innovation: Towards a Theory of Innovation and Interaction Learning", London and New York: Pinter, 1992.

[6] Benjamin K. Sovacool, Matthew M. Lipson, Rose Chard, "Temporality, Vulnerability, and Energy Justice in Household Low Carbon Innovations". *Energy Policy*, 2019.

[7] Carla Jane Higgs, "Trevor Hill, The Role that Small and Medium-sized

Enterprises Play in Sustainable Development and the Green Economy in the Waste Sector, South Africa", *Business Strategy & Development*, 2019.

[8] Chan-Yuan Wong, Zeeda Fatimah Mohamad, Zi-Xiang Keng, Suzana Ariff Azizan, "Examining the Patterns of Innovation in Low Carbon Energy Science and Technology: Publications and Patents of Asian Emerging Economies," *Energy Policy*, 2014.

[9] Cristina Balaceanu, Doina Maria Tilea, Daniela Penu, "Perspectives on Eco Economics. Circular Economy and Smart Economy," *Academic Journal of Economic Studies*, 2017.

[10] Damien Frame, Matthew Hannon, Keith Bell, Stephen McArthur, "Innovation in Regulated Electricity Distribution Networks: A Review of the Effectiveness of Great Britain's Low Carbon Networks Fund," *Energy Policy*, 2018.

[11] Damien Frame, Matthew Hannon, Keith Bell, Stephen McArthur, "Innovation in Regulated Electricity Distribution Networks: A Review of the Effectiveness of Great Britain's Low Carbon Networks Fund," *Energy Policy*, 2018.

[12] David Tyfield, Adrian Ely, Sam Geall, "Low Carbon Innovation in China: From Overlooked Opportunities and Challenges to Transitions in Power Relations and Practices," Sustainable Development, 2015.

[13] Dronov Vadim S. , Gauss-Seidel Iterations in Circular Complex Sets Case (Bilevel Programming, Optimization Methods, and Applications to Economics), International Journal of Biomedical Soft Computing and Human Sciences: the Official Journal of the Biomedical Fuzzy Systems Association, 2013.

[14] Elvira Uyarra, Philip Shapira, Alan Harding, "Low Carbon Innovation and Enterprise Growth in the UK: Challenges of a Place-blind Policy Mix," *Technological Forecasting & Social Change*, 2016.

236

[15] Energy Saving Trust, and the Carbon Trust, "Low Carbon Cities Programme, http://www.frdata.co.uk/CcsPres2007/Richard-Rugg.pdf.

[16] Frank W. Geels, Tim Schwanen, Steve Sorrell, Kirsten Jenkins, Benjamin K. Sovacool, "Reducing Energy Demand through low Carbon Innovation: A Sociotechnical Transitions Perspective and Thirteen Research Debates, *Energy Research & Social Science*, 2018.

[17] Frauke Urban, Giuseppina Siciliano, Kim Sour, Pich Dara Lonn, May Tan-Mullins, Grace Mang, "South-South Technology Transfer of Low-Carbon Innovation: Large Chinese Hydropower Dams in Cambodia," *Sustainable Development*, 2015.

[18] Helge Peukert. Europäischer Institutionalismus: Die Kernkonzepte Open System Approach (OSA) und Circular Cumulative Causation (CCC) und ihre Bedeutung Für die Moderne Evolutorischinstitutionelle Ökonomik (European Institutionalism: The Conceptualization of the Open System Approach and Circular Cumulative Causation and their Meanings in Modern Evolutionary-Institutional Economics), *Journal of Economic Issues*, 2008.

[19] Ishtiaque Shams, "Barriers and Opportunities of Combining Social and Ecological Functions of Urban Greenspaces-users' and Landscape Professionals' perspectives," *Urban Forestry & Urban Greening*, 2019.

[20] Jean-Pierre Amigues, Michel Moreaux, "Competing Land Uses and Fossil Fuel, and Optimal Energy Conversion Rates during the Transition toward a Green Economy under a Pollution Stock Constraint," Journal of Environmental *Economics and Management*, 2019.

[21] Joanne Hillman, Stephen Axon, John Morrissey, "Social Enterprise as A Potential Niche Innovation Breakout for Low Carbon Transition," *Energy Policy*, 2018.

[22] Jonathan Köhler, Wolfgang Schade, Guillaume Leduc, Tobias Wiesenthal,

Burkhard Schade, Luis Tercero Espinoza, "Leaving Fossil Fuels Behind? An Innovation System Analysis of Low Carbon Cars," *Journal of Cleaner Production*, 2013.

[23] Joshua Farley, Haydn Washington, "Circular Firing Squads: A Response to "The Neoclassical Trojan Horse of Steady-State Economics by Pirgmaier," *Ecological Economics*, 2018.

[24] Katherine A. Whalen, Charles J. Whalen, "The Circular Economy and Institutional Economics: Compatibility and Complementarity," *Journal of Economic Issues*, 2018.

[25] Kexin Bi, Ping Huang, Hui Ye, "Risk identification, Evaluation and Response of Low-carbon Technological Innovation under the Global Value Chain: A Case of the Chinese Manufacturing Industry," Technological Forecasting & Social Change, 2015.

[26] Kexin Bi, Ping Huang, Xiangxiang Wang, "Innovation Performance and Influencing Factors of Low-carbon Technological Innovation under the Global Value Chain: A Case of Chinese Manufacturing Industry, *Technological Forecasting & Social Change*, 2016.

[27] Melanie Marks, Gemma Kotula, "Using the Circular Flow of Income Model to Teach Economics in the Middle School Classroom," *The Social Studies*, 2009.

[28] Michael Carnegie LaBelle, "Low Carbon Energy Transitions: Turning Points in National Policy and Innovation," Kathleen M. Araujo, Oxford University Press, New York (2017). (Hardcover) xi, 384 pp., tables, graphs, references, *Energy Research & Social Science*, 2018.

[29] Michael Jefferson, "Low Carbon Energy Transitions: Turning Points in National Policy and Innovation," Kathleen M. Araujo, Oxford University Press (2017), *Energy Research & Social Science*, 2018.

[30] Mikael Skou Andersen, "An Introductory Note on the Environmental

Economics of the Circular Economy," *Sustainability Science*, 2007.

[31] Mohammad Javad Koohsari, Koichiro Oka, Neville Owen, Takemi Sugiyama, "Natural Movement: A Space Syntax Theory Linking Urban form and Function with Walking for Transport," *Health and Place*, 2019.

[32] Nuno Ornelas Martins, "The Classical Circular Economy, Sraffian Ecological Economics and the Capabilities Approach," *Ecological Economics*, 2018.

[33] Peter W. Newton, "Innovation for a Sustainable Low Carbon Built Environment," *Procedia Engineering*, 2017.

[34] Qian Shi, Xiaodong Lai, "Identifying the Underpin of Green and Low Carbon Technology Innovation Research: A literature Review from 1994 to 2010," *Technological Forecasting & Social Change*, 2013.

[35] Robyn Owen, Geraldine Brennan, Fergus Lyon, "Enabling Investment for the Transition to a Low Carbon Economy: Government Policy to Finance Early Stage Green Innovation, " *Current Opinion in Environmental Sustainability*, 2018.

[36] Ruth E. Bush, Catherine S. E. Bale, Mark Powell, Andy Gouldson, Peter G. Taylor, William F. Gale, "The Role of Intermediaries in Low Carbon Transitions-Empowering Innovations to Unlock District Heating in the UK," *Journal of Cleaner Production*, 2017.

[37] Sebastian Berger, Wolfram Elsner, "European Contributions to Evolutionary Institutional Economics: The Cases of 'Cumulative Circular Causation' (CCC) and 'Open Systems Approach' (OSA). Some Methodological and Policy Implications," *Journal of Economic Issues*, 2007.

[38] Structural Engineering; New Structural Engineering Study Findings Recently Were Reported by Researchers at TOBB University of Economics and Technology (Optimum crashworthiness design of tapered thin-walled

tubes with lateral circular cutouts），*Journal of Engineering*，2016.

［39］Xiaodong Lai，Jixian Liu，Qian Shi，Georgi Georgiev，Guangdong Wu，"Driving Forces for Low Carbon Technology Innovation in the Building Industry：A Critical Review," *Renewable and Sustainable Energy Reviews*，2017.

［40］习近平：《习近平谈治国理政（第四卷）》，外文出版社，2022。

［41］习近平：《新发展阶段贯彻新发展理念必然要求构建新发展格局》，《奋斗》2022年第17期。

［42］习近平：《努力建设人与自然和谐共生的现代化》，《新长征》2022年第9期。

［43］习近平：《正确认识和把握我国发展重大理论和实践问题》，《创造》2022年第7期。

［44］习近平：《加快建设科技强国　实现高水平科技自立自强》，《中国民政》2022年第9期。

［45］毕克新、付珊娜、杨朝均、李妍：《制造业产业升级与低碳技术突破性创新互动关系研究》，《中国软科学》2017年第12期。

［46］毕克新、黄平、杨朝均：《低碳技术创新系统：概念辨析与研究展望》，《技术经济》2017年第11期。

［47］毕克新、李妍、付珊娜：《制造业产业升级对低碳技术突破性创新的影响：基于制造业发展水平的中介作用研究》，《科技管理研究》2017年第23期。

［48］卞志村、王宇琨、笪哲：《加快构建支持创新型国家建设的现代金融体系》，《东北财经大学学报》2018年第5期。

［49］曹蕊：《区域高新技术产业持续创新能力评价——以福州市为例》，《技术与创新管理》2019年第2期。

［50］曾力宁、李阳、黄朝峰、李北伟：《国家实验室体系构建与制度创新：理论依据与实施机制》，《科技进步与对策》2022年第12期。

［51］柴娟娟、施子杨、方来：《风险投资对绿色技术创新的空间效应》，

《统计与决策》2022年第17期。

[52] 陈昌渝：《建设创新型国家背景下我国专利政策量化评价体系的构建研究》，《中国商论》2022年第21期。

[53] 陈德金、刘小婧、李文梅：《创新方法支撑国家创新体系构建的路径》，《科技创业月刊》2018年第8期。

[54] 陈劲、杨硕、朱子钦：《面向国家战略科技力量的高校创新体系建设研究》，《科教发展研究》2022年第1期。

[55] 陈卫斌、陈蕙予：《构建碳计量技术创新体系　以更好服务于国家低碳发展战略的探索与思考》，《中国计量》2022年第9期。

[56] 陈文婕、曾德明：《低碳技术合作创新网络中的多维邻近性演化》，《科研管理》2019年第3期。

[57] 陈晓春、蒋道国：《新型城镇化低碳发展的内涵与实现路径》，《学术论坛》2013年第4期。

[58] 崔和瑞、李小龙：《区域低碳技术创新系统能力评价研究》，《国网技术学院学报》2015年第4期。

[59] 崔和瑞、王欢歌：《产学研低碳技术协同创新演化博弈研究》，《科技管理研究》2019年第2期。

[60] 董亚炜：《贯彻习近平生态文明思想　关键要在制度创新上下功夫》，《先锋》2019年第3期。

[61] 樊步青、王莉静：《我国制造业低碳创新系统及其危机诱因与形成机理分析》，《中国软科学》2016年第12期。

[62] 樊春良：《面向科技自立自强的国家创新体系建设》，《当代中国与世界》2022年第3期。

[63] 樊雪峰：《增强国家创新体系效能，支撑世界科技强国建设》，《网信军民融合》2022年第3期。

[64] 范德成、张修凡：《市场视角下碳减排联盟对企业低碳技术创新的影响》，《广东社会科学》2021年第4期。

[65] 方放、王道平、张志东：《跨越低碳技术"死亡之谷"公共部门与

私有部门投资者协同创新研究——基于信息不对称视角》,《中国
软科学》2016 年第 1 期。

[66] 方建国、林凡力:《绿色金融与经济可持续发展的关系研究——基
于中国 30 个省际面板数据的实证分析》,《中国石油大学学报(社
会科学版)》2019 年第 1 期。

[67] 冯潇婷、何耀宇:《碳中和视角下的煤炭工业技术创新》,《能源技
术与管理》2022 年第 5 期。

[68] 冯之浚:《国家创新系统的理论与政策》,《群言》1999 年第 2 期。

[69] 付东:《构建技术创新体系共建产业生态集聚圈——国家印刷及柔
性显示创新中心建设实践与思考》,《中国工业和信息化》2018 年
第 12 期。

[70] 甘志霞、白雪、冯钰文:《基于区域低碳创新系统功能分析框架的
京津冀低碳创新协同发展思路》,《环境保护》2016 年第 8 期。

[71] 高鹤、杜兴翠:《区域低碳创新系统的架构及协同机制》,《中国人
口·资源与环境》2016 年第 S2 期。

[72] 高虎城:《深入学习贯彻习近平生态文明思想,全面加强生态环境
保护立法与监督工作》,《中国人大》2019 年第 4 期。

[73] 《构建国家战略科技力量　全力支撑"315"科技创新体系建设》,
《今日科技》2023 年第 2 期。

[74] 郭风、孙仁金、孟思琦:《数字经济、技术创新与碳生产率》,《调
研世界》2022 年第 9 期。

[75] 郭恒、孙蕾:《发展低碳经济的策略选择》,《北方经济》2010 年第
2 期。

[76] 郭红欣、张乐权、吴斯玥:《碳排放权交易对中国低碳技术创新的
影响研究:基于碳排放权交易试点的准自然实验》,《环境科学与
技术》2021 年第 12 期。

[77] 郭将、贺勋:《资源错配对区域技术创新的影响研究》,《技术与创
新管理》2022 年第 5 期。

[78] 郭孟杰、闫志利：《发达国家创新创业教育体系建设的特点及启示》，《创新与创业教育》2022 年第 3 期。

[79] 郭树东、关忠良、肖永青：《以企业为主体的国家创新系统的构建研究》，《中国软科学》2004 年第 6 期。

[80] 郭铁成：《建设引领型的国家创新体系》，《中国科技论坛》2018 年第 9 期。

[81] 韩军辉、闫姗娜：《绿色技术创新能力对制造业价值链攀升的影响》，《科技管理研究》2018 年第 24 期。

[82] 郝君超：《进一步发挥研究型大学在国家创新体系中的作用》，《科技中国》2018 年第 10 期。

[83] 何显明：《习近平国家治理体系和治理能力现代化重要论述的理论创新意蕴》，《观察与思考》2019 年第 1 期。

[84] 贺德方、汤富强、陈涛、罗仙凤、杨芳娟：《国家创新体系的发展演进分析与若干思考》，《中国科学院院刊》2023 年第 2 期。

[85] 胡敏、陆小成、资武成：《城市低碳创新的形象传播与规划策略》，《中国科技论坛》2016 年第 10 期。

[86] 胡志坚、李哲：《支撑现代化经济体系的国家创新体系建设研究》，《科技中国》2018 年第 9 期。

[87] 胡周颖：《我国企业低碳技术创新存在的问题及对策研究》，《山东工业技术》2015 年第 10 期。

[88] 黄江、陈劲：《和平创新视角对国家创新体系的理论补充》，《科学学与科学技术管理》2018 年第 12 期。

[89] 黄涛：《构建新型科技创新举国体制应把握好三个均衡》，《学习时报》2018 年 10 月 31 日，第 6 版。

[90] 黄贤金、吕文婷：《加快构建绿色低碳技术创新体系》，《群众》2022 年第 6 期。

[91] 霍明连、李知渊、王新澄：《区域低碳创新系统自组织演化过程研究》，《科技与管理》2016 年第 4 期。

［92］季宇、姜金涵、宋兰旗：《绿色信贷对低碳技术进步的影响研究——基于中国省级面板数据的实证检验》，《云南财经大学学报》2021年第9期。

［93］贾晓峰、高芳、胡志民：《国家创新体系建设的结构、功能、生态视角分析》，《科技管理研究》2021年第22期。

［94］蒋佳妮、王灿：《"十三五"时期创新驱动我国低碳技术发展的政策建议》，《低碳世界》2016年第4期。

［95］解振华：《加强应对气候变化能力建设》，《中国科技投资》2009年第10期。

［96］金起文、于海珍：《构建发展低碳经济的技术支撑体系》，《光明日报》2010年3月20日。

［97］巨文忠、张淑慧、赵成伟：《国家创新体系与区域创新体系的区别与联系》，《科技中国》2022年第3期。

［98］赖小东、詹伟灵：《双碳背景下低碳技术创新激励机制研究——基于双重信息不对称的博弈分析》，《上海管理科学》2022年第2期。

［99］李勃昕、韩先锋：《新时代下对中国创新绩效的再思考——基于国家创新体系的基于国家创新体系的"金字塔"结构分析》，《经济学家》2018年第10期。

［100］李光红、刘德胜：《企业低碳技术创新的"云创新"模式研究》，《理论学刊》2018年第4期。

［101］李宏、张薇：《世界主要国家与地区国家创新系统比较研究》，《中国科技论坛》2003年第5期。

［102］李慧：《社会道德规范下我国低碳经济的建设路径》，《前沿》2012年第7期。

［103］李慧敏、陈光：《日本"技术立国"战略下自主技术创新的经验与启示——基于国家创新系统研究视角》，《科学学与科学技术管理》2022年第2期。

［104］李劼、徐晋涛：《我国农业低碳技术的减排潜力分析》，《农业经济

问题》2022 年第 3 期。

[105] 李清文、陆小成、资武成：《中国典型区域低碳创新的模式构建与实践探索》，《科技管理研究》2018 年第 22 期。

[106] 李孝纯：《习近平生态文明思想的深刻内涵与理论渊源》，《江淮论坛》2019 年第 1 期。

[107] 李丫丫、秦帅：《低碳技术创新与中国绿色经济增长：中介机制与异质性特征》，《科技与经济》2022 年第 3 期。

[108] 李哲：《借鉴国家创新体系建设的国际经验》，《中国科技论坛》2018 年第 9 期。

[109] 梁红军：《国家创新体系视域下健全成果评价及转移转化机制研究》，《学习论坛》2021 年第 4 期。

[110] 梁鹏、梁文群、李玮：《中国区域绿色低碳创新效率的提升路径研究》，《中国商论》2018 年第 1 期。

[111] 梁中、李小胜：《欠发达地区区域低碳创新能力评价研究》，《地域研究与开发》2013 年第 2 期。

[112] 林伯强、谭睿鹏：《中国经济集聚与绿色经济效率》，《经济研究》2019 年第 2 期。

[113] 刘冬梅、冉美丽：《国家创新体系视阈下区域创新的边界、内涵与政策启示》，《科技中国》2022 年第 2 期。

[114] 刘洁、栗志慧、魏方欣：《数字化水平、研发投入对绿色技术创新的影响》，《西部经济管理论坛》2022 年第 5 期。

[115] 刘仁厚、杨洋、丁明磊、王书华：《"双碳"目标下我国绿色低碳技术体系构建及创新路径研究》，《广西社会科学》2022 年第 4 期。

[116] 刘沙沙、卢冬冬、胡皓、盛永祥、吴洁：《创新券下制造企业低碳技术创新动力机制研究》，《复杂系统与复杂性科学》2022 年第 2 期。

[117] 刘彤：《我国低碳创新系统构建与发展对策的辩证思考》，《国土与

自然资源研究》2016 年第 6 期。

［118］刘薇：《京津冀区域生态文明圈构建研究》，《沿海企业与科技》2013 年第 6 期。

［119］刘银良、郑淑凤：《面向创新型国家的知识产权体系建设》，《科技导报》2021 年第 21 期。

［120］刘云、张孟亚、翟晓荣、杨亚宇：《国家创新体系国际化政策协同关系研究》，《中国科技论坛》2022 年第 3 期。

［121］刘芷璇、刘英：《资本结构、技术创新能力与企业成长性——来自中国信息技术行业上市公司的经验证据》，《国际商务财会》2019 年第 2 期。

［122］柳进军：《把握国家创新体系建设机遇，构建区域高质量发展新格局》，《中关村》2022 年第 9 期。

［123］柳林、刘兆德、刘梦萝、刘振明、曲洋：《城市经济转型期商务办公区对外服务功能演化研究——以烟台市为例》，《鲁东大学学报（自然科学版）》2019 年第 1 期。

［124］陆小成：《生态文明视域下城市群绿色低碳技术创新体系构建》，《企业经济》2022 年第 6 期。

［125］陆小成：《新发展阶段北京生态产品价值实现路径研究》，《生态经济》2022 年第 1 期。

［126］陆小成：《中国共产党生态文明建设思想的演进逻辑与实践价值》，《毛泽东研究》2021 年第 5 期。

［127］罗勇：《低碳创新——我国可持续城市化的新契机》，《学习与实践》2012 年第 1 期。

［128］马名杰：《新时期国家创新体系建设重在解决三大核心问题》，《中国科技论坛》2018 年第 9 期。

［129］莫君媛：《绿色低碳技术创新发展现状及对策》，《电器工业》2022 年第 5 期。

［130］莫琦、付娜：《区域创新系统主体创新功能及其创新关联研究》，

《现代经济信息》2010 年第 20 期。

[131] 穆荣平：《建设世界科技强国时不我待 健全国家创新体系》，《科技传播》2018 年第 14 期。

[132] 宁勇智：《国家创新体系构建存在的问题与策略分析》，《中国高新科技》2022 年第 6 期。

[133] 戚聿东、杜博、叶胜然：《知识产权与技术标准协同驱动数字产业创新：机理与路径》，《中国工业经济》2022 年第 8 期。

[134] 任平：《新型举国体制助力重大科技创新》，《人民日报》2016 年 1 月 26 日，第 7 版。

[135] 史永乐、严良：《完善科技创新元治理体系的路径——来自发达国家的经验与启示》，《江汉论坛》2022 年第 5 期。

[136] 孙琪霞、高林祺：《低碳技术创新对我国物流业可持续发展的影响研究》，《农村经济与科技》2017 年第 3 期。

[137] 孙兆刚：《基于自主创新主体地位的国家创新系统》，《科技管理研究》2006 年第 9 期。

[138] 田成川：《加快城镇化低碳创新》，《世界环境》2022 年第 4 期，第 1 页。

[139] 佟庆家、郑立、张鹏、施昆吾：《我国制造业低碳创新系统知识产权战略研究》，《科技管理研究》2015 年第 24 期。

[140] 汪胡根、刘俊伶：《借鉴德国经验 建设中国国家创新体系》，《宏观经济管理》2018 年第 8 期。

[141] 汪明月、李颖明：《多主体参与的绿色技术创新系统均衡及稳定性》，《中国管理科学》2021 年第 3 期。

[142] 王庆金、王阳、周雪：《科技中介与区域创新主体协同发展研究评析》，《价值工程》2010 年第 28 期。

[143] 王硕：《生态现代化理念视域下低碳技术创新谈判进程与前景》，《中国环境管理》2021 年第 3 期。

[144] 王文华、沈嘉敏：《绿色并购对企业环境绩效的影响——绿色技术

创新的中介作用》，《企业经济》2022 年第 9 期。

[145] 魏阙、辛欣：《高效能国家创新体系背景下国家实验室建设策略研究》，《实验技术与管理》2023 年第 2 期。

[146] 邬晓燕、刘畅：《绿色技术创新背景下的专利制度建设难题与对策》，《长春大学学报》2022 年第 9 期。

[147] 吴晓青：《协同低碳创新　共谋绿色发展》，《中国科技产业》2022 年第 9 期。

[148] 项露、王聪：《环境规制、低碳技术创新与煤炭消费碳减排的动态关系研究》，《煤炭工程》2018 年第 7 期。

[149] 肖丁丁、田文华：《复合型碳减排机制下企业低碳技术创新战略的博弈分析》，《中国科技论坛》2017 年第 9 期。

[150] 谢雅丽、王晓光：《区域科技创新服务体系建设的问题与对策》，《经济研究导刊》2009 年第 33 期。

[151] 徐保风：《习近平生态文明思想与中国应对气候变化的新态势》，《长沙理工大学学报（社会科学版）》2019 年第 1 期。

[152] 严锦梅、刘戒骄：《系统视角下国家创新体系中的政府作用——基于美国和日本的创新实践综述》，《中国科技论坛》2022 年第 2 期。

[153] 杨静銮、王姣娥、刘卫东：《粤港澳大湾区技术创新特征及其演化路径》，《地理科学进展》2022 年第 9 期。

[154] 杨书卷：《世界科技社团在国家创新体系中的作用》，《科技导报》2022 年第 5 期。

[155] 殷忠勇：《论科技创新新型举国体制的构建——时代背景、理论基础和制度体系》，《人民论坛·学术前沿》2017 年第 13 期。

[156] 于波、范从来：《绿色金融、技术创新与经济高质量发展》，《南京社会科学》2022 年第 9 期。

[157] 袁旭梅、郑翠翠：《基于三方博弈的低碳技术协同创新演化博弈研究》，《数学的实践与认识》2022 年第 5 期。

［158］ 岳佳坤：《中国数字技术创新质量测度及比较》，《技术经济与管理研究》2022 年第 9 期。

［159］ 张彩平、牛林萍：《董事会异质性、低碳技术创新与企业绩效——基于我国石油化工行业上市公司的实证检验》，《商业会计》2022年第 16 期。

［160］ 张健：《知识管理视角下科技型中小企业技术创新发展策略探究》，《科技资讯》2022 年第 18 期。

［161］ 张卫国：《以服务国家战略需求为导向　建设富有效能的高校创新体系》，《国家教育行政学院学报》2022 年第 12 期。

［162］ 张修凡：《碳市场流动性与区域低碳经济转型——基于低碳技术创新的双重中介效应分析》，《南京财经大学学报》2021 年第 6 期。

［163］ 赵巧芝、张力晖：《中国制造业技术创新系统关键特征研究——基于投入产出表部门分类数据的分析》，《价格理论与实践》2022 年第 5 期。

［164］ 赵巧芝：《基于空间杜宾模型的中国技术创新系统发展驱动力研究——来自省域面板数据的实证检验》，《软科学》2021 年第12 期。

［165］ 赵鑫：《国家创新体系提质增效的制度保障与完善路径——学习贯彻党的二十大精神》，《云南师范大学学报（哲学社会科学版）》2023 年第 1 期。

［166］ 郑丽：《企业技术创新的趋同性——基于创新差距的视角》，《山西财经大学学报》2022 年第 10 期。

［167］ 周贻、张伟：《技术创新对企业绩效影响的实证检验》，《统计与决策》2022 年第 17 期。

［168］ 张寒、李正风、高璐：《超越科学共同体：科技创新共同体的形成何以可能》，《自然辩证法研究》2022 年第 8 期。

［169］ 张思光、周建中、肖尤丹：《新时代科学共同体的科普责任——基于科普法治的视角》，《科普研究》2022 年第 2 期，第 29~38 页。

［170］赵新峰、王鑫：《协同视角下公共卫生危机防控科学共同体的建构策略》，《河北大学学报（哲学社会科学版）》2022年第1期。

［171］李际、王子仪：《公众科学——科学共同体模式的转向》，《科学与社会》2021年第4期。

［172］黄时进、张怡：《认知互动与代码契约：虚拟科学共同体中科研人员的合作机制》，《自然辩证法通讯》2021年第8期。

［173］达亚·瑞迪：《科学共同体使命与价值共识》，《科技导报》2021年第2期。

［174］李春成：《科学共同体到创新共同体：建构新的创新文化价值观》，《安徽科技》2020年第11期。

［175］崔彤、王一钧：《模件化思维下"科学共同体"的场所建构》，《建筑技艺》2019年第5期。

［176］顾高翔、沈思矣、何湘琦、王铮：《碳中和目标约束下国际低碳技术融资的碳治理研究》，《地理研究》2023年第3期。

［177］邬钦：《企业社会责任对低碳技术创新的影响研究——国际化战略的中介作用与市场化环境的调节作用》，《国际商务财会》2023年第4期。

［178］白珂：《环境规制、低碳技术创新与工业绿色全要素生产率》，《技术经济与管理研究》2023年第2期。

［179］孙佳：《环境规制、新型城镇化与低碳技术创新》，《技术经济与管理研究》2023年第1期。

［180］汪明月：《构建面向碳中和的绿色低碳技术创新体系》，《中国社会科学报》2022年9月21日，第3版。

［181］舒龙龙、施若：《数字金融发展与碳排放关系探究——基于低碳技术创新视角》，《商业经济》2022年第8期。

［182］莫君媛：《绿色低碳技术创新发展现状及对策》，《电器工业》2022年第5期。

［183］秦帅：《低碳技术创新对中国绿色全要素生产率的影响研究》，江

苏大学硕士学位论文，2022。

[184] 赖小东、詹伟灵：《双碳背景下低碳技术创新激励机制研究——基于双重信息不对称的博弈分析》，《上海管理科学》2022 年第 2 期。

[185] 刘仁厚、杨洋、丁明磊、王书华：《"双碳"目标下我国绿色低碳技术体系构建及创新路径研究》，《广西社会科学》2022 年第 4 期。

后　记

　　本书是全国第一本系统研究"国家低碳创新体系"的学术专著。本书是在作者 2014 年主持完成的国家社科基金一般项目"生态文明视域下国家低碳创新体系建设研究"（项目编号：14BGL099）结题成果基础上的进一步深化和拓展。该课题于 2019 年 6 月正式结题之后，作者进行了再次调研、数据补充、文字修改、整理。多年来，作者围绕生态文明、低碳经济、低碳创新、技术创新体系、创新政策等研究领域先后进行了深化研究。基于这些研究积累，作者聚焦该主题进行框架建构、文献整理、考察调研、书稿撰写等工作，多次修改和讨论，历经 9 年时间终于完成本书的定稿。

　　由衷感谢清华大学原科技与社会研究所的刘立教授等全体导师们的栽培和指导。本书的选题构思最早来源于作者 2008～2010 年在清华大学科技与社会研究所做博士后期间，在博士后合作导师刘立教授的带领和指导下对"低碳技术创新系统"课题开展的研究，刘教授给予作者学术方向的引领、启发与培养。随后作者围绕该方向进行拓展，深化对区域低碳创新体系、国家低碳创新体系等研究，先后主持中国博士后科学基金、国家社科基金、教育部人文社会科学研究青年项目、北京市社科基金等项目，公开发表低碳创新体系系列学术论文，本书就是在这些研究基础上的创新与开拓。面向加快生态文明建设、推进碳达峰碳中和、建设创新型国家等重大国家战略，加快建设国家低碳创新体系具有重大的战略意义，也将为新征程上积极稳妥推进碳达峰碳中和、实现人与自然和谐共生的中国式现代化提供关键支撑。

感谢北京市社会科学院各位院领导对作者及本书的指导和关心。感谢北京市社会科学院市情所等研究所老师们对作者的帮助和大力支持。感谢北京市社会科学院科研组织处、智库建设与管理处等行政部门领导和老师对本书出版的指导和帮助。感谢北京市社会科学院社科文库出版资助评审专家提出的宝贵意见建议。感谢社会科学文献出版社吴敏、王展等编辑对本书稿耐心细致的修订、校对、编辑，他们为本书的出版做了大量的工作。

书中也引用和参考了许多专家学者的观点，一并表示感谢。有的引用或参考没有进行及时的注释，对可能存在的疏忽请专家批评和指正。本书作为国家低碳创新体系研究的开创之作，许多观点具有一定的前瞻性，值得进一步深化理论研究与实践探索。由于水平和能力有限，书中存有不妥之处在所难免，也许还有部分观点值得进一步商榷和论证。敬请生态文明、低碳经济、技术创新系统、国家创新体系等领域的专家学者、读者提出批评意见或建议。

2024 年 4 月 6 日

图书在版编目（CIP）数据

国家低碳创新体系：基于生态文明建设的战略思考／
陆小成著.--北京：社会科学文献出版社，2024.5
ISBN 978-7-5228-1853-5

Ⅰ.①国… Ⅱ.①陆… Ⅲ.①低碳经济-技术创新机
制-经济发展-研究-中国 Ⅳ.①F124.5

中国国家版本馆 CIP 数据核字（2023）第 098235 号

国家低碳创新体系

——基于生态文明建设的战略思考

著　　者／陆小成

出 版 人／冀祥德
责任编辑／王　展
责任印制／王京美

出　　版／社会科学文献出版社（010）59367127
　　　　　　地址：北京市北三环中路甲 29 号院华龙大厦　邮编：100029
　　　　　　网址：www.ssap.com.cn
发　　行／社会科学文献出版社（010）59367028
印　　装／三河市龙林印务有限公司

规　　格／开　本：787mm×1092mm　1/16
　　　　　　印　张：16.75　字　数：247 千字
版　　次／2024 年 5 月第 1 版　2024 年 5 月第 1 次印刷
书　　号／ISBN 978-7-5228-1853-5
定　　价／128.00 元

读者服务电话：4008918866